JN299293

Trajectory Equifinality Model

TEM ではじめる質的研究
——時間とプロセスを扱う研究をめざして——

サトウタツヤ 編著

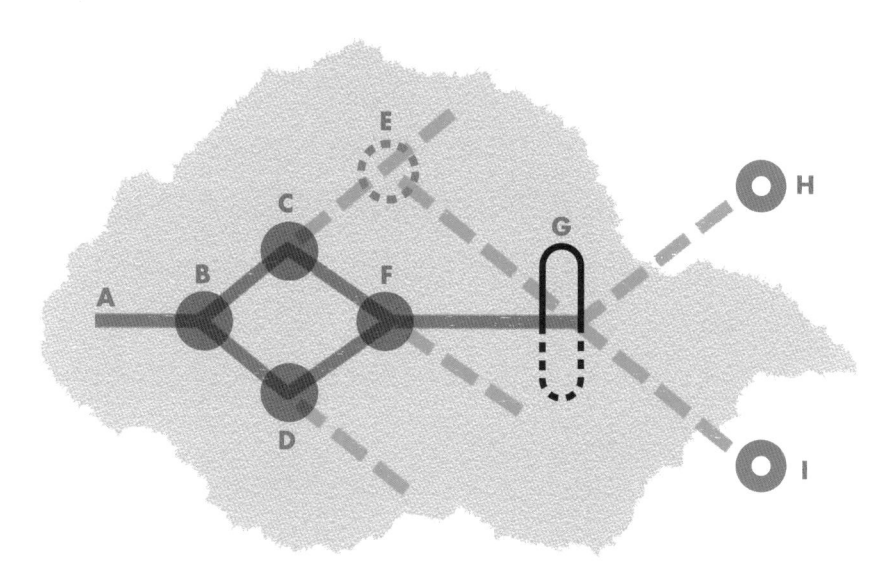

誠信書房

はじめに

　本書は複線径路・等至性モデル（TEM）についての本である。複線径路・等至性モデルそのものについては本書全体で説明があるが，単語として長いので，省略してTEM（てむ）と読むようにしている。

　TEMではじめる質的研究はどのようなものなのだろうか。
　まず，いわゆる質的研究の流れの新しい方法論である。個人の人生を時間と共に描くことを目標とする。したがって，——多くの人のデータをとって平均を出したり因子分析をしたりするのではなく——フィールドワークやインタビューのデータをもとに研究を行う。
　そしてそもそも，人間の捉え方が違う。たとえば，伝統的心理学では，知能は個人の中にあり，それを何らかの形で数値化できるので測定できると考えるし，だからこそ人間のなかに，外界から独立した知能があると考える傾向が強い。これは性格などでも同様である。TEMではじめる質的研究はそうした考えをとらない。人間と環境を一種のシステムとして考えるのである。つまり，人間を環境から孤立した閉鎖システムとして捉えるのではなく，あるいは，ライプニッツが言うようなモナド（単子または単純実体）として考えるのではなく，環境と常に交流・交互作用している開放システムとして捉える，ということである。
　開放システムということの例でわかりやすいのは，光合成である。単純に言えば，二酸化炭素と光を取り入れてエネルギーを作り，そして水と酸素を出す，というのが植物の葉で行われていることである。植物の葉は外から見ていると何も活動しているように見えない。外界との交流や相互交渉をしているようには見えない。ところが，実際には極めて活発に外界とやりとりをしながら，自身を維持しているのである。木の葉のように，同じ場所に存在し続けるものであっても，その維持のために外界との相互交渉を含む活発な活動が行われているのである。木の葉ですらそうなのだか

ら，人間のように移動したり成長したりする存在は外界と独立に存在することはありえない。

　TEMではじめる質的研究は，人間の内部に何かが存在するから測れるのだ，というようには考えない。時間を重視するのもTEMではじめる質的研究の特徴である。外界と相互作用する個々の人間はその人に固有の歴史を有している（歴有性と呼ぶ人もいる）。固有の歴史のうえでその時々に，必然的に，あるいは，偶然的に，出会う外界と相互交渉しながら，それぞれの人生を紡いでいくのが人間である。だから，時間をどのように扱うのか，というのは質的研究や心理学にとって重要な問題になるはずである。従来の質的研究（看護学，社会学，心理学などにおける）は時間をうまく扱ってきたとは言えない。

　質的研究が時間をうまく扱ってこなかった，と聞くと驚く人がいるかもしれない。グラウンデッド・セオリー・アプローチ（GTA）のようにプロセスを扱う方法はあるのではないか，と思うかもしれない。発達心理学のように，人生の時間を考えている分野があるのではないか，と訝る人がいるかもしれない。

　GTAだけでなくKJ法も，結果的に時間を書き入れる場合があるし，最後に得た図式によって時間的流れやプロセスについて理解が深まることは多い。しかし，データの扱いの最初の時点で時間は捨象されてしまっている。捨象した後でプロセスを描くことと，時間そのものを描くこととは異なる。

　発達心理学など一部の心理学は確かに時間を考慮に入れている。しかし，典型的な発達心理学は，3カ月児は○○○，6カ月児は○○○というように，月齢や年齢を外在的なモノサシにしていることが多いのである。生まれてから3カ月とか6カ月というのは誰にでも同じ時間なのである，というところから始まっているが，そうした時間（時計による時間＝クロックタイム）をちょっとだけ疑ってみましょうよ，ということもTEMの考えには含まれている。「平均的な」3カ月児とか「平均的な」6カ月児というものの標準を描くのとは違う方向性を考えてみましょうと提案する。統計では平均値など代表値を真の値とみなし，平均以外の数値を誤差

とみなす傾向がある。その意味で多くの発達心理学は普遍的で真の発達を描こうとしているかのように見えるときがある。

　TEM ではじめる質的研究は，年齢や月齢には囚われないとすでに述べた。さらに言えば，児童期とか青年期というような期間を表す表現もしない。ある経験に至る経過やある経験を経たあとの道筋を描くのである。ある経験をするため（高校入学でも，ファーストキスでも，何でもいいのであるが）の径路は決して一通りではなく，タイミングも人それぞれだし，さまざまな道筋があるはずなのである。それは決して誤差などではなく，個人個人の生き方であり，それぞれが真実なのである。ファーストキスの平均年齢は○○歳，と考えるのではなく，ファーストキスに至るさまざまな思い（早く経験したい人もいるだろうし，逡巡する人もいるだろう）を径路として描いていきたいのである。

　あるいは，現在，夜間中学に通っている人たちのことを考えてみよう。70 歳にして中学校に到達したとしたら，それは遅いと評価するのではなく，一つの径路として尊重することが大事なのである。もちろん，70 歳で中学校入学というのは現実には遅いという意見もあろう。これから生まれてくる世代の人たちは決してそうならないように環境整備などをすることが望まれる所以である。ただ，もっともっと重要なことは，「現在でさえ中学校という等至点に到達していない人もいるのではないか，そのような方にはどうすればいいのか，を考えることなのだ」と TEM ではじめる質的研究は言いたいのだ。私たちが「両極化した等至点」という名前で，ある出来事に対する補集合的な出来事を考えるようにしているのは，まさにこうした理由からである。

　個人の経験の多様性を描くには，時間を捨象せずに描くことが大事だと私たちは考えた。時間を描くためには，月齢や年齢を一度カッコに入れてしまい，ある出来事をどのように経験したのか，そこにだけ焦点を当ててみることが大事だと考えた。月齢や年齢はこの世に生まれてからの時間であるが，それにこだわることが，かえって時間を扱いにくくさせてしまうということがある。

　人間の外にあるクロックタイム的な時間（時計で計れる時間）をいっ

ぺん捨て去ることで，個々人に寄り添う時間を描くことができるのではないかと考えている。時間は，実際には個々人から切り離すことはできないし，同じ尺度で測ることが常に有意義であるわけではない。そう確認したうえで，複線径路を描いていくのが TEM ではじめる質的研究なのである。

　TEM ではじめる質的研究のなかに出てくるいくつかの図を私たちは TEM 図（てむず）と呼んでいる。細かい話は本文に譲るが，一番下の矢印（──▶）が非可逆的時間を表し，あとは出来事や経験に至るさまざまな径路を描いているということはおわかりいただけると思う。

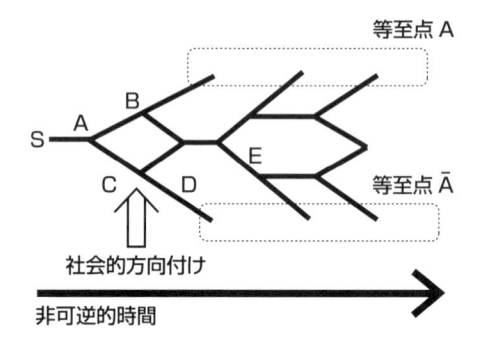

　『TEM ではじめる質的研究』という名のこの本を読んだみなさん。ぜひ，見よう見まねで TEM 図を描いてみてほしい。クロスワードパズル，というものがある。聞いただけでどんなものだか分かるだろうし，やったことが無い人はいないだろう。これまでにいくつかのクロスワードパズルを解いたと思うが，全く同じものをやった人は少ないはずである。しかし，たとえ形が違っても，たとえ目的が違っても，あるいは外国語のクロスワードパズルを見たとしても，私たちはクロスワードパズルをクロスワードパズルと認識できる。こうした共通の枠組みのことをフレームと呼び，クロスワードパズルのような内容の柔軟性を保障する枠組みをフレームモデルと呼ぶ。TEM もクロスワードパズルと同じで，いくつかの原理を適用して描くなら，最終的な形が他の人の TEM 図と違ったものになったとしても，それはやはり TEM 図なのである。

　この本の目次を見ればわかるように，また，実際に各章を読めばわか

るように，この本では，時間や空間や文化や記号など多様な議論が行われる。議論は議論として尊重してほしいが，TEM 図を気楽に描くことも大事であるので，臆することなく自分の関心があることで TEM 図を描いてみてほしい。TEM を理解することよりも，心理学や関連するテーマについて「TEM ではじめる」ことが大事だということを本書のタイトルは示している。クロスワードパズルを自分で作ってみた人は分かるように，ルールという制約のなかで作るのは，最初は少し難しい面もある。しかし，交わりが一点だけの十字形のクロスワードパズルであれば，比較的簡単に作れるはずだ。TEM もそういうものだと考えてとにかく描いてみてほしい。たとえば，この本を手に取った経緯。学部や大学院でゼミに所属しているなら，自分や仲間がそのゼミに到達したことを等至点として，そこに至る複線径路を描いてみよう。この等至点からどのような未来展望の幅を持っているのかをお互いに共有してみよう。その時に，この等至点に至れなかった人のことを想像してみることが大事かもしれない。

　TEM ではじめる質的研究には，いくつかの具体的な研究が掲載されている。TEM は最初から方法論として確立していたわけではなかったから，これらのいくつかの研究が形を成していくのと同時に TEM という方法論も確立してきた。これらの研究のテーマが不妊治療だったり妊娠中絶手術経験だったり少年院での音楽療法だというテーマであることに，一種の違和感を覚える人がいるかもしれない。従来の心理学であればターゲットにしなかったようなテーマであるから，従来的な心理学のテーマに関心を持つ人は自分には関係ないと思ってしまうかもしれない。しかし，それは誤解である。従来的な心理学がこうしたテーマを扱わなかったのは，方法論的臆病さによる（よく言えば方法論的謙虚さ）のであり，読者諸賢におかれては，こうしたテーマをどんどん扱ってほしいし，また，これまでであれば心理学で扱えなかった他のテーマにも TEM を用いれば切り込んでいけるのだということを実感してほしい（もちろん，知覚や記憶研究などにも使えるはずだ）。時間を捨象しないこと，個人の多様性を重視すること，がキーワードである。医療に関するテーマで TEM がはじまったことには理由がある。それは，病の経験は個別的であるから，従来の心理学では扱

いにくかったからである。また，病の経験を扱う他の質的研究の方法は，個人の人生径路そのものを描くことは少なかったし，描いたとしても，数直線の上に描くようなものだったからである。

　TEMではじめる質的研究は，人間の多様性や複雑性（一筋縄ではいかない感じ）を扱うための方法論である。関心があることには何でも使ってみてほしい。

　TEMではじめる質的研究などという，10年前には全く影も形もなかった概念や研究法についての本を上梓できることは大きな喜びである。誠信書房編集部松山由理子さんのご尽力のたまものであり，編者を支えて原稿を寄せてくれた著者のみなさんのおかげである。また，編者は私ひとりになっているが，計画段階から各著者とのやりとりに至るまで，森直久さん・安田裕子さんとの共同作業であったことを特に付記しておきたい。

　本書の内容は時に重複し，時に矛盾しているように感じられるだろう。本来なら，そうしたことは十分に整理されるべきかもしれない。しかし本書ではあえて残してある。複数の執筆者が同じように言及することはそれだけ重要な部分であること，を示している。そして，対立する意見であると感じられる部分は理論的に重要な論点であることを示している。このことに留意して，今まさに発生しつつある質的研究の方法論の面白さを体感してほしいと願っている。

　「はじめに」を書き終わったのは奇しくも恩師・詫摩武俊先生（東京都立大学名誉教授）の誕生日であった（6月30日）。先生は傘寿をこえて益々お元気である。私が多少なりとも心理学の分野で独創的なことができているとすれば，本書に寄稿してくれた学問上の仲間および詫摩先生の学恩のおかげに他ならない。先生にこの書を捧げたい。

　TEMではじめる質的研究，はじまります！

　2009年1月20日

　　　　　　　　　　　　　　　　　　　　　　　　　　サトウタツヤ

目　次

はじめに　iii
主な略語一覧　xiv

第1章　TEM の発祥と T・E・M の意味 ―― 1
第1節　TEM 発祥の時間的経緯　1
1　太平洋を越えた出会い　2
2　ヴァル先生，ヒトと文化を語る　3
3　文化心理学における記号　6
4　サトタツ，TEM を提唱する　8
5　本の執筆，国際心理学会での発表というプロセス　12

第2節　不妊治療経験者の子どもを望む思いの変化プロセス ―― 不妊治療では子どもをもつことができなかった女性の選択岐路から　17
1　不妊と不妊治療，その経験を捉える視点　17
2　本研究の目的　19
3　語りの収集と分析　19
4　不妊経験の時間経過における変化プロセス　22
5　複線径路・等至性モデル（TEM）の効用に着目して　22
6　限界と今後の課題　32

第2章　HSS の発祥と TEM との融合 ―― 33
第1節　HSS の発祥と TEM との融合　33
1　EFP と HSS　33
2　非確率的サンプリングにおける HSS　36
3　経験をサンプリングするということと HSS　38

第2節	TEMを構成する基本概念	39
1	開放システムとしての人間と定常状態	40
2	等至性と等至点	41
3	複線径路	43
4	分岐点	46
5	非可逆的時間	46
6	両極化した等至点	48
7	必須通過点	50
8	径路・選択肢の可視化	52
9	社会的方向づけ（SD）	53
第3節	第一期TEMの完成	54

第3章　TEM動乱期（2006-2007） ― 55

第1節	第一期TEM完成まで	55
第2節	未婚の若年女性の中絶経験の変化プロセス ――その径路をTEM図で描いてみる	57
1	未婚の若年女性の中絶経験へのアプローチ	57
2	本研究会の目的	59
3	語りの収集と分析	60
4	中絶経験の時間経過における変化プロセス ――共通の経験への焦点化と径路の多様性による提示	64
5	複線径路・等至性モデル（TEM）の特徴と効用に着目して	67
6	限界と今後の課題	73
第3節	第一期TEM完成，その後	75
1	「個別」の人間を描き出すこと，一般を志向すること	75
2	「可能な径路」を示唆する意義とその含意	80
3	人間が「時間とともにある」ということ	84
4	「文化」をいかに捉えるか	87

第4章　概念の豊富化と等至点からの前向型研究 ―― 92

第1節　ZOF（目的の領域）による未来展望・記号の発生と「発生の三層モデル」　92

1　ZOF（目的の領域）　92
2　自己をガイドする促進的記号の発生　96
3　発生の三層モデル
　　――メゾジェネシスあるいは記号が発生するということ　98

第2節　「大切な音楽」を媒介とした少年受刑者の語りの変容と意味生成の過程　101

1　はじめに　101
2　少年受刑者の背景　101
3　非行臨床の場における矯正教育　102
4　「大切な音楽」についての自己語りの試み　104
5　音楽療法の概要　105
6　考　察　116

第5章　方法論に関する問いかけ ―― 123

第1節　サンプリング論とHSS　123

1　心理学におけるサンプリング　123
2　サンプリングとHSS　124
3　サンプリングと時間　128
4　脱サンプリング　129

第2節　仮説生成ツールとしてのTEM　130

1　時間の流れを捉えるTEM　131
2　TEMを使ってみた　133
3　TEMの優れた点　136
4　シンプルであるがゆえの……　137

第3節　ライフストーリー研究からみたTEM　138

1　はじめに　138
2　発達過程の精緻な記述　139

3　多様性の見取り図——等至点と分岐点　　　　　　　　　140
　　　4　Aと非Aとの併記による多様性の維持への配慮　　　141
　　　5　今後の課題　　　　　　　　　　　　　　　　　　142
　第4節　TEM図の線の見方／味方
　　　　——公約数的研究から公倍数的研究へ　　　　　　　145
　　　1　時間によって経験を開くことの意味　　　　　　　145
　　　2　不妊‐養子縁組論文におけるポイントの内容
　　　　　——意思決定・認識の記述　　　　　　　　　　146
　　　3　人工妊娠中絶論文におけるポイントの内容
　　　　　——偶然の記述　　　　　　　　　　　　　　　148
　　　4　ポイントの内容から見た，心理学的研究における
　　　　TEM研究の意義　　　　　　　　　　　　　　　149
　　　5　TEM研究の限界　　　　　　　　　　　　　　　151
　　　6　まとめ　　　　　　　　　　　　　　　　　　　152
　第5節　回顧型／前向型TEM研究の区別と
　　　　方法論的問題　　　　　　　　　　　　　　　　　153
　第6節　異種の時間が交差する発達
　　　　——発達時間論の新展開へ向けて　　　　　　　　157
　　　1　発達研究における時間論　　　　　　　　　　　157
　　　2　開放システム論としてのTEM研究とその課題　159
　　　3　異時間混交性　　　　　　　　　　　　　　　　160
　　　4　純粋持続と時間の多重性　　　　　　　　　　　167
　　　5　TEMの未来の径路　　　　　　　　　　　　　173

第6章　TEMがもたらす未来────────────176
　第1節　未来に向かう
　　　　——過去を形成する永続する不確定性と
　　　　　ともに生きる　　　　　　　　　　　　　　　　176
　　　1　過去と未来の非対称性　　　　　　　　　　　　178
　　　2　複線径路・等至性モデル（TEM）のはじまるところ
　　　　　——対立する可能性という構造　　　　　　　　181

3　TEMにおける歴史的構造化サンプリング(HSS)
　　　　の役割　　　　　　　　　　　　　　　　　　182
　　　4　TEMからみる現代心理学　　　　　　　　　　183
　第2節　時　文化　厚生　　　　　　　　　　　　　　185
　　　1　時を扱う方法としてのTEM　　　　　　　　　185
　　　2　TEMは文化をどのように考えるのか　　　　　189
　　　3　医療ではなく厚生（ぶ厚い生）のためのTEM　192
　　　4　TEMが目指すもの　　　　　　　　　　　　　197

おわりに　　　　　　　　　　　　　　　　　　　　　　201
注　　　　　　　　　　　　　　　　　　　　　　　　　203
文　献　　　　　　　　　　　　　　　　　　　　　　　207
人名索引　　　　　　　　　　　　　　　　　　　　　　217
事項索引　　　　　　　　　　　　　　　　　　　　　　219

主な略語一覧

ALS	(Amyotrophic Lateral Sclerosis)	筋萎縮性側索硬化症
BFP	(Bifurcation Point)	分岐点
EFP	(Equifinality Point)	等至点
GTA	(Grounded Theory Approach)	グラウンデッド・セオリー・アプローチ
HSS	(Historically Structured Sampling)	歴史的構造化サンプリング
OPP	(Obligatory Passage Point)	必須通過点
P-EFP	(Polarized-Equifinality Point)	両極化した等至点
QOL	(Quality of Life)	生活の質
SD	(Social Direction)	社会的方向づけ
TEM	(Trajectory Equifinality Model)	複線径路・等至性モデル
TLMG	(Three Layers Model of Genesis)	発生の三層モデル
ZOF	(Zone of Finality)	目的の領域
ZPD	(Zone of Proximal Development)	発達の最近接領域

第1章
TEMの発祥とT・E・Mの意味

第1節　TEM発祥の時間的経緯

　この章では，本書の主たるテーマである複線径路・等至性モデル（Trajectory Equifinality Model；TEM）という方法論がどのようにはじまり，どのように展開したのか，何を知的源流としているのかについて，概念の発生順に見ていく（完成している概念の詳細な説明から読みたい方は第2章から読むことをおすすめする）。まずTEMのそれぞれの語の意味を考えてみよう。

　Trajectoryというのは普通の訳語では軌跡。弾道ミサイルの弾道もTrajectoryの訳語である。この語に私たちは径路という訳語をあて，多様性を強調するために「複線」を加えた。日本語は単複の区別をつけない単語であるため，ややもすると，単数形のように思えてしまうことがある。たとえば「Voices of others」を「他者の声」と訳すのが日本語風であるが，「他者たちの声」と訳さなければ「Voices of others」を想像することは難しい。あえて複線とつけたのはそうした理由からである。

　Equifinalityの「equi」（エクイ）というのはequal（イコール）であり「等しい」という意味である。「final」（ファイナル）の方は目的とかゴールという意味である。そこで，私たちはEquifinalityに「等至性」という訳語をあてることにした。これまでは，等結果性とか等終局性という訳もなされていたが，あえて新しい訳語を作ることにした。

　Modelはモデルである。印東（1973）は，心理学研究におけるモデルの

定義を「関連ある現象を包括的にまとめ，そこに一つのまとまったイメージを与えるようなシステム」であるとした。やまだ（2002）はこの考えを紹介したうえで，モデル化の機能を三つあげた。第一に多様な現象を包括して記述する知的活動の集積庫や図鑑の提供，第二に個々の事象を一般化したり類型化したりものさしとなる基準をつくる認識の枠組みの提供，そして第三に個々の事象を見る見方が変わり，新たな仮説や実証を発展的に生み出していく生成的な機能をもつ，ということである。やまだ（2002）は現場（フィールド）心理学におけるモデル構成は「特定の現場に根ざすローカリティをもちながら，他者と共有できるような一般化」を行うものであるとする。このことを逆から考えれば，ローカリティをもちながらの一般化という矛盾した要請に応えるにはモデル化という作業が有効だということである。ここではローカリティ（場所性）というように「場所」に注目した言葉が使われているが，個別の場所（やまだの言う現場）には必ず固有の時間が流れていることを考えれば，場所性と歴史性は切っても切り離せない。つまり，歴史性・場所性を重視し人を尊重しながらも，あるレベルでの一般化を目指すために，モデル化が目指されるということになる。

　なお，データはモデル化のためのものであり，モデルができればデータは不要というような考え方もあるが，TEMではそういう立場は取らない。TEM図における個人の径路はそれ自体が歴史性・場所性をもつかけがえのないものだからである。逆に，かけがえのない個人の経験をモデルにするのか，という批判もありえるが，モデルにはファッションモデル，というような意味でのモデルもあり，TEMで扱う経験と類似の経験をする人にとっての，「あこがれ」だったり「転ばぬ先の杖」として TEM図が機能することも視野に入れているからである。

1　太平洋を越えた出会い

　ヤーン・ヴァルシナー（Jaan Valsiner）とサトウタツヤが深く知りあったのは，2004年の立命館大学における集中講義の際である（2003年度海外招聘教授）。具体的には，2004年1月20日から2月4日まで滞在した。

さらに遡れば，招聘教授就任の交渉をするため，2002年の秋にサトウタツヤがヴァルシナーにメールを送ったのがすべての開始である。1997年に福島大学行政社会学部助教授（当時）として東京大学文学部心理学研究室に内地留学を行っている時に，同大教育学部箕浦康子教授（当時）のゼミに参加することになり，そこでヴァルシナーの議論に触れ，その名を知っていたこともあり，立命館大学での講義を要請したのであった。

ヴァルシナーは1995年以来，『文化と心理学』（Culture and Psychology）誌を主宰しており，現時点における文化心理学の泰斗の一人である。マイケル・コール，ユーリア・エンゲストローム，ジェームズ・ワーチ，バーバラ・ロゴフなどと並ぶビッグネームの一人である。ちなみにヴァルシナーは，ワーチがクラーク大学からワシントン大学に異動した後の教授としてノースカロライナ州立大学から招かれた。現在のクラーク大学の同僚にはマイクロジェネティック分析で有名なマイケル・バンバーグがいる。

なお，ヴァルシナーは2007年出版の著書『こころと社会の中の文化：文化心理学の基礎』（Culture in Minds and Societies: Foundations of Cultural Psychology）の序文で，この書で自分は文化心理学者としてのアイデンティティを確立したと述べている（Valsiner 2007）。『文化と心理学』（Culture & Psychology）という雑誌では「&」で結ばれていた文化と心理学の関係が，十数年かけて統合されてきたのだ。TEMおよびHSSも彼の認識の変化とともにあった。その意味でこの本の読者は文化心理学の最先端の波とともにいる，あるいは波をともに起こしていると言える。

2　ヴァル先生，ヒトと文化を語る

TEMの考え方の萌芽の一つはヴァルシナーが2000年に発刊した『文化と人間発達』（Culture and Human Development）の図に求められる（図1-1）。

表題にある多重線形性は「Multilinearity」の訳である。この図においてヴァルシナーは，開放システム（open system）的な性質をもつ発達は，同じ発達上の結果が複数のルートを経て可能になるということを強調した

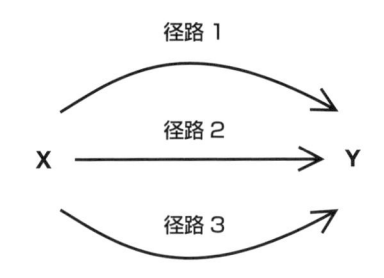

図 1-1　発達の多重線形性と等至性の
現象（Valsiner 1999, p.14）

（Valsiner 1999）。ここで開放システムは閉鎖システム（closed system）に対する概念である。閉鎖システムは環境に依拠せず独立した単体であり，ライプニッツのモナドのような考え方で人間を考える考え方である。なお，システムについては，システム論の祖とされるフォン・ベルタランフィ（1968）によれば「相互に作用し合う要素の集合」である。

　開放システムは，システム内部のみで完結するのではなく，常に外界との交渉を行いながら自己システムを維持していくという特徴がある。たとえば光合成やクレブス回路（クエン酸回路）ということにピンとくる人は，そのようなものだと考えてほしい（ピンとこない人は，本書「はじめに」を読み返してほしい）。

　等至性（equifinality）という概念は生気論者として知られるハンス・ドリーシュに由来する概念で，その後，フォン・ベルタランフィ（1968）がシステム論に取り入れた。実際，彼は，開放システムと閉鎖システムの違いを，まさに等至性の有無から考えている。閉鎖システムにおいて，その最終状態は初期状態の関数であり，一義的に定まる。その一方，同じ最終状態が，異なる道を経て実現するのが開放システムであり，その最終状態を等至点と呼ぶのである。閉鎖システムにおいては，外界との相互作用を想定しないため，初期状態が同じでも他の道をとれば（同じ結果に至ることはなく）他の結果になるとするのである。

　さて，図 1-1 のモデルは『人間の文化的発達の比較研究』（*Comparative Study of Human Cultural Development*）において，次のように変容を遂げた（Valsiner 2001；p. 62）。

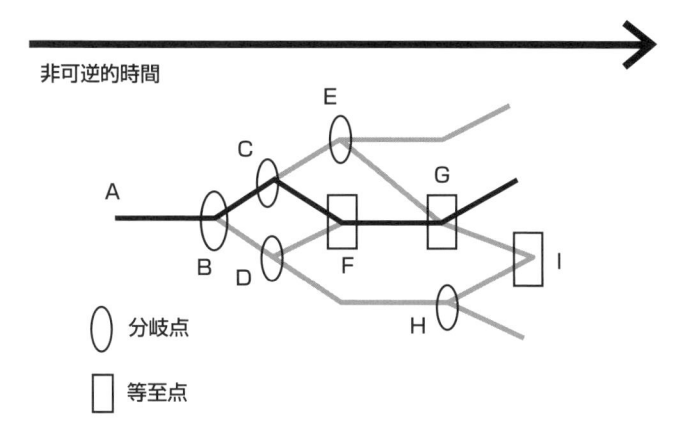

図 1-2　発達における等至性（Valsiner 2001）を改変した図
　　　　（サトウら 2006）

　ヴァルシナーはこの図について，ある個人の発達における可能な範囲およびそのなかで特定の個人が実際のライフコースとしてたどったルートを示している，としており（Valsiner 2001），発達心理学的な観点に等至性と複線径路を当てはめようとしていることが読み取れる。つまり，発達や時間ということが明確に意識され始めた。なお，この図1-2において，楕円形が分岐点，長方形が等至点を示すものとして描かれている。分かれる部分が分岐点，統合される点が等至点として概念化されているのである。
　最初のアイデアである図1-1のXは分岐点でありYは等至点であったから，図1-2はそれらを複数組み合わせてつながりをつけただけにすぎないとも言える。しかし，XとYの間に複数の径路がありうる，ということ以上のことを図1-2は表すことになった。つまり，複数の分岐点や複数の等至点を経ながら人間は発達していくということや，具体的な個人が辿る道は一つであっても，可能な道は他にもありえたということを，この図は示すことが可能なのである。さらに重要なことは，図1-2に示された ➡ である。この ➡ には「非可逆的時間」（Irreversible Time）と付記されている。
　非可逆的時間という概念は哲学者・ベルクソンに由来するもので，ヴァルシナーは1999年の著書で「時間の非可逆性とはすべての生ける現象に

おいて，絶対的な与件である」(The irreversibility of time is an absolute given for the study of all living phenomena.) と言及していた（Valsiner 1999）。ただし，矢印による時間の表現は誤解も生みやすい。たとえば，時間を空間化している（空間で捉えられるものとして時間を表している）という批判がある。ここでは，時間を直線的なものとして捉えているのではなく，あくまで非可逆性を意味するために方向（⟶）を描いていることに留意してほしい。また，時間を明示的に描くことによって，時間が人間の生活から外在的に存在するように思われるかもしれないが，それは私たちの意図しているところではない。他の多くの心理学的研究が時間を明示しないことの弊害を乗り越えようとする一つの試みなのである。時間を常に捨象していないということに自覚的であるために，常にTEM図の中に時間の矢印を描くのだ。TEM図における非可逆的時間は決して計測可能な時間（時計で計れるという意味でクロックタイムと言うことがある）を意味しているわけではない。

3　文化心理学における記号

　文化心理学におけるヴァルシナーの特徴は何だろうか。
　それは記号の重視ということにある。ヴァルシナー（1999）のエピローグ章のタイトルは「記号的要請設定における発達のなかの文化」である。英語表現は「Culture in development within semiotic demand setting」であり，記号的な要請設定が人間の発達を形づくり，そのなかにこそ文化を見て取ることができるということを示している。これは，俗に言う，文化の容器モデル（文化という入れ物があって，そのなかで人間が文化の影響を受けながら発達を行う）という考え方とは正反対の考え方である。
　パース（Peirce 1894/1998に再録）は，記号とは何か，を論じるなかで，類似性（Likenesses），指示性（Indications），象徴性（Symbols）という三つの種類があるとしている。

　　　類似性記号は，対象との類似性に基づいて対象について伝える記号。

指示性記号は，道標の矢印の向きが，ある対象の方向を示すように，対象の一部について伝える記号。対象のインパクトの結果を表象することで対象を表示する記号。

象徴性記号は，使用を通じて，ある対象との結びつきができる記号。

ヴァルシナー（1999）は，類似性記号の例としてどくろのマークを，指示性記号の例として足跡や指紋がある人物の存在の指標となる例を，象徴性記号の例として「足」という語が身体的な足を表象することでシンボルとなることなど，をそれぞれあげている。

そのうえで，開放システムたる人間と外界との関係をとりもつ記号による媒介こそが，文化心理学を定義するとしているのである。つまり，記号を媒介にした，人間（あるいは生体）システムとその外界とのコミュニケーションこそが，人間の発達を特徴づけるものであり，文化構築プロセスそのものだということである（Valsiner 1999, p. 15）。そして，文化心理学は，文化が人間に影響を与えるというような思考をするのではなく，記号媒介による非可逆的時間における人間の変容を扱うものだとする。

このように書くと，人間の主体性が阻害されているように感じられるかもしれないが，その時どきにおいて，可能な選択肢から自身が行う行為などを選び取っていくのは主体的な行為であるし，その行為の主は他ならぬ人間なのである。すべてが自由に選択できる，人間は常に何でもできるのだ，というような楽観主義ではないが，すべてが受動的になされるわけではない。

最後に TEM の話は，ワディントンのエピジェネティック（後成的）・ランドスケープモデルと比べるとわかりやすい（砂山をボールが転がっていく比喩，第2章，図2-1）。最初の時点でボールはどこに転がっていくかわからないが，ある方向に向かい始めると，その影響を受けて次の方向へと進んでいくことになるのである。

TEM とワディントンのモデルとの最も大きな違いは，等至性という点にある。そもそもボールはそれ自体が変容することが考えられていない閉鎖システムと見なすことが可能であるから，等至性を仮定することがない。一方，TEM においては，人間を開放システムと見なすから，末広が

り的な径路を考えるのではなく，収束点である等至点を設定することになるのである。

4 サトタツ，TEM を提唱する

　ヴァルシナーは，発達における等至性という考えを複線径路と組み合わせるアイデアを提唱していたが，実際の現象にあてはめることは無かった。そうしようと考えたのはサトウタツヤである。彼は，ヴァルシナー初来日の際に立命館大学で行われた文化心理学の公開シンポジウムにおいて，自身が行っていたお小遣い研究を発表した。

　この研究は山本登志哉をリーダーに 2002 年から行われているもので，日中韓越 4 カ国の子どもたちを対象に，お金，お小遣い，親子関係を考察するプロジェクトである（山本ら 2003 など）。この時のシンポジウムで発表しようとしたのは，自身がインタビューをした韓国のある子どもの事例である。子どもは生まれ落ちた時からお小遣いをもらっているわけではなく，あるプロセスを経てもらうようになっていく。以下，簡単な事例報告として紹介する。

　インタビュー対象者は x 年生の女子児童。この学年が始まった時（韓国は 3 月 1 日）に親子で合意して定期定額のお小遣いを開始した。ところが，この子はお小遣いの管理ができなかった。もらったお金を使うこともほとんどなかった。机の上にお金を放置するようなことが続いたため，親は「そんなことならお小遣いをやめる」と通告した。すると，子どもの側も定期定額お小遣いに執着せず「それならいらない」と廃止に応じた。それ以前，その子は必要に応じて親と交渉して少額の金銭をもらって買い物をするという形だったので，その形式に復帰したのである。子どもにとって管理の手間が省けるし，親も子どもの使い途がよく分かって安心である。しかし，周りの友達がお小遣いをもらうようになると，その子は自分も再び定期定額お小遣いが必要だと親に申し入れた。親はすぐに開始するとは言わず，x＋1 年の学年開始時期から再開することで親子が合意した。

　以上のような経緯は単純に考えれば図 1-3 のように描くことができる。

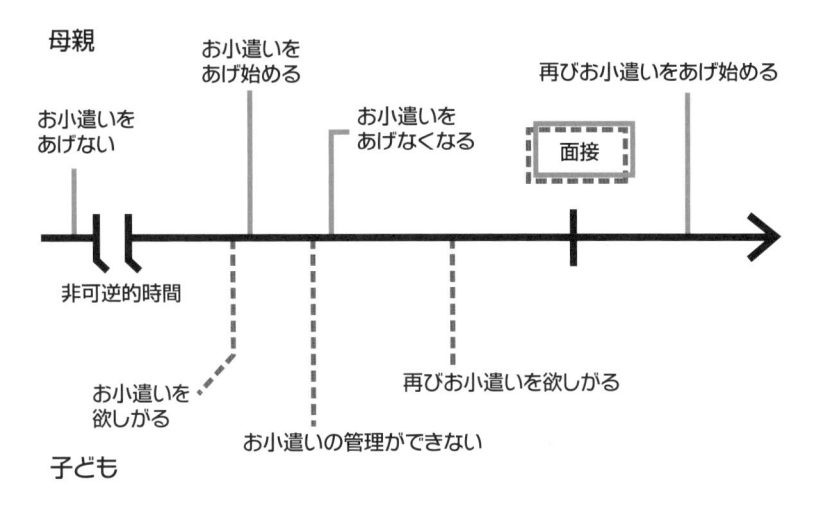

第1章　TEM の発祥と T・E・M の意味　　9

図 1-3　お小遣い開始に関する数直線的表現

　実際，サトウタツヤは最初このように考えた（Sato 2004）。このような数直線的な描き方は，母親と子どもそれぞれの立場を明確にし，それぞれの出来事の時間的順序を表してはいる。しかし，母子関係という語があるように，ある時期までの母子は，母子を一つのシステムとして考えることもできるし，むしろその方が実態に合っている。図1-3における，母親と子どもは，それぞれが閉鎖システムに見え，かつそれら同士が対立しているように見えるのだが，実際にはそうでもないはずだ。自立のプロセスにある子どもは，逆から考えれば，ある種の依存関係が前提になっているということであり，その意味で母子がそれぞれに独立した閉鎖システムであるとは考えにくい。なお，これは，母子関係に限られたことでもなく，「私たちは私たち自身の物語の共著者にすぎない」というマッキンタイア（MacIntyre 1981）の考え方にも通じる。
　子どもが定期的にお小遣いをもらうということは，大げさにいうと，お金（お小遣い）を媒介として親子関係が質的変化（＝変容）を起こすということである。ここではまず単純化して母子ユニットを一つのシステムとして（もちろん開放システムとして）考えてみよう。お金は他のモノやサービスとの交換を可能にする媒介的な記号である。子どもは生まれなが

らにお金の機能を知っているわけではない。ある時期までは，子どもが欲しいものを母が子に買い与えている。その後，子どもが何か買いたいときに「お金ちょーだい！」というような形でせがみ，その理由の正当性が認められれば母が子にお金を渡すというような時期がある。子どもは，母のもつお金の交換可能性を全面的に利用することはできず，何と交換する場合ならばお金を手に入れられるのかという点についての決定権を母に委ね，その意味でそれまでの母子ユニットとあまり変わらない質を維持しながら，自分の欲しい物を入手していく。ところが，定期的にお小遣いをもらうということは，お金の使用ということに関しては母子ユニットに質的変化をもたらす出来事である。定期定額お小遣いを与えるということは，金銭としてのお小遣いの管理が母から子に移行することである。お金を媒介にした社会との交流の主導権が母から子に移るのである。これによって何をいつどのように買うのか（つまり，どのような母子ユニット外のモノやサービスを，母子ユニット内のお金と交換するのか）ということの決定は子どもの側に任されることになるのである。もちろん，すべての自由が子どもに与えられるわけではないが，定期定額お小遣いがシステムとしての母子ユニットにもたらす影響は大きい。

　さて，この例では，定期定額お小遣いをもらうことで生じた質的変容が当初は持続しなかった。母子ユニットという開放システムにおいて，お金を媒介として外界と交流する時の主導権というか主体性を，子どもが自ら発揮するには早かったのであろうか。

　ところが少し時がたち，周りの子どもたちがそれぞれの家庭でお小遣いをもらい出すと事情は変わる。要らないと言った子どももまたお小遣いが欲しいと思い始める。ちなみに，韓国は「おごり文化」で，子ども同士がおやつなどをおごることが奨励されているという背景もある。

　つまり，モノやサービスを得るための媒介としてのお金は定期定額お小遣いとして必要ではなかったとしても，友だちとの関係を媒介するためのお金は定期定額お小遣いとして必要になったのである。こうした質的変化（変容）は，単に母子が「お小遣い欲しい」「管理できないならあげない」「いいよ」「やっぱり欲しい」というようにボールを打ち合っているような関係ではない。

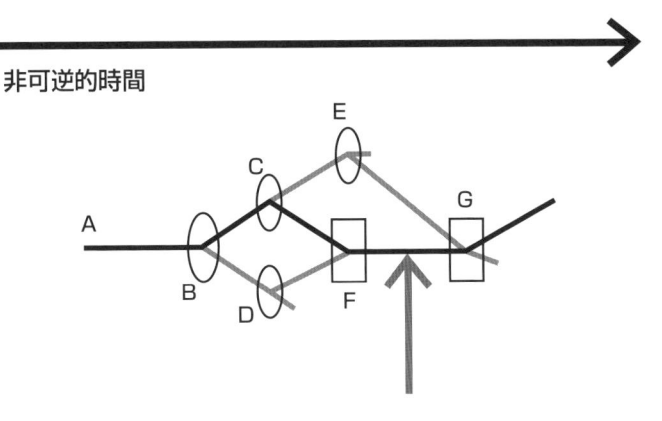

図1-4 定期定額お小遣い開始に関するTEM

　母親の方も，一度あげるのをやめたからといって，もう二度とあげないというような突き放した態度はとれない。システムとしての母子ユニットが，子ども自身の成長や我が子と周りの子どもたちとの交流についても視野に入れざるを得ないからである。そういう意味で，定期定額お小遣いが一度中断した後に再度始まる事は必然でもあった。

　図1-3のような表現は，単に子どもが成長してお金を管理できるようになったから再度お小遣いを開始した，というような単純成長説に依拠した表現にすぎない。むしろお小遣いをもらうようになる道筋の多様な径路を表すことはできないだろうか。図1-4のような表現をすれば，単純に成熟したのではないような様相を描けるのではないだろうか。これはもちろん図1-2（発達における等至性；Valsiner 2001）の影響を受けたものである。

　この図では，母子を対立する二つの閉鎖システムとして描くことはせず，一つの開放システムとして考え，その軌跡を表現している。母子システム自身が描かれていないという批判もありうるが，システムそのものを描き入れないTEM図のあり方は，個人というシステムでも，集団というシステムで，何でも含意することが可能だというメリットもある。

　この図において，分岐点Cが定期定額お小遣いの開始であると考えてみよう。しかしこの子どもはその状態から前の状態Fへと戻ることになった。Cに先立つBにおいて，この子は定期定額お小遣いをもらっていな

かったのだが，Cを経て再びFという状態になったのである。ここで大事なのはその間も時間が進行していることである。元に戻った，のではなく，時間が進行するなかで元の状態を選んだのである（これを退行と概念化することもできるだろうが，それは元の状態に戻ったことを重視するような考え方である。ここでは時間が進行していることの方を重視する）。調査時期において当該児童はFとGの間におり，Gの時点で再び定期定額お小遣いが開始される予定だった。実際にたどった道は太線（黒線）で示されている。本節では一事例のみしか提示しないが，たとえば複数のデータを得たときには，Eをアルバイトの開始などとして設定することが可能となる。Cで定期定額お小遣いを開始した子どもは，さらにお小遣いを増やすために，アルバイトを始めるかもしれない。図1-4のような図式を用いるなら，複数の選択肢や径路が存在するなかの一つとして，定期定額お小遣いの自発的取りやめや再開要望を位置づけることが可能だったのである。

　心理学は時間やシステムというものをうまく扱うことができない。母子をシステムとして考えることができないから図1-3のように母子をそれぞれ独立した閉鎖システムとして扱わざるをえなくなり，テニスボールを打ち合うようなやりとり型の表現になってしまう。

　図1-4のように，母子システムにおけるお小遣いの位置づけの変容を，時間を捨象せずに表現したのが，本当に最初のTEM図であった。その結果，システムが経てきた実際の径路や取り得る他の径路が図上に示されることになり，多様性を目で見えるように表現できるようになった。また，時間を捨象しなかった結果として，時間軸上の径路も表せるようになったのである。

5　本の執筆，国際心理学会での発表というプロセス

　この図式の有用性をサトウタツヤより真剣に評価したのがヴァルシナーであった。日本に滞在していた彼の元に，ある本の執筆依頼が来た。そこで彼はサトウタツヤに対して，この図式に関して本を書こうと提案したのであった。そして結果的に「歴史的構造化サンプリング」（Historically

Structured Sampling (HSS) : How can psychology's methodology become turned into the reality of the historical nature of cultural psychology?) という論文として公刊された（Valsiner & Sato 2006）。このタイトルは TEM ではなく歴史的構造化サンプリング（HSS）がメインになっている。サトウタツヤにとっては，まさかヴァルシナーがサンプリングに関する内容を書くとは思っていなかった（しかし，気持ちはよくわかる）というのが当時の偽らざる気持ちである。

　さて，ヴァルシナーは初来日を終えドイツ経由でアメリカに帰国した。その直後にサトウタツヤ宛に届いたメールを紹介しよう（2004 年，2 月 13 日付）。日本の経験が非常に気に入った，そして，日本で生活した後では，ドイツなどヨーロッパの国がオーガナイズされてないようにさえ感じた，ということがまず書かれていた。

　そして，

Have you had a chance to think further on our chapter on EQUIFINALITY POINT SAMPLING? I need some suggestions from you — potential title, etc. （あえて英語を示した）

と続いていた。

　これは，彼が欧州経由でアメリカに戻る間に日本にいるお前は「等至点サンプリング」（EQUIFINALITY POINT SAMPLING）について考えていたか，という問いかけであった。本を書くことを引き受けた以上，協同で考えていこうという提案でもある。数週間前に出会った二人が本の原稿を協同で執筆するスピード感にも驚くが，等至点をサンプリングすることが強調されていたことに着目すべきであろう。この時点での発想がサンプリング手法と哲学に関する HSS と，等至点への道筋を描く TEM に分かれていったのである。

　さて，ちょうどこのころ修士論文を執筆していたのが安田裕子であった。その研究テーマは不妊治療を行いあきらめる女性の選択プロセスに焦点があたっていた。ただし，執筆中は決して TEM の考えを知っていたわけでもなく，立命館大学に提出した修士論文に TEM が用いられていたわけではない。修士論文執筆後に安田は TEM を使うことになるのだが，TEM が彼女の論文に影響したというだけではなく，彼女の論文の内容が

TEM に影響を与えた面もある。双方向的な影響過程なのである。

　安田はサトウタツヤの学部ゼミに同席してゼミ生の論文指導を行っていた（安田・サトウ 2007）。つまり，一種の入れ子構造（箱根細工あるいはマトリョーシカ構造）であったが，その学部ゼミにおいてプロセスを扱っていたのが福田茉莉であった。個人が占いを信じるプロセスの研究において，占いに対する態度の個人差（信じる・信じない）を単に時間を無視した対立する態度として捉えるのではなく，そこに至る径路の差異として考えていたのである。この研究における径路の多様性も TEM と共鳴していたと考えられる。

　また，2004 年 4 月に立命館大学文学研究科修士課程に入学した木戸彩恵も，サトウタツヤおよび安田の指導協力を得ながら研究を行っていた。彼女は，化粧研究の延長線上で化粧をするに至るプロセスを TEM で表現することになり，必須通過点（後述）としての受け身的化粧経験に焦点をあてて研究を開始した。同年 8 月には中国の北京で国際心理学会が行われ，ヴァルシナーが企画した「心理学における方法論的植民地主義の終焉」（The end of methodological colonialism in psychology: back from samples to the systemic study of individuals）というシンポジウムでサトウ・安田・木戸は TEM についての発表を行った（Sato, Yasuda & Kido 2004）。この国際的プレゼンテーションの場においていくつかの概念が明確になり，また，安田および木戸の研究が TEM 研究として形を整えていくこととなった。発表タイトルは「歴史的構造化サンプリング・モデル」（HSS model）である。つまり，サンプリング方法に焦点が当てられていたのである。これがヴァルシナーとサトウ（2006）のタイトルと共鳴していることは見やすい。さらに，立命館大学人間科学研究所リサーチアシスタント（当時）であった荒川歩が TEM の理解者となり，学生・院生指導を含めて TEM を推進していたことも特筆すべきだろう。現在のウェブサイトも荒川が立ち上げて管理している。

　TEM 適用を開始した時点で安田・木戸が使用できる方法論的な概念としては，分岐点，等至点，複線径路，そして非可逆的時間，といった程度であった。ここで，子どもをもつであるとか，化粧をする，ということを研究することで一種のジレンマが生じた。それは等至点としてこれらの経

験を設定すると，それが目指される「べきもの」「価値がある」とされるものであると感じられてしまうということであった。心理学においては，研究が社会に対して価値を提示するようなことは可能であれば避けるべきことが多いから，サトウ・安田・木戸（2004）の国際心理学会発表においては等至点の補集合に当たるような経験を考え，それを両極化した等至点（Polarized-EFP：P-EFP）として分極化するという発想が生まれた。このことによって研究者が対象とする現象や経験を，価値の高いものと見なしているわけではないということを表現できるようになった。さらに重要なことに，P-EFPを置くことによって，径路の多様性がより可視化されるようになったのである。なお，安田の研究自体は不妊経験のプロセスを研究しようとしていたのだが，結果的に，（妊娠できないにもかかわらず）不妊治療をやめるに至った人を対象として研究を行うことになったものである。そこで，不妊治療をやめるという決断を等至点として設定し，そこに至る径路を検討することになった。また，この安田の研究によって生まれた概念としては必須通過点（OPP）もある。TEMでは等至点に至るまでの径路の多様性を描こうする。しかし，多くの人が同じような経験をせざるをえないことがある。これが必須通過点（OPP）として概念化されたのである。さらに木戸は化粧における必須通過点として，子どもの頃の受身的化粧の経験を尋ねる面接を行った。しかし，これはあまりうまくいかなかった。必須通過点は，全員が通る点を必ずしも意味しないのだが，女性における受身的化粧は文字通り全員が経験しており，それを経験しないという多様性を表すことができなかったのである。ただし，このことはもう一つ重要な概念としての社会的方向づけ（Social Direction：SD）を構想するきっかけとなった。本人が意識するしないにかかわらず，本人の行動に大きな影響を与えている力のことである。

　以上，2004年8月の国際心理学会のシンポジウムで具体的な研究発表を行うことになった結果，その準備のなかで，両極化した等至点，必須通過点，社会的方向づけ，という三つの概念が生成されたのである。

　また，木戸は化粧研究の延長として，2005年3月に渡米して面接調査を行った。これは，化粧行動の変容が経験される事態として，日本からアメリカへの移動に焦点をあてた研究であり，HSSの実践であった。木戸

の研究においては，日米両国の異なる二つの文化における化粧行動の違いを比較したのではない。アメリカに留学した日本人学生の化粧行動の変容を通じて文化を考えるという意味での文化心理学の実践を志したのである。地理的移動が文化的越境を伴い，その相関物として化粧行動の変容も起きていたのである。こうした変容経験を記述するのにTEMは有用であった。

　こうしたなかで，TEMおよびHSSについて日本の学界においても広く世に問おうという機運が高まり，翌2005年の日本心理学会でワークショップを企画する運びとなった。このワークショップでは，サトウタツヤの概説を皮切りに，三つの研究の紹介が行われた。安田・木戸の研究についてはすでに触れたが，三つ目の研究は髙田沙織による「中絶を経験した3人の女性」の研究である。この研究はもともと卒業論文としてなされたが，指導教員たるサトウタツヤがTEMを用いて行うことを示唆し，ゼミの指導者であった安田・木戸・荒川なども協力してできあがったものである（こうしたテーマは，調査者本人の意欲はあっても，経験を語る側のケアなど，留意すべきことが多いため，かなり慎重な指導体制がとられたのである）。

　日本心理学会でのワークショップは三つの研究発表の後，指定討論者のコメントを受け，会場との討論も行ったのだが，指定討論や会場の質疑は大枠で好意的でなかったと総括できる。文化心理学と言っているわりに，文化についての言及が少ないという不満を表明した参加者もいた。当時において文化心理学と記号論的媒介の関係をうまく説明できなかった発表者たちの責任も小さくはないが，比較文化心理学＝文化心理学と考える人たちが多かったことを反映していたかもしれない。

　ただし，この時，会場から好意的な発言をしたのが森直久であった。これが縁となって森はTEMウォッチャーの道を歩み本書の執筆者となるのである。また，次なる国際的舞台は，2006年の国際社会・行動発達学会（ISSBD：オーストラリア）に定められた。そこでの展開の記述は第3章第1節で行うが，その前に，TEM研究における最初の実証的論文となった安田の研究について見ていこう。

（サトウ　タツヤ）

第 2 節*1)　不妊治療経験者の子どもを望む思いの変化プロセス──不妊治療では子どもをもつことができなかった女性の選択岐路から

1　不妊と不妊治療，その経験を捉える視点

　不妊は，「生殖年齢の男女が妊娠を希望し，ある一定期間，性生活を行っているにもかかわらず，妊娠の成立をみない状態」と定義される。日本では，その期間を 2 年とするのが一般的である。不妊の夫婦は，10 組に 1 組とも 7 組に 1 組ともいわれている（堤 2004）。実際には，2 年以上を経て，自然に妊娠する場合もあるだろう。また，婚姻関係にないカップル間では，妊娠は回避されるものである。そもそも，妊娠していない状態は，普通の状態だともいえる。しかし，結婚後，子どもに恵まれにくい夫婦のなかには，不妊を意識し，不妊治療に通い始める人びとがいる。実際，20 世紀における生殖補助医療技術の発展はめざましく，不妊に悩む人びとの希望のよりどころになっている。生殖補助医療技術とは，卵や胚を体外で操作する，不妊治療の総称である。日本では 1983 年に体外受精が，1992 年に顕微授精が成功しており，不妊に悩む人びとは，こうした治療技術の高度化・先端化に期待をかけている。ただし，その成功率は二十数％と高くはなく，必ずしも治療で子どもをもつことができるとも限らないのが現状である。また，治療中は，多かれ少なかれ，今回こそ妊娠するかもしれないという期待と，今回もまた治療がうまくいかないかもしれないという不安や恐れ，そして，生理のおとずれにより決定的となる治療の失敗への落胆など，気持ちが不安定に揺れ動き，不妊であることや治療自体に苦悩するばかりの日常になってしまう人もいる。そして，次第に，本当に子どもをもつことができるのだろうか，いつまで治療をし続けなければならないのか，治療中心の生活がいつまで続くのだろうか，という思いが生じてくる人も，なかにはいる。

　安田は，修士論文を執筆するにあたって，子どもが欲しいと望んだ女

性が，不妊治療に通えども妊娠しない現実に直面するなかで，子どもをもちたいという思いにどう折り合いをつけていったのかということに関心をもった。子どもを産み育てたいと切実に願う女性にとって，それを実現することができない事態は，自己存在を揺るがす重篤な状態を招きうる。こうした関心の表れと同期して，不妊治療で子どもをもつことができず養子縁組に意識を向けた人びとに出会う機会を得た。その過程で，子どもを望んだ彼女たちがいかに治療をやめる選択に至ったか，すなわち，「不妊治療をやめる」選択をするまでに，「子どもを産みたい」という思いをどう取りなしていったのか，さらには，非血縁の子どもを育てることを意識した彼女たちは，「治療をやめる」選択をした後，「子どもを育てたい」という思いにどう向き合ったのか，と考えた。子どもを産み育てられないことは，彼女たちにとって，ある種の喪失として経験されていたと思われるが，そうした状態から時間経過のなかで人生展望の転換をはかっていった女性たちのありさまを捉えたい，と思ったのである。希望や願いを実現することや，失敗や停滞なくして物事を成し遂げることだけに人の発達をみるのではなく，「発達における喪失の意義」に着目し，「喪失」をプラスに転換する見方や「不在」状態を積極的に評価することもまた，重要なことなのである（やまだ 1995）。

　こうした問題意識のもと，インタビューで聴き取った彼女たちの不妊経験の語りを悪戦苦闘しながらまとめていた折に，ヴァルシナー（Valsiner 2001）の提唱するエクイファイナリティ（Equifinality）という概念に巡り会った。エクイファイナリティ（Equifinality）とは，人がそれぞれに経験を重ね，固有の径路を歩んできたとしても，等しく（Equi）到達する（final）通過点があるということを示す概念であり，後に，私たちが「等至性」と訳語をあてたものである。この概念を取り入れ，「不妊治療をやめる」選択を等至点としてみなすことによって，時間とともにある不妊経験を明確に捉えることができるのではないかと考えた。つまり，この概念は，不妊治療では子どもをもつことができなかった彼女たちの，「子どもを産みたい／育てたい」という思いの変化を，「不妊治療をやめる」選択をひとつの軸にして捉えようとしていた私自身の考えと合致するものであった。不妊であることや不妊治療に苦悩し，治療でも子どもをもつこと

ができなかった彼女たちの，結婚したら子どもをもって当然であるとか，治療に通えば子どもができるといった，十把一絡げにするような社会通念や価値意識では把握しきれない固有で多様な経験を捉えたい。そのためには，彼女たちの「不妊治療をやめた」選択に焦点をあて，そこに至りその後に続く認識や行為の変化プロセスを捉えることが重要ではないかというのが，その時点での私の関心の焦点であった。今となっては，「等至点（EFP）に至りそこから分かれゆく多様な道筋を描くために，複線径路・等至性モデル（TEM）を用いる」ということができるのだが，第1節で述べられているように，等至性の概念を引いて研究しはじめた当初は，等至点（EFP），分岐点（BFP），（径路の）複線性（Trajectory），というぐらいの道具立てしかなかった。したがって，本節における研究は，複線径路・等至性モデル（TEM）を用いて研究をするという側面と，それを研究法として鍛えていくという両側面があったといっていいのではないかと思う。

2 本研究の目的

生殖補助医療技術の高度化とそれに伴う人びとの認識の変化など，時代における文化社会的な動向の影響を受ける不妊という事象に関し，不妊治療に通った当事者の経験を，「治療をやめる」選択に焦点をあてて，変化プロセスとして捉える。その際，複線径路・等至性モデル（TEM）を用いる。治療でも子どもを産むことができなかった女性たちが，「子どもが欲しい」と望む自らの思いにどう向き合い，選択・行為していったと意味づけしているのかを，プロセスとして明らかにすることを目的とする。

3 語りの収集と分析

A 語りの収集

社団法人家庭養護促進協会大阪事務所[*2)]の電子媒体を通じて，あるいは知人に募り，インタビューの協力を依頼した。インタビュー協力者（以下，協力者）は，子どもを望み不妊治療をするが，治療では子どもをもつ

表1-1 インタビュー協力者

	年齢（夫／妻）	治療年数	治療後の年数	養子縁組*
Aさん	56歳／51歳	14年	14年	試みず
Bさん	42歳／35歳	8年	3年	有
Cさん	30歳／30歳	2年	2年	試み中
Dさん	43歳	2年	16年	試み，やめる
Eさん	50歳／46歳	3年	18年	有
Fさん夫婦	40歳／40歳	1年	14年	有
Gさん	55歳／42歳	1年	11年	有
Hさん夫婦	37歳／38歳	7年	1年	試み中
Iさん夫婦	63歳／53歳	5年	24年	有

*インタビュー当時の状態である。

ことができず，養子縁組を考えた日本在住の9組の方である（表1-1）。内訳は，養子を育てている方5組，養子縁組を試みている方2組，養子縁組を試みてやめた方1組，養子縁組を試みなかった方1組であり，6組は妻が，3組は夫婦でインタビューに臨まれた。

　インタビューは，200X年3月から6月にかけて，協力者が希望する場（協力者の自宅，喫茶店）で行った。不妊治療をはじめて以降現在に至る，子どもをもつことに関する経験，ならびに治療に関する考えを捉えることのできる質問項目*3) を設定し，その内容を事前に協力者に伝えたうえで，話の流れに応じて順不同で話していただくようインタビューを進めた。インタビューの経過は，許可を得たうえでテープレコーダに録音した。録音時間は平均105分（最短40分，最長205分）で，すべて逐語録に書きおこした。録音を断られた1組に関しては，手書きの記録を，インタビュー終了直後に再構成した。

B　語りの分析

a　分析枠組みの設定

　不妊の経験は，治療をやめる選択によっていったん収束するものと考え，「不妊治療をやめる」ことを等至点（EFP）とした。これは，子どもをもちたいという思い，とりわけ，「子どもを産みたい」という思いをとりなす選択だといえる。また，「子どもを育てたい」という思いについては，養子縁組への関心の表れや関わり方にみてとることができると考え，

表 1-2　不妊治療と養子縁組への関わり方による類型

		養子縁組成立，あるいは成立の可能性があるか否か	
		可	否
不妊治療をやめる時点で，養子縁組への関与の仕方を決定しえたか否か	可	Ⅰ．養子縁組切り替え型 （等至点） 4組該当　B，C，F，H	Ⅱ．子どもをもたない生活選択型 （等至点） 1組該当　A
	否	Ⅲ．養子縁組選択型 （等至点，必須通過点） 3組該当　E，G，I	Ⅳ．養子縁組選択／子どもをもたない生活選択型 （等至点，必須通過点，分岐点） 1組該当　D

（　）は辿った地点

「養子縁組を意識する」ことと「養子縁組をやめる」ことに着目した。養子縁組に関しては，多くの人が制度の存在を知っているであろうが，実際に試みるには自分が選択する対象として意識する必要があり，したがって，「養子縁組を意識する」ことを必須通過点（OPP）[*4]とした。また，「養子縁組をやめる」ことについては，実際に試みたうえでやめることをその定義とし，分岐点（BFP）とした。

b　類型の構築と事例の抽出

「子どもを産みたい」「子どもを育てたい」という思いの変化プロセスを捉えるにあたり，「不妊治療をやめる」（等至点：EFP），「養子縁組を意識する」（必須通過点：OPP），「養子縁組をやめる」（分岐点：BFP）を軸にして，不妊治療や養子縁組への関わり方の観点から，次のような手順により類型にまとめた。まず，9組の協力者について，養子縁組を意識した（必須通過点：OPP）のが不妊治療をやめる（等至点：EFP）前後いずれの時期であったか，つまり，「治療をやめる時点で，養子縁組への関与の仕方を決定しえたか否か」で分けた。さらに，その後，養子縁組をやめた（分岐点：BFP）かどうか，つまり「養子縁組成立，あるいは成立の可能性があるか否か」で整理し，四つの型を導きだした（表1-2）。なお，Ⅱ型のAさんは養子縁組を意識したものの，養子縁組で子どもを育てることについて夫の合意が得られず，実際には試みていない。選択肢のひとつとして養子縁組を意識したとしても，身近な人物との意見の相違から，養子縁組を試みない選択をする場合もあるのである。よって，Aさんに，「養子

縁組をやめる」選択（分岐点：BFP）は生じるはずもない。ここでは，「養子縁組成立の可能性がない」という解釈により分類した。

　子どもをもちたいという思いを，時間経過における変化プロセスとして明らかにするにあたり，4類型から各1事例を抽出した。Ⅱ型とⅣ型は，そもそも1事例のみ該当した。複数の事例が該当したⅠ型とⅢ型については，子どもを育てることへの思いや経験に関して，より多く語られている事例を選んだ。

4　不妊経験の時間経過における変化プロセス

　各事例について，語りを意味のまとまりごとに切片化し，等至点（EFP）と必須通過点（OPP）と分岐点（BFP）に関わる経験，それらに収束する経験，そこから分かれゆく経験を抽出した。そして，語られた言葉を生かし，各経験を端的に表現する見出しをつけた。切片化した語りは，自分自身の内面から湧き上がる思い，身体に関わるもの，夫婦関係，医療従事者との関係，社会的なこと，の五つにまとめられ，順に，〈私〉〈身体〉〈夫婦〉〈医療〉〈社会〉の語りとした。なかには，〈私〉と〈社会〉のいずれにあてはまるかを判断しがたい語りもあったが，このことは，人の認識が社会的なことと無関係ではありえないことを示していると考え，双方にあてはまるものとした。そして，これらを，〔不妊治療中〕〔不妊治療をやめる：等至点（EFP）〕〔養子縁組を意識する：必須通過点（OPP）〕〔養子縁組を試みる〕〔養子縁組をやめる：分岐点（BFP）〕〔現在〕という時間経過に位置づけ，整理した（表1-3）。

5　複線径路・等至性モデル（TEM）の効用に着目して

　本節では，複線径路・等至性モデル（TEM）を用いて，「不妊治療をやめる」（等至点：EFP），「養子縁組を意識する」（必須通過点：OPP），「養子縁組をやめる」（分岐点：BFP）という経験に焦点をあて，それらをメルクマールとした類型化を介在させ，そのうえで，各類型の事例について，不妊経験の時間経過における変化プロセスとして提示した。考察で

表 1-3 時間経過と次元から捉える不妊経験の変化プロセス

		I型（Bさん）	II型（Aさん）	III型（Iさん）	IV型（Dさん）
不妊治療中	私	・子どもができにくいことに気づく	（日本で） ・自信がなくなっていく ・誰にも相談できずにひとりで抱え込む （ドイツ滞在時） ・生きがいを見いだし自信が出てくる	・他者の何気ない言葉に傷つき，ひとりで抱え込む	・精神的圧迫を受けながら不妊治療に通う
	身体	・大変な苦痛に耐えて子どもを産もうとする	・生理によって子どもができない現実を突きつけられる		・検査や治療で辛い思いをする
	夫婦	・夫の言葉に支えられる		・ともに協力し不妊治療をする	
	医療	・治療技術に期待をかける	・曖昧な診察を不満に思う	・残された治療を試みようとする ・不妊治療が嫌になってくる ・医師との対話によって関係を築く	
	社会		（日本で） ・他者から子どもができないことを突きつけられる （ドイツ滞在時） ・他者から存在を認められたと感じる	・他者の何気ない言葉に傷つき，ひとりで抱え込む	・精神的圧迫を受けながら不妊治療に通う

→次頁につづく

不妊治療をやめる	夫婦	・夫の言葉に支えられる	・子どもを産み育てたい思いを断ち切り，夫との生活を選ぶ	・2人だけの生活を見据える	
不妊治療をやめる	医療	・子どもをつくって駄目にするぐらいなら，産もうとするのをやめる	・根拠に基づいて不妊原因を説明される	・不妊治療を打ち切る	・しびれをきらして不妊治療をやめてしまう
養子縁組を意識する	私			・子どものいる生活に，魅せられる ・子育てを，人間を育てさせてもらうことと考える	・実子でなくとも子どもを育てることはできるということを，仏教に教えられる
養子縁組を試みる	私	・困難にもめげず，子どもをもつ方法を自ら進んで模索し続ける		・自ら進んで行動したおかげで事態が進展する	・現実には折り合いがつかない一方で，子どもを熱望する思いばかりが膨らむ
養子縁組を試みる	夫婦	・夫の言葉に支えられる		・ともに同じ方向を向いている	
養子縁組をやめる	私				・宗教の力に助けられる
現在	私	・自ら選択し実行することで縁をむすび，次の行動につなげていく	・生きがいをもって自分らしい時間を過ごす	・社会を変えていこうとする	・宗教の力に助けられている

経験しえない部分には，斜線を引いた。
- 等　至　点（EFP）：不妊治療をやめる
- 必須通過点（OPP）：養子縁組を意識する
- 分　岐　点（BFP）：養子縁組をやめる

は，複線径路・等至性モデル（TEM）の枠組みを用い，いくつかの経験に焦点をあてたことの意義を，類型化と事例提示の観点から順に検討する。そのうえで，時間経過における変化プロセスを捉える複線径路・等至性モデル（TEM）の効用についてまとめる。

A 類型における焦点化の意義
――不妊治療と養子縁組への関わり方の明確化

「不妊治療をやめる」（等至点：EFP），「養子縁組を意識する」（必須通過点：OPP），「養子縁組をやめる」（分岐点：BFP）という選択や認識に焦点をあてて不妊経験を捉えることを通じて，協力者の女性たちが，「子どもを産みたい」「子どもを育てたい」という思いの変化とともに，不妊治療や養子縁組といった社会システムにどう関わっていったかについて，その径路を4類型にまとめることができたと考える。

まず，類型構築の，①「不妊治療をやめる時点で，養子縁組への関与の仕方を決定しえたか否か」，②「養子縁組成立，あるいは成立の可能性があるか否か」，という2段階をふんだ分析手続きについて，各段階が示す意味を順に明らかにする。①は，「養子縁組を意識する」のが「不妊治療をやめる」選択の前後いずれの時期であるかを示している。このことは，不妊治療中に子どもをもつ方法として養子縁組の存在を意識することの重要性を明確にする。すなわち，Ⅰ型のように，「養子縁組を意識する」のが「不妊治療をやめる」以前である場合，「不妊治療をやめる」のと同じ時期に養子縁組で子どもをもつことを検討しえるのである。子どもをもちたい――この段階に至っては，「子どもをもつ」ことの意味が治療を始めたころとは変化している――と望む人びとにとって，こうした代替手段を認識しうることは，重要なことだといえよう。ある団体では，子どもの委託に際し，養親が高齢でないことが要件のひとつとされているが，数年間の不妊治療を経て養子縁組に向かうケースがほとんどであるため，養子縁組を試みる時点で，すでに高齢になっている夫婦は多い。よって，養子縁組という方法の存在を，親子間の年齢が離れすぎていないことが要件のひとつとされる（年齢差が40歳以上でないことが，判断材料とされる）といった情報とともに早くから認識していることの意味は，大きいと考えら

れる。また，不妊治療をしている最中では，治療で子どもをもつことが目標となり，生活が治療中心になってしまう傾向があるため，治療がうまくいかない場合に行き詰まりを感じてしまうことも多い。しかし，子どもをもつための選択の幅が広がることで，そうした行き詰まりを感じてしまう閉塞感がゆるむ場合もある。もちろん，子どもをもちたいと望むすべての人びとが，養子縁組で非血縁の親子関係を結ぶことを考えるわけではないだろう。それはむしろ，少数派の選択であるといえる。しかし，子どもを産むことができなくても育てたいと希望する夫婦は実際に存在するのであり，不妊治療で子どもをもつしか方法がないと思ってしまいがちな治療中の人びとに，なにがしかのかたちで養子縁組をする選択肢の存在を示すことは，重要なことだと考えられる。Ⅰ型とⅡ型はともに，「不妊治療をやめる」選択をする以前の段階で，非血縁の親子関係を築くという他の可能性を検討することができた人びとである。もちろん，Ⅱ型にみたように，夫婦間での意見の相違により，養子縁組をしない選択をする人もまた存在する。

　他方，Ⅲ型やⅣ型のように，「養子縁組を意識」したのが「不妊治療をやめた」後であった人びとは，不妊治療から切り替えるかたちで養子縁組を選択したわけではない。治療をやめる時点では，程度の差こそあれ，夫婦での暮らしを基本とした，子どもをもつことにこだわらない方向性を模索しようとしていた。その後，「養子縁組を意識した」時点で，「子どもを育てたい」という思いが明確になってきたといえるだろう。ただし，Ⅳ型のように，養子縁組を試みても子どもの受け容れが叶わず，養子縁組を諦めざるをえない人もいる。養子縁組を希望する側は，親となる自分たちの子どもを望む気持ちが欲求や行為の基準となるが，養子縁組の仲立ちをする立場からは，子どもの幸福が最優先となる。こうした双方の立場の違いにより，養子縁組が成立しないことも少なからずある。そして，子どもを望む側は，自分自身の「子どもを育てたい」という思いに折り合いをつけ，「養子縁組をやめる」選択をせざるをえなくなる。ただし，結果として養子縁組が成立するか否かという違いはあれども，養子縁組を試みる人は，この過程において，非血縁の子どもを育てることへの葛藤や実質的な困難を認識し，自分自身の子どもを望む思いの真意を問い直す契機を得ている

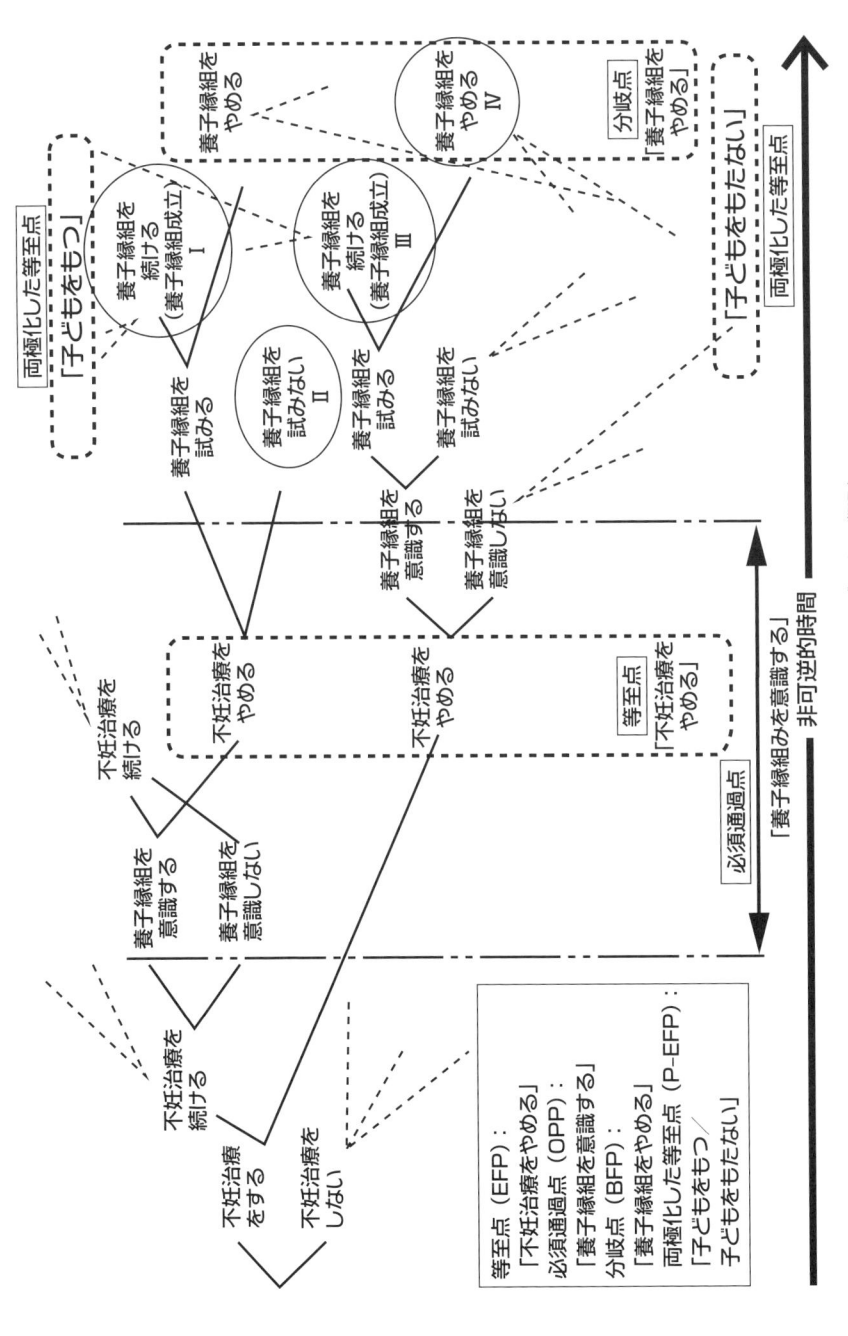

第1章 TEMの発祥とT・E・Mの意味　27

図1-5　時間経過に位置づけた4類型

のだといえる。

　以上，不妊治療と養子縁組の関わり方の観点からまとめた4類型を，時間経過に位置づけて図1-5のように示した。各型の径路を簡単に説明する。

　　Ⅰ型：不妊治療中に養子縁組を意識し，治療をやめて（等至点：EFP），切り替えるかたちで養子縁組を試みる。
　　Ⅱ型：不妊治療中に養子縁組を意識し，しかし夫婦間で意見が一致しないために養子縁組を試みることなく，不妊治療をやめて（等至点：EFP），子どもをもたない生活を選択する。
　　Ⅲ型：不妊治療をやめ（等至点：EFP），後に養子縁組を意識し（必須通過点：OPP），試み，養子縁組が成立する。
　　Ⅳ型：不妊治療をやめ（等至点：EFP），後に養子縁組を意識し（必須通過点：OPP）試みるが，養子縁組が成立することなく，養子縁組をやめて（分岐点：BFP）子どもをもたない生活を選択する。

　このように，不妊治療に通った彼女たちの「子どもをもちたい」という思いの変化のありさまを，「不妊治療をやめる」（等至点：EFP），「養子縁組を意識する」（必須通過点：OPP），「養子縁組をやめる」（分岐点：BFP）という共通の経験を軸にして類型化することにより，不妊治療と養子縁組という社会システムへの関わり方というかたちで，簡潔明瞭に四つにまとめることができた。このことが，不妊経験を変化プロセスとして捉えるに際し，類型化を介在させたことの意義であると考える。

B　事例における焦点化の意義――等至点の多様性の明確化

　さて，不妊経験を変化プロセスとして提示するにあたり，「子どもを産む」ことにこだわるわけではない選択や認識を捉えるという観点から，便宜上，「不妊治療をやめる」（等至点：EFP），「養子縁組を意識する」（必須通過点：OPP），「養子縁組をやめる」（分岐点：BFP）という記号的な表現を用い，各人のそれぞれにあたる経験をいったん一括りにまとめた。しかし，そうした表現で一括りにした個人の経験は，実際には，それぞれ

に固有の意味を有するものである。ここでは，各型の事例について，とりわけ等至点（EFP）として焦点をあてた「不妊治療をやめる」選択をとりあげ，具体的にその固有で多様なありさまを捉える。

　Ⅰ型のBさんは不妊治療中，妊娠するが結局，流産してしまうということを，何度も繰り返していた。治療中は，妊娠することができるだけに，子どもを産みたいという思いがますます強くなるばかりだったという。そんなBさんが治療をやめることを考えたのは，十数回目に流産したときだった。「もうやめたほうがいいんじゃないか」という，治療をし続けることとは異なる選択肢を示す医師の提言をきっかけに，自分がつくっては殺してしまっているのではないかと子どもの命に思いを馳せ，治療をやめることにした〔子どもをつくって駄目にするぐらいなら，産もうとするのをやめる〕（表1-3参照，以下同様）。それは，高度な治療技術でも，介入しえない生命のメカニズムが存在するのだということを受け容れた経験でもあった。

　Ⅱ型のAさんは，若いころから，結婚しなくても子どもだけは欲しいと思うほど子ども好きで，自分の子どもを手塩にかけて育てることに結婚後の生き甲斐を見出そうとしていた。そんなAさんにとって，子どもを産むことができない現実は，自分の存在意義への喪失感や身体への欠損感，人と同じことができないことよる孤立感に，塗りつぶされるものでしかなかった。Aさんは，十数年もの間，不妊治療をし，その途中で養子縁組を意識することもあったが，養子縁組で子どもを育てることについては夫と意見が合わず，よって，子どもをもつためには治療をするほかなかった。そんなAさんは，当時の治療技術水準の低さと医師の誤った診断により，自分が不妊の原因だと思って治療に通い続けていたのだが，転居後の病院で検査をした際に初めて，夫が不妊の原因であるという説明を受けた〔根拠に基づいて不妊原因を説明される〕。そのとき，子どもを育てる生活を実現するために，夫と別れて他の男性と子どもをもつ人生を考えたという。しかし，「あなたが母親になって幸せになるのなら喜んで別れる」という夫の涙ながらの言葉を耳にし，夫が原因だと知った途端に離婚を申し出た自分自身を省み，結局，夫婦二人で暮らす人生を選んだ〔子どもを産み育てたい思いを断ち切り，夫との生活を選ぶ〕。また，不妊であるこ

とにより自信をすっかり喪失していたAさんは，他方で，子どもを育てることに替わる，自分自身が打ち込めることのできる何かをみいだそうと懸命になっていた。治療をやめることができたのは，そうした努力を通じて，なし崩しになっていた自己像が幾分か回復の兆しをみせていたことにもよったと考えられる。

　Ⅲ型のIさんの場合，夫側に不妊原因があることが不妊治療をはじめた当初からわかっていた。しかし顕微授精という男性不妊に対する治療法がまだなく，また，体外受精も開発されたばかりのころで，体外受精で生まれた子どもが「試験管ベビー」として批判的・挑発的に報道されるような時代であった。治療法として確立していたのはせいぜい人工授精までであり，したがって，不妊治療の効果はほとんど見込めず，結局，『治療をやめること＝子どもをもつことを諦めること＝夫婦二人での生活』という考えにより，治療をやめた〔二人だけの生活を見据える〕。しかし，Iさんは，後に，養子縁組を意識する出来事に遭遇した。一度は子どもをもつことを諦めたIさんであったが，そのとき，子どもを育てたいと強く意識した。そして，Iさんは，養子縁組により4人の子どもを受け容れ育てる経験を経て，現在に至る。

　Ⅳ型のDさんにとって，不妊治療をやめたのは，納得したうえでのことではなかった。Dさんは，不妊治療中から夫との仲が良くなく，支えになってくれる人も身近におらず，治療は苦痛を伴うばかりのものだった。そうしたなか，うまくいかない治療に嫌気がさし，なんとなくやめてしまった〔しびれを切らして不妊治療をやめてしまう〕。その後，養子縁組で子どもを育てたいと思うに至り子どもを引き取るために実際に動き出したが，結局，養子縁組をすることも難しい結果となった。Dさんは，命にかかわる病気を患ったこともあり，子どもを産むこともできなければ育てることもできない現実を，神仏への信仰心から受け容れようと努めた。Dさんにとって，不妊治療でも養子縁組でも子どもをもつことができない現実は，非常に苛酷なものであった。しかし子どもをもちたいと思い続けたプロセスは，自分が信じることのできるものに巡り会い，信仰心に支えられながら，子どもが欲しいという思いとその思いが叶えられない現実との狭間で葛藤しもがき苦しむ自分を，乗り越える経験となっていた。

このように,「治療をやめる」という表現でいったんひとまとめにした経験が,個々人それぞれに固有な意味をもつ多様なものであったことがわかるだろう。すなわち,等至点(EFP)は,誰もが到達し通過する共通の地点として定めるものであると同時に,それぞれが経験を重ねるなかで辿り着く,その人にとっての固有の意味を有する経験,さらには,次の行為へとつながりゆく質的変化を内包する経験を明確化する役割を果たす。等至点(EFP)の,焦点化して一括りにまとめた共通性としての意味と,固有の意味を有する多様性としての意味の双方を認識しつつ,不妊経験を時間経過における変化プロセスとして捉えるという複線径路・等至性モデル(TEM)の発想により,動的で非線形的な人生径路への理解を下敷きにして,不妊経験における選択のありさまを,それぞれの人生文脈に寄り添うかたちで提示することができたと考える。

C 多様な径路の,モデルとしての意義

本節で扱った研究では,協力者のなかに,不妊治療で子どもをもった人はいなかった。しかし,「子どもを産みたい」「子どもを育てたい」という自分自身の思いに向き合いながら,不妊治療や養子縁組に関わってきた経験は,夫婦での生活や夫婦関係の再考,身体観や自己像の立て直し,非血縁の親子関係を築くことへの開眼,信じることができるものとの邂逅(かいこう)と信仰心の芽生え,子どももなく病を抱えながら生きることへの受けとめなどといった,人生展望を再構築するかたちで意味づけられていたと考えられる。そして,こうした彼女たちの意味づけの語りを把握する作業を通じて,「子どもをもつ」「子どもをもたない」といった優劣をつけることのできない等価なありようを認識する必要性が明確になってきたのであり,それを,サトウら(Sato et al. 2004)は「両極化した等至点(P-EFP)」と概念化した。このように,複線径路・等至性モデル(TEM)の枠組みを用い,理論的に考えられる径路の可視化を含め,不妊経験を生涯発達的な観点から描き出すことは,不妊に悩む人びとにモデルとして何らかの示唆を与えるという点で,意義あるものとなる。つまり,当事者が,ある選択の岐路に立ったとき,提示された径路を自分自身の辿ってきた径路や経験と重ね合わせ,ズレや異なりや似通っている部分を確認しながら,「そ

れでは，自分は今後どのような選択ができるのか」といったことを考えるヒントを与えてくれるという点で，複線径路・等至性モデル（TEM）は実践と相性がいい方法論であるといえる。なお，本節でとりあげた研究では，支援との接合を志向しているが，それはいわば筆者の関心に基づく。この枠組みを用いて分析し結果を提示する際，研究目的が支援志向的であるか否かは要となる問題ではないことを，付け加えておきたい。

6　限界と今後の課題

　本節では，複線径路・等至性モデル（TEM）を用い，不妊経験について，ある選択や行為を共通性と固有性・多様性の観点から捉えつつ，時間経過における変化プロセスとして提示する試みを行った。その際，視覚的なわかり良さを優先させ，辿る径路を簡潔な直線で描いた（図1-5）。このことは，類型化による選択径路の明瞭な提示という効用と関連することであるが，実際には，個人の経験の径路には，揺らぎが多分に含まれている。複線径路・等至性モデル（TEM）は，人がさまざまな局面で直面しうる揺らぎを捨象せず，固有の意味や曖昧さを包含したまま，経験の多様性を詳述するのに適した手法である（安田 2005）というならば，視覚的にその多様性をいかに表現しうるのかということは，検討すべき重要な課題である。また，本研究において，分析・結果・考察という思考プロセスを通じて，あらたに「両極化した等至点（P-EFP）」を概念化することの必要性と有効性が明確になった。これは，「子どもをもつ」ことと「子どもをもたない」ことが，どちらが優るとも劣るともいえないという価値付けの相対化を目的に概念提示したものである。ただし，「子どもをもつ」ことと「子どもをもたない」こととを，価値付けしがたいひとつの領域として捉えたときに，5のBで述べた，個々人それぞれに固有の意味を有する経験として等至点（EFP）を理解するということと，その定義的意味に関連性をもたせることができるようにも思われる。この点も今後，整理が必要な事項であると考えている。

　　　　　　　　　　　　　　　　　　　　　　　　（安田　裕子）

第2章
HSS の発祥と TEM との融合

第1節　HSS の発祥と TEM との融合

1　EFP と HSS

　ヴァルシナー（Valsiner 2001）の「発達における等至性」（Equifinality in Development）という図には（第1章 p.5 にも収載），人間は非可逆的時間と共にある存在で，複数の分岐点や複数の等至点を経ながら人間は発達していくこと，そして具体的な個人が辿る道は一つであっても，可能な道はほかにもありえる，ということが示されている。しかし，彼自身は実証的な研究を行うことが少なく，この考えを研究パラダイムとして作動させるには，若干の工夫が必要となる。
　そこで考え出されたのが，個人にとって複数ある等至点のうちのひとつに焦点をあてて，その経験の意味やそこに至る道筋を見ていくというものである。これは単純な意味では，個人の特定の経験に着目するということであるが，サンプリング論として考えれば大きな考え方の転換を要請している。
　研究対象を選ぶということは，研究の基本的プロセスの一つであり，それを無しにすることはできない。ただしこの研究対象というのがクセモノである。心理学などの分野では，対象と現象を分離しづらい。たとえば，将来の夢を研究しようとすれば，研究対象は将来の夢である。しかし，将来の夢だけを扱うことはできない。人間を抜きに将来の夢を扱うことはで

きないのである。しかも人間と言っても年齢によって異なるだろう。あるいは、小説や絵画に描かれた将来の夢、ということもありえるかもしれないが、人間活動としての将来の夢、ということであれば、その将来の夢を語ってもらうか書いてもらうかしてもらわねばならず、そこでは必ず誰かを選ぶということが必要になる。そして、どこの誰をどのように選ぶのか、ということが対象抽出（サンプリング）の方法論である。全数調査ができるようなことは滅多にないから、何らかの選択が必要であり、さらにその方法の適切さを評価することが必要となる。本書はサンプリングについて論じるものではないので詳細は割愛するが、数量的調査においては代表性のあるサンプリングを行うためにランダム・サンプリングが推奨される。しかし、これは適切なのであろうか。人間を閉鎖システムとして考えているからこそ、こうしたサンプリングが可能なのではないだろうか。人間を開放システムとして考えるなら別の考え方ができるはずである。

　人間の個々人は皮膚で区切られた単体の生き物である。一人ひとりの人間が、生きたままで、物理的な存在として混じり合うことはない。しかし、このことと、関係的存在としての人間ということは並立しうる。

　心理学や社会学や看護学における質的アプローチにおいては、対象たる人間を個として尊重することが前提であるが、それと同時に、普遍的に見える現象があるとしても、それは（環境や他者を含む）世界との相互作用なくして成り立たないことを理解すべきだろう。ランダム・サンプリングのように個体を閉鎖システムとして見なし単体として取り出すようなサンプリング法が常に正しいわけではないのだ。私たちには異なる方法論が必要なのである（サトウ 2008）。

　本章で述べる歴史的構造化サンプリング（HSS）は等至性という概念に依拠している。そして等至性は開放システムの特徴の一つである。

　前章でも紹介したが、ベルタランフィによれば、同じ最終状態が、異なる道を経ても実現するのが開放システムの特徴であり、その最終状態を等至点と呼ぶ。ここで、ベルタランフィは「同じ」最終状態という語を使っている。これは、彼の対象が物質の世界だからであり、人間を対象にする研究では「同じ」という語を簡単に使っていいのか、ということは問題になりうる。だが、「同じ」最終状態ということを仮に設定することは決し

て意味のないことではない。なぜなら，研究対象の焦点化の作用があるからである。

　異なる対象をテーマにして研究を行うことは，かなり難しい。テーマは絞る必要がある。学生の卒業論文の計画を聞いていると「あれもやりたい」「こんなことも知りたい」「ついでにこれも」と言ったりする人がでてくるが，こういう人は「もっとテーマを絞りなさい」と優しくなだめられるのがオチである。対象は絞り込まなければいけない。

　しかし，絞り込んだと思ったものがそれほど均質でないと分かることもある。福田 (2007) は，学生結婚の研究をしようと思い立った。ところが，学生結婚が大学でどの程度の頻度で見られるものなのかという統計はない。学生結婚の定義がなされていないことが一因である。たとえば 18 歳で就職して 23 歳で社会人学生として入学した人が結婚したら学生結婚か，ということを考えるためには定義が必要であるが現時点でははっきりした根拠をもっている人は少ないのではないだろうか。結婚した片方だけが学生の場合，両方とも学生の場合，院生同士の場合。オーバードクターの場合。それらがすべて学生結婚にあたるのか，そもそも学生結婚と院生結婚は同じか，などが定義されなければ統計はとれない。

　このようなことに興味をもった場合，学生結婚をしていると思う人に話を聞いていくしかない。そして，とりあえず研究を始めていくことによって，学生結婚という事象の豊穣さ——各カップルの経験は決して均質なものではないこと——が分かってくる。たとえば，できちゃった婚とそうでない結婚，片方が有職者である場合と両方とも学生である場合，などなど。学生結婚は，Similar（類似）だけれど Same（同一）じゃない，ということが実感される。そして，研究した結果として定義が仮説的に提示されるのである。

　こうしたプロセスは多くの研究にあてはまるだろう。同一だと思ったけれど少し違う。ある現象や経験を同一なものとして均質カテゴリーと見なさなければサンプリングは成り立たない。しかし，その後は等質性に固執するのではなく，多様性を見ていく必要がある。違いのある類似性であることを認めるべきなのだ。

　実験研究では，あるテーマに焦点が当てられると，それを従属変数と

して考え，影響する要因を独立変数として操作することになる。したがって，被験者が何人いようと，テーマとなる現象はまさに「同じもの」として扱われる。しかし，HSS においては，結果としてはそのようには考えない。サンプリング手順としては，研究対象となるある経験を（便宜的に）同じ経験として考え，一つのカテゴリーを生成し，その経験をした人を対象にして研究を行うが，その経験に至る径路は誰もが同じだと考えるのではなく，さまざまな径路を仮定する。そして何よりも，最初同じものとして考えた一つの経験がどのような幅を持ちうるのかも考えるのである。「同じ」ではなく「同じような」経験として考えるのである。このような方法で普遍性に近づくのが HSS なのである。

2　非確率的サンプリングにおける HSS

　HSS は，時間的には TEM と前後して登場した考え方であるが，等至点に着目してサンプリングする，すなわち，研究者が関心をもった人間の経験を等至点として概念化して，その経験をした人を対象にそこまでの径路やその後の径路のあり方を考察する，という点において TEM を根底から支えるサンプリング方法論としての役割を担っている。

　一般にサンプリングは，確率的サンプリングと非確率的サンプリングに分けられる（Patton 1990 など）。HSS は表 2-1 のうち，理論的サンプリングに入るべきものである。

表 2-1　主な非確率的サンプリング（Patton 1990, Valsiner & Sato 2006）

サンプリング	内　容
理論的	理論的関心から対象としてふさわしい人びとを選ぶ。
実践に基づく	臨床心理学者，教師，看護師などの実践者が自身の実践領域で出会っている人たちを選ぶ。
一点突破的	何らかの理由で理想的な対象者を得られないときに，さまざまな努力や伝手（ツテ）によって対象を得ること。人数も少数になりがちである。
関係的ネットワーク依拠	最初に対象として選んだ人のネットワークを活用。推薦された人を次々と対象として選ぶ。
便宜的	依頼しやすい人たちを選ぶ。

確率に基づくサンプリングというのは，母集団に含まれる構成要素を均質と見なしているようだが，心理学や社会学においては，均質ということの意味は同一ということではない。仮にすべての構成要素が同じものであるなら，ランダムに選ぶ必要はないのである。水の分子はどこからどのように取ってきても水の分子である。恣意的なサンプリングで充分である。つまり，均質を仮定しなければいけないが，実際にはそうではないからこそランダム・サンプリングのような方法が必要なのである。つまり，人間が多様であるからこそランダム・サンプリングのようなサンプリング法が必要になっているのであるし（サトウ2008），それは研究者が設定した二つの変数の間の関係を見たいからという限定的な前提にたったときの要請にすぎない（Sato et al. 2007）。

心理学や社会学において，ランダム・サンプリングが重視され始めたのが，群間比較による研究が勃興してきた時期と重なっているのは興味深い。群間比較とは，ある従属変数（たとえばIQ）を設定したときに，異なるカテゴリー（たとえば性別）によって，従属変数値の比較を行うことである。そして，群間比較は，ある意味での因果関係推論を含んでいる。ところが，20世紀中頃の初期の社会心理学では（それまでの感覚・知覚心理学が行ったような）任意の少数者に対するサンプルを用いた群間比較が行われていたのである。こうした状況を嘆いていたのが，後に統計学者と呼ばれるような一群の人びとである。たとえば，マクネマーは「人間にはバリエーションがある（human variation exists）という単純な理由により」ランダム・サンプリングを含む適切なサンプリングによって代表性のあるデータに基づいた研究が必要であると訴えていた（McNemar 1940）。つまり，データの群間比較によって因果モデルを考える際には，ランダム・サンプリングのようなサンプリング法が重要だという認識を広めようとしていたのである。

しかし，である。マクネマーが変動（バリエーション）と言ったとき，それは多様な豊かさを意味しているというよりは，余剰な誤差しか意味していないように思える。ある独立変数とある従属変数の関係を見るときに，人間のバリエーションは，攪乱要因として捉えられており，だからこそ，それを統制する（押さえ込む）ためにランダム・サンプリングが必要

だと彼は主張しているのだ。ここでは，ピュアな「変数」，汚染されていない「変数」の観測値を得るために，人間を攪拌（かくはん）するという本末転倒なことが意図されている。人間の経験こそが焦点を当てられるべきであるのに，人間を変数の束として捉えたうえで（渡邊 2007），得られた観測値から算出された平均値を真の値と見なすような思考が根底にあるからだろう。変数と変数の関係を見る研究は，人間の経験ではなく，変数に関心がある。統計量によって研究しようとする研究はすべてそうである。質的アプローチの対義語は「量的アプローチ」ではなく，統計量アプローチであるべきだ（サトウ 2008）という主張はともかく，マクネマーのように変動を誤差のように捉えるようなやり方では人間経験の豊かさには近づけないことは再度強調しておきたいし，それを乗り越えるために必要なのが HSS のような考え方なのである。

3　経験をサンプリングするということと HSS

　研究者が関心を持った自分や他者の経験の意味について知るためには，あるいは，ある現場において何が起きているのかを知るためには，そこに焦点をあてたサンプリングが必要である。それこそが経験や現象をすくいとるための「歴史的に構造化されたサンプリング」（HSS）なのである。歴史的構造化サンプリングとは個人をその歴史とともに考えるようなサンプリングのことである。なぜなら，ある経験というのは決して個人の内部のみに還元されないからである。どのような経験であれ，個人が生まれ落ちた場所・文化・歴史の影響を受けざるを得ない。個人の経験は歴史的に構造化されているのであるから，ある経験をした人を選ぶということは，変数に焦点をあててサンプリングするのとは異なっている。

　このサンプリングにおいて，焦点があたる経験は等至点（Equifinality Point）である。システム論によれば，等至性は開放システムの特徴である。つまり，開放システムは，多様な径路をとりつつも同一（控え目に言えば，類似）の結果にたどり着くことがある。この前提に基づいて等至点に着目して研究を行うのが HSS および TEM の研究方略ということである。

ある経験にいたる道筋は——たとえ一人の人が経験するあり方は一つであっても——実際には多様な径路がありえたかもしれない。また，何よりも人間をサイコロのような孤立したユニットとして捉えるのではなく，外界と相互交渉を行うオープンなシステムであると仮定するならば，人間の経験は等至点として概念化することができるのである。さまざまな径路の可能性が交差するポイントが等至点であり，経験に焦点をあててサンプリングするとは等至点をサンプリングするということになるのである。

実際，観察や面接データを詳細に検討すると，人生（や個別の行動）にはさまざまな可能性がありえることが分かる。さらにその人の置かれた文脈や歴史を探るなら，さらに多様な可能性にも気づくし，そうした可能性を見せないシステムの存在に気づくこともできる。

ランダム・サンプリングは，個人とその文脈，あるいは歴史を抹消することで，サンプルから得た情報の一般性を高めようとしたが，事例についての質的研究はそれとは逆に，個人にこだわる。その個人の全体や個人の文脈，個人史にこだわり，それをできるだけ分厚く深く記述していくことによって，そこで得た情報の一般性を高めようとしていく（渡邊 2007）。HSS はそうしたと考え方とも同期している。

つまり，HSS が含意することは，経験を扱うサンプリングではあるけれど，経験を抽象化して理解するのではなく，経験をしている人の生き方について，その経験に至る径路，その経験から派生する径路まで含めて理解しようとすることなのである。その意味で，HSS で得られたデータをどのように記述するのかという記述の方法論が必要となる。そして，その方法論こそが TEM なのである。

（サトウ　タツヤ）

第 2 節　TEM を構成する基本概念

では，実際に TEM ではどのような概念ツールを用いて現象の記述を行うのだろうか。ここでは TEM に必要ないくつかの概念とその説明につい

て，サトウ・安田・木戸・髙田・ヴァルシナー（2006）の解説に依拠して説明していく。ただし，第1章で見たように，以下の概念は具体的な研究の進展に伴って生成されてきたのであり，また，今でもなお常に変容しつつあることを理解したうえで味わってほしい。

1 開放システムとしての人間と定常状態

　一般システム理論の提唱者，ベルタランフィ自身，明確な文章の形ではシステムの定義を与えていないが，彼にとってシステムとは「相互に作用し合う要素の集合」であり，それらの要素はたとえ複雑であっても何らかの形でオーガナイズ（系統化・編成）されている，ということを意味していると思われる。システムとは，要素群とその関係からなり，それらが結びつきあう機能が全体の性質を創造するのである（Valsiner 2000）。

　初期のシステム論によれば，システムには開放システム（Open System）と閉鎖システムがある。後者（閉鎖システム）は環境から孤立し環境と相互交渉をしないシステムであり，熱力学などが扱うシステムはこうしたものである。一方，システムがその置かれた特殊な環境と交換を行うのが開放システムの特徴であり，すべての生物学的，心理学的，社会的システムは本質的に開放システムである。ベルタランフィ（1968/1973）は「生物体は成分の流入と流出，生成と分解のなかで自己を維持しており，生きている限りけっして化学的，熱力学的平衡の状態になく，それとは違ういわゆる定常状態にある」としている。人間も開放システムとして考えるべきであり，日常的には，外界と交渉しながらも定常状態が保たれていると考えるべきであろう。人間を開放システム（としての心理学的システム）として見た場合，その外界との交換関係は，記号を媒介としたコミュニケーションによってなされる（Valsiner 2000）。

　なお，ベルタランフィ自身は指摘していない点であるが，心理学にとって重要なのは，人間を開放システムであると考えるなら，心理学で伝統的に好まれているランダム・サンプリングのような手法が使えないということである。ランダム・サンプリングは，人間を閉鎖システムとして見なしていなければ成立しにくい。人間が開放システムとして独自の歴史をもつ

なかで外界と不断のやりとりを行っているとすれば,袋の中からジャガイモを取り出すようなサンプリング方法は妥当ではない,ということである。

2 等至性と等至点

　開放システムには二つの重大な特徴がある。その一つが等至性（Equifinality）である。開放システムは等至性をもつ。つまり,異なる径路をたどりながら類似（similar）の結果にたどりつくのである。生から始まる人間にとっては死がその等至な結果である。あるいは,胎児に焦点をあてるなら,出産（誕生）を等至点として設定することも可能である。そして,開放システムのもう一つの特徴は,エントロピー（Entropie）増大を避けながら秩序的状態に向かうことである。秩序的状態を保つためにはさまざまな仕組みが必要となることは言うまでもない。

　等至性という概念はもともとドイツの生物学者ドリーシュ（Hans Driesch）が,ウニの胚の研究において提唱したものである。彼は,ウニの胚の初期発生の研究を行い,完全な卵でも,卵を分割した場合でも,あるいは,二つの卵を合わせて一つにした場合でも,それぞれ同じ結果,すなわちウニの正常な個体が一つできるという現象を見いだした（溝口・松永 2005 参照）。そして,ベルタランフィはこうした知見をもとに,一般システム理論を構築し,人間は環境から独立した個体としてではなく開放システムとしてみなされるべきだと主張したのである。ベルタランフィによれば,開放システムの特徴で重要なのは等至性である。この立場を,開放システムとしての人間の発達事象に拡張した場合,人間には等至性があるという言明となる。等至性を実現するポイント（Equifinality Point=EFP）を等至点と呼ぶ。等至点は研究上の焦点化がなされる点であり,その意味で研究者が設定することになるが,固定的なものではなく,研究遂行と共に変容する場合もある。もちろん対象者にとって何らかの意味で重要なポイントであることが多い。

　現在,等至点は一つのカテゴリーなのか,ということが問題になっている。たとえば,「はじめに」で例としてとりあげた,ファーストキス,という事象を等至点として考えてみよう。他の表現をしてみれば初めての接

吻である。今まで「キスしたことない」，という人もいるだろう。でも，したことがない人であってもそのようなことをしそうになったことがあるかもしれない。あるいは，そうならないように注意深く避けているので，そんなことをしそうになる可能性は全くないという人もいるかもしれない。逆に「キスしたことある」人は，最初の時のことを思い出す人もいれば，そんなことは忘れた，という人もいるだろう。そして，それらの経験が全く同一であるということはない。ここで同一でないものをカテゴリーとして捉えることが可能なのかという問題が立ち上がる。しかし，ファーストキスという表現で了解される事項があり，経験の有無をそれぞれの人が語れるということも事実である。つまり，ファーストキスを等至点として考えるかどうかは実際的理論的前提に基づくべきなのである。もちろん，同じだという前提で始めても，実際には経験そのものが同じであることはない。ただし，それぞれの人の経験が同じではないということが分かるのは，それぞれの人が前後の文脈を語り，その文脈のなかに経験を位置づけるからでもある。前後の文脈を切り離して，ファーストキス，と言ってしまえば，それは経験したかしないか，だけの事になり，経験者と非経験者を数えることもできるし，あるいは，ファーストキス経験の平均年齢の計算もできてしまう。

　等至点として捉えるということは，それぞれの個人の固有の歴史のなかに焦点となる経験（ここではファーストキス）を位置づけることにほかならず，開放システムとしての個人の経験は他の人の経験とは同一視できない経験として捉えられることになる。つまり，等至点は「Same（同一）ではなくSimilar（類似）な経験」である。等至性は，捉える側と経験する側の二重性の接点に存在するからこそ，若干やっかいな問題を抱え込むことになる（が，多くの心理学のように，人間やその経験を割り切って対象化して非時間的にカテゴリー化する場合には，こうした問題は起こらない）。

　等至点となる（とする／とみなす）経験がなぜ「歴史的に構造化」されていると言われるのか。これについては『読売新聞』大正3年9月18日付の読者相談欄を読んで考えてみよう。

私は許婚(いいなずけ)のある者ですが，以前あるほかの男子に接吻されたことがあります。(中略)はたして接吻は，古来，日本でいう意味で身を汚すも同然でしょうか。もしそうなら，こんな汚れた身をもって純潔な許婚の夫と結婚する資格はないと思います。それゆえ，一生独身で送ろうと思いますが，いかがでしょうか。(以下略)

　大正13年といえば1924年である。この時には許婚という制度があり，また，他の異性にキスをされたら一生独身で送らねばならない，と思いかねない人がいたのである。許婚はフィアンセであるが，幼少時に親同士が決める結婚相手のことである。この相談者にとってのファーストキスと現在のそれとは大きく異なっていることは想像にたやすい。ここで大事なことは，大正時代に生きる彼女も現在の私たちもそれぞれの歴史的文脈の上にのっているという意味では同じだと実感することである。等至点は歴史的に構造化された，というのはそのようなことである。

3　複線径路

　複線径路（Trajectory）は，発達径路の多重性（Multi-linearity）を示すためにヴァルシナー（Valsiner 2000）が導入した概念である。なお，この複線径路は，等至点が想定されることにより定まる。ここで言う複線径路とは一つの等至点までの径路の多様さを表す概念である。ただし，研究上の焦点となる事象が一つに絞られるべきだということを意味するわけではない。人間の発達のゴールは一つに絞る必要はないし，むしろ絞られるべきではない。等至点自体がある種の選択可能性をもつべきなのであり，この点については後に「両極化した等至点」の項で述べる。

　生物としての人間の発達現象には一定の方向がある。また社会的存在としての人間の発達現象にも同様に一定の方向づけがなされる。たとえば，心理学における発達段階による説明は，ほとんどの人びとが同じような段階を踏んで次の段階に至ることを前提にした考え方である。このような考え方を間接的にせよ支えていたのが量的研究である。すでに述べたように，発達のプロセスを記述するデータがあるとき，量的研究は多くの人に

共通な部分を取り出しがちであった。実証的な研究をする段になれば，性や年齢・学年などは「自然の実験計画」の役割を担わされ，独立変数とされ，その差異を前提として比較という手段によって結果の妥当性を高める役を担っていた。その際には平均値などの縮約値をもちいた抽象的記述やカテゴリー間の比較を行っていたのである。これもすでに述べたように，このような理論や方法論は，必然的に多様性を捨象していたことにつながるのだが，それにもかかわらずこうした手法が好んで用いられたのは量的研究の結果が法則定立を可能にするように感じられたからであろうか。

　もちろんこうした方法論の妥当性が認められる現象も多いのだが，それがすべてではない。私たちは同じ目的に対する径路の多様性を認めその多様性を記述する方法を模索すべきである。遠藤（2005）もまた，愛着研究に進化心理学的観点がとりいれられることによって「代替的な複数の発達径路の存在」が議論されていることを紹介しながら，発達の多様性を考えることの重要性を示唆している。

　私たちの考えている複線径路の特徴を明確にするために，同じく径路の多様性を記述するイギリスの発生学者ワディントンのエピジェネティック（後成的）・ランドスケープモデル（Waddington 1956）と比較してみよう（図2-1）。

　このモデルでは砂山（地表）をボールが転がっていき，その行く末がいくつかに分岐している。このモデルでボールは遺伝子（あるいは遺伝型をもった個人）を表し，地表とそのうねりは環境側の要因を表している。ここでボールと地表の相互作用はほとんど表現されていないことには注意を

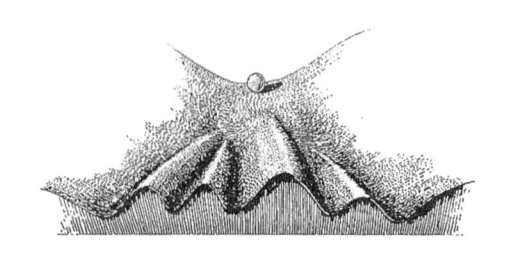

図2-1　ワディントンのエピジェネティック
（後成的）・ランドスケープモデル

要する。また，この図 2-1 はその形が末広がりであり，（人間発達にあてはめるなら）個人の違いがどこまでも拡大していくことを暗示するモデルになっている。

　これに対して，TEM は個人的・文化的制約のなかでの人間発達（時間に伴う変化）の等至性を重視する。人間の発達はある意味では多様性をもっているが，生物体としてもっている制約や広義の文化的制約を多々受けるために，ある一定程度の範囲内に収まるのが実情である。

　もちろん，文化は制約としてのみ働くわけではない。むしろ促進と抑制の複雑なプロセスこそが文化であろう。ヴァルシナーは一連の著書で，環境と人間の関係に関してリダンダントなコントロール（冗長な統制）という概念を提唱している（第 4 章参照）。ある人物に対して環境側の唯一のエージェントが唯一のコントロールを試みるということは稀で，むしろ，さまざまなエージェントが同じとき同じ人物に異なる影響を与えている場合の方が多い。そうしたさまざまなエージェントの影響力行使のなかから何かを選び取り個人はある一つのことをしたりするのである。このことは冗長性であるとともに，個人の選択肢をひろげ他の進路の補償としても働く。これは小嶋が提唱した「さまざまな知恵のプール」（Ethnopsychological pool of ideas）という考えにも近い（Kojima 1998）。

　また，TEM は心理学者マーフィの水路づけの理論（Murphy 1947）との類似性も高いと考えられるが，水路づけはどちらかというと心理的過程もしくは行動の固着化を説明する概念である。文化的水路づけのような使われ方をする場合も外界の力や制約の強さによる価値観や人格の固定性を含意することが多い。これに対して，TEM では複線径路の可視化や分岐点における個人の選択の重要性を強調するという違いがある。

　また，なぜ「複線」というように強調するのか，という意見もあるが，これは言語学における有標化（marked）であると考えてほしい。日本語は単数複数が無標化（unmarked）されがちな言語である。このこと自体は私たちの認識世界と関連づけて考えると面白いが，それは置いておくとして，代替可能性のようなことを強調するためには，径路を「複線」という形容句で修飾し，あえて複数性を強調することが必要だと考えたのである。

4　分岐点

　概念としての分岐点（Bifurcation Point=BFP）は，ある経験において，実現可能な複数の径路が用意されている状態である。複線径路を可能にする結節点（ノード）のことを分岐点と呼ぶ。分岐点は後に径路が分岐することが前提になっているのではなく，それよりもむしろ，結果として後に複数の径路選択が発生することを強調するものであり，分岐や選択が生じる結節点のことである。分岐点は転機という概念に近いのであるが，転機のように重大な意味をもたせない。転機のような表現は，ある一つの事象に断絶的あるいは急激的な変化といった意味あいをもたせてしまう傾向がある。日常では，転機があったという言い方は一般的であり，そのように思える出来事もあるかもしれないが，TEM では転機ではなく分岐点という位置づけをする。これは一方では，ある経験の絶対性を失わせることになるが，大きな負の出来事があったとしても，それに対する恢復可能性を可能にする見方でもある。

　分岐点でどのようなことが起きているのかの理論的説明は，ヴァルシナーによって本書第 6 章第 1 節で初めて行われているので参照されたい。

5　非可逆的時間

　発達を扱う心理学は時間を扱うところが他の多くの心理学と異なり，生物学と接近するところでもある。そして TEM も人間を時間と共に扱うことを重視する。

　哲学者ベルクソンは時間を空間のような実在として捉えてはならないと喝破した。このことを踏まえれば，時間軸上を人間が歩いていくようなモデルではなく，人間が時間と共にあるようなモデルを作る必要があるだろう。TEM の横の次元は時間を表している。ただし，何らかの基準線を表現しているわけではない。図には左から右へと非可逆的時間を示す矢印のみがあるだけで，具体的な時間の長さを書き入れない。時間を単位化したりせず，ただ質的に持続しているということのみが重要だということを示

している。なお，図の縦の次元をどのように考えるのかは難しいが，人間から見た場合の選択肢や径路の多様性を表している。さらに，ある選択肢を選んだ場合に，同様の状態にとどまるにせよ他の状態に移行するにせよ，質としての時間が経過しているということ（つまり持続）を示しているのである（第6章第2節では縦軸も時間を表すという考えに発展している）。

そもそも，時間の扱い方については2種類あるとヴァルシナー（2000）は指摘する。まず，物理的時間のような意味での時間である。時計で計ることのできる時間（クロックタイム）であり，2秒の倍は4秒，1年の倍は2年，というように計算できると考える。時間が人間とは独立に存在するように扱い，時間を縦横高さに次ぐ4次元目として感じるような捉え方である。そしてもう一つが，生体のライフ（人生・生活・生命）と本質的に関連する時間である。哲学者ベルクソンはそれを純粋持続と呼んだ（Bergson 1889/2001 などを参照）。金森（2003）によれば，「それ（純粋持続のこと＝引用者注）は空間とは違い，単位ももたず，互いに並列可能でもなく，互いに外在的でもない。……略……数直線とは違い，それは原理的に後先を指定することが難しく，順序構造をもたない。また可逆性ももたない。それは量的で数的な多様性ではなく，質的な多様性」なのである。持続とは無限の過去から無限の未来へのムーヴである（金森 2003）。

現時点では，この二つの時間の違いを，時「刻」と時「間」で表そうという動きがある。私たちは日常生活において，時間という語を時刻よりも使う傾向にあるが，クロックタイムのように，測れる時間は時「刻」と概念化できる。刻むからこそ，計測できる。刻まない時間は，時「間」である。間という語は英語で duration と表現することができる。つまり，ベルクソンの言うところの「durée」であると考えられるから，時「間」とは充満した時の流れそのものである。時「間」は測れない。

なお，TEM では水平方向に矢印（⟶）をひくことによってこの非可逆的時間（irreversible time）を表している。この際，矢印は方向性を示しているのではなく，視覚上の工夫として持続を表しているだけであることに留意されたい。このような時間の扱いや表し方は，私たちが日常経験する時間から長さを捨象して，順序性のみを保持したとして理解される

かもしれないが，必ずしもそうではない。人間には，ある時間にはある特定の場所である行為しかできないという現象学的性質がある。ある選択をした後に，それを取り消して他の選択肢をとったとしても，時間は戻らず，最初の時点から持続している。TEMによる時間の表し方は時間を空間的に表しているのではなく，選択肢を空間的に示す際に非可逆的時間を描いておくことで，ベルクソンの意図する時間の持続性を表現しようとする。

このように考えるなら，TEM図の縦軸には時「刻」が表されていると考えると良いだろう。何かを選択しなければいけないというときはまず現在において，時が刻まれる。そして未来における時間的期限も刻まれる。時「刻」と時「刻」の間は，充満した時間ではなく切迫した時間であり，社会生活上用いているクロックタイムによる測定も可能であり，私たちの行動に影響を与える。一方で横軸はあくまで，非可逆的な時「間」を表している。時間と時刻については第6章第2節でも扱う。

6 両極化した等至点

両極化した等至点（Polarized EFP）は，安田（2005）が，TEMを実際の現象の説明に使用する際に生成した概念である。両極化した等至点という概念は，等至点を一つのものとして考えるのではなく，それと対になるようないわば補集合的な事象も等至点として研究に組み入れるということを強く要請している。なぜなら，可視化されていない両極化した等至点を組み入れることで，そこに至る仮想的な径路も描き入れることが可能になるし，そうすべきだからである。

等至点は研究者が焦点化して抽出するものであるから，研究上，実践上の意義のあるものが選ばれやすい。その際，何かが無かったとか何かをしない，ことが選ばれるのは少なくなるだろう。だが，等至点として選んだ現象を「何かをする」として表現しうるならば，必ずそれらとは背反する事象が存在する（「何かをしない」）。いわば補集合のようなものが存在するのである。ここで補集合という比喩を使うのは，等至点は明確になっていても（だからこそ研究対象として抽出できるのだが），それが無いこと

が常に明確に意識されるとは限らないからである。たとえば単純な例として，青年を対象に大学入学ならびに大学生活について研究するために，研究者が「大学に入学をする」に焦点をあてるなら，その補集合的事象は比較的簡単に想定できるだろう。しかし，「子どもをもつ」に焦点をあてるような場合，研究者や調査対象者が完全に明確にその全容を意識できているとは限らない。また，その補集合が「子どもをもたない」ということであるとは限らないし，ましてや研究者や調査対象者がそれを意識できるかどうかは分からないのである。「（結婚したら）子どもをもつ」ということが，社会一般には当たり前のこととして認識されているからこうしたことが起こるのであり，そこには，文化的社会的な価値意識が介在しているといえる。実際には，「子どもをもたずに夫婦二人の生活を満喫する」だとか「子どもをもたずに趣味や仕事に専念する」という選択が存在するはずであり，それが「子どもをもつ」ことの補集合としてあげられるべきである（安田 2005 参照）。しかし，こうしたことは「子どもをもつ」を等至点として設定して研究をはじめる時にはわからないことの方が多い。

　この例に限らず，研究者の焦点は補集合的事象に向きにくいため，TEM においては等至点を焦点化することが，補集合的事象の焦点化に直結するような工夫を施した。これが「両極化した等至点」という概念の含意である。

　両極化した等至点は価値づけというアポリア（難問）と研究者が対峙するためにも重要である。特にジェンダーや比較文化の領域で扱う主題にはこうしたアポリアが多い。研究者の立場や関心を補い，意図せぬ価値づけを未然に防ぐという意味でも両極化した等至点という考えは力を発揮するだろう。

　さて，TEM は HSS というサンプリング技法と結びついているから，このような再概念化はサンプリング方法の認識を変えることにもなる。すなわち，研究者が興味や関心をもち重要だと思う現象をサンプリングすることは，その補集合的状態もサンプリングしたことになるのである。つまり，研究者自身が見ていなかった，あるいは見ようとしなかったことを可視化しうるのであり，このことは，ややもすれば視野が狭くなりがちな研究的視点を補うという意味でも意義をもつ。

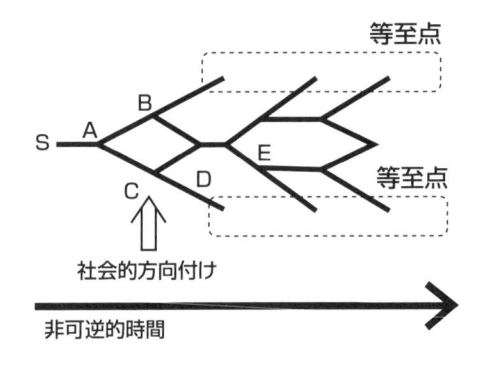

図 2-2　両極化した等至点（初期の表現）

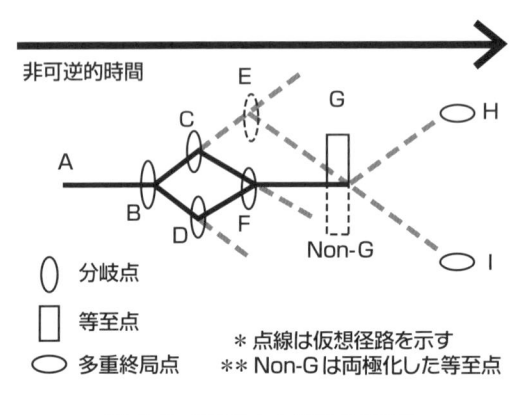

図 2-3　両極化した等至点の表現

なお，具体的に両極化した等至点をどのように図示するのか，ということについて，当初は図 2-2 のように，上下に分散させていた。その後は，図 2-3 のように真ん中のくびれを等至点として設定し(G)，その直ぐ下に波線で両極化した等至点（Non-G）を表すのがよいという意見もあるが，決定的ではない。

7　必須通過点

必須通過点（Obligatory Passage Point=OPP）という概念も実証研究

を行うなかで TEM のなかに取り入れられた概念であり，ヴァルシナーのオリジナルな発想には無かったものである。必須通過点はもともと地理的な概念である。ある地点からある地点に移動するために，ほぼ必然的に通らなければいけない地点があるならばそれは必須通過点となり，地政学上の要衝となる。たとえば大西洋から海路で地中海に至るにはジブラルタル海峡を通らなければならない。この場合，北アフリカとイベリア半島を隔てるジブラルタル海峡こそが必須通過点であり，軍事的政治的な要衝となっている。

　この概念を科学社会学的説明に転用したのが科学社会学者ラトゥールであった（Latour 1987, 1988）。ラトゥール（1988）は近代細菌学の開祖パスツール（Louis Pasteur）の研究について科学社会学的，科学人類学的研究を行った。そして，パスツールが自分の研究室・実験室で研究上の研鑽を積むことを必須通過点として構成しえたことが，他の学者や衛生事業従事者そして国家などがパスツールの知見を認めやすくしたのだと考えたのである。つまり，科学研究の実践においてある問題に関心をもつ人びとやセクターが必ず通過しなければいけないポイントを必須通過点として定義した（Latour 1988）。

　地理的概念から科学社会学的概念に転用されたこの必須通過点という概念を，TEM でもさらに転用することになる。ただしここでの「必須」という意味は「全員が必ず」というような強い意味ではなく，「多くの人が」というような若干広い意味で考えている。

　現在のところ，必須通過点としていくつかの種類が認められている。

　制度的必須通過点は，制度的に存在し，典型的には法律で定められているようなものである。義務教育課程への入学がその代表例である。慣習的必須通過点は，法律で定められているわけではないが多くの人が経験するようなことで，七五三（およびその際の正装）がその例となる。こうした経験は特に子どもの場合には自分の意思のみでは避けがたい。結果的必須通過点は，制度的でも慣習的でもないにもかかわらず，多くの人が経験する天災や戦争などの大きな社会的出来事などである。

　複線径路の補償（保証ではない）という観点から見た場合，必須通過点という概念は個人の多様性を制約する契機を見つけやすくするという点で

重要である。

8　径路・選択肢の可視化

　以上，TEM と HSS に関して，それを使いこなすための基本的考え方や概念を説明してきた。しかしここまでで説明しきれなかったにもかかわらず重要な考え方がある。それは，TEM という方法自身がもっている非経験事象の可視化とでも呼べるようなことである。

　歴史的に見れば近代心理学は実証的学問であるから，存在する事象についての研究が基本となる。また，データの欠落はマイナス評価の源泉となることはあっても，プラスに評価されることはない。しかし，フィールドワーク的な研究においては，結果としてデータの欠落が起こりうる。ある理論的前提からデータ収集を行った場合でも，現象に即した考察を重ねた結果，研究者自身の枠組みが変化してしまい，結果として最初のデータの取り方では不足が生じるということが現実に起きる。こうした欠落は研究者側の落ち度として捉えられることが多く，さらなるデータ収集がなければ研究成果を認められることは少なかった。

　しかし過度な経験主義（実証主義ではなく）への傾倒は，現象全体への理解を妨げることもある。質的研究においてインタビューなどを行う場合，質問紙調査で量的研究を行う場合に比べて対象となる協力者の数が少なくなり，研究の弱点として捉えられることが多い。こうしたジレンマを解消するのが，調査では得られなかった事象についての可視化である。具体的には「両極化された等至点」の設定と同じである。ある事象 A についてその存在が確信できた場合には，その補集合的な事象を必ず意識し設定しそこへの径路をも描くということである。どのような径路を可視化すべきなのか，何が意味があるのか，ということは，研究者に委ねられるべきだという意見もあるが――研究者もまたさまざまな文脈のなかで価値づけや意味づけをしているのだから，ある事象についてその補集合的な事象への仮想的径路についてはなるべく描いておくことが望まれる。

　なお，補集合的な事象というのは，たとえば，デザートに食べるリンゴが焦点となる現象であれば，リンゴ以外のデザートを食べることである。

リンゴが目の前にある時でも，リンゴ以外のものが食べたいかもしれないが，それが何かは明確にならない時もある。明確な選択肢がない場合でも補集合的事象として概念化することが可能になるのである。

　TEM図においては，狭い意味での経験的データがもたらす具体的な代替選択肢よりも，補集合的事象による概念化の方が複線径路を描くために有用な場合がある。ただし，補集合的事象を想定することさえ不可能であるか，論理上の想定は可能でもそこへの径路を描けない場合もある。もし仮に径路の可視化ができないなら，そのこと自体も考察の対象になってよい。つまり，ある事態（経験）に至る複線径路を描けない場合には以下のようないくつかの場合がある。これはそれぞれ，先にあげた三つの必須通過点と対応する。「実際に選択肢がない場合」は，制度等によって行為の強制がなされる場合であり，「制度的必須通過点」があることを意味する。「実際に選択肢があるのに見えない場合」は「慣習的必須通過点」として概念化できる。現在の日本における女性の化粧行動はこれに近い。「実際には選択肢が見えるのにほとんど誰も選べない場合」はたとえば戦争のような事態で，平和という補集合状態も理解できるし，その国が嫌なら国外脱出をするなどの選択肢の存在もありえるが，現実にはそこにとどまらざるを得ない場合である。これが「結果的必須通過点」でありそこに働く社会文化的なパワーポリティクス（力のせめぎあい）を検討する必要が出てくる。地震などの天災もこれにあたる。

　このように考えれば，径路や選択肢の可視化は，制約の可視化にもつながり，TEMの要諦の一つだと言える。

9　社会的方向づけ（SD）

　選択肢があるにもかかわらず，特定の選択肢を選ぶようにし向けるような環境要因と，それを下支えするような文化社会的圧力を，社会的方向づけ（social direction ; SD）と呼ぶ。

　行為や進路の選択，ということは，個人の価値観の反映であると見られる場合がある。しかし，TEM的な考え方においては，分岐点において，社会からの圧力がある場合を想定する。この概念は木戸（2005）の化粧行

為の研究において顕現化した。つまり，女性は化粧をする方がいいという，記号体系が成立しているということである。小さい子どもはお祭りのときに化粧をさせられることもあるし（受身的化粧），化粧する大人をみてあこがれるかもしれない。化粧が苦手，あるいは，化粧をしたくないと思っている人であっても，高校を卒業して社会人になれば，最低限の身だしなみとしての化粧をするように陰に陽に圧力をかけられる。こうした圧力を社会的方向づけと呼び，図2-2にあるように縦軸方向の矢印（↑または↓）で表す。

第3節　第一期TEMの完成

　こうした概念がそろい踏みすることで第一期TEMは完成したといえる（Valsiner & Sato 2006, サトウら 2006, Sato et al. 2007）。立命館大学心理学専攻の応用社会心理学演習では，ここまで引用してきた髙田の卒業論文や木戸の修士論文のほか，虚偽自白の問題にTEMを適用した小笠原安里子の論文および外国人留学生が医療保険を利用するか否かを等至点として焦点をあてた程懋文の論文が卒業論文として完成した（2005年12月）。

　　　　　　　　　　　　　　　　　（第2節とも　サトウ　タツヤ）

第3章
TEM動乱期（2006-2007）

　ヴァルシナーとサトウの萌芽的アイデアは，いくつかの実証的，理論的研究，あるいは研究会や学会での討論を経て，次第に精緻化，洗練されていく。2006年，2007年は，TEM研究の発達が加速された時期と言える。本章ではまず，この2年間に生じた出来事を歴史的に概観したのち，安田・荒川・髙田・木戸・サトウ（2008）の紹介によって一応の完成に至ったTEM研究の姿を開陳する。そしてさらなる発展のために，安田（2005），安田ら（2008）を含む第一期TEM研究で，十分解決されなかった問題を指摘したい。

第1節　第一期TEM完成まで

　2006年7月，オーストラリア・メルボルンにおいて，国際社会・行動発達学会（ISSBD : International Society for Social and Behavioural Development）の大会が開催された。サトウを始めとする研究者たちは，TEM研究のシンポジウムを行った。ここでは実証研究の発表とともに，TEMの骨子となる諸概念の扱われ方についても議論が行われた。同学会から新たにTEM研究に参入した森は，みずからの想起研究をTEMの観点で分析し，TEMのシステム論としてのあり方を示唆した。そして，社会システムと個人システムの接触を契機として個人の発達を描くべきであり，TEMにおいては両システムの区別と関係が十分議論されていないこ

とを指摘した。

　続く 2007 年 3 月，埼玉で開催された発達心理学会のラウンドテーブルで，実証研究のなかでの諸概念の扱われ方が議論された。このとき議論の俎上に載った実証研究は，不妊治療者に関する安田の研究であった。この一部はすでに，『質的心理学研究』に掲載されており（安田 2005, 第 1 章第 2 節で紹介），第一期 TEM 研究の集成の一つと言える。このなかに登場した「時間」「文化」の概念の扱われ方，そして TEM 図作成の意義，データ採取方法に関する議論が行われた（議論の模様は，サトウ 2009 に掲載されている）。

　2007 年の 8 月には，TEM 研究創始者の一人であるヴァルシナーが来日し，長期に渡って複数回の講演と研究会が開催された（これら講演の内容は，Valsiner 2007 と重複するところが多いので，こちらも参照されたい）。彼は奈良女子大学，立命館大学などで講演会，研究会を行い，帯広畜産大学でのパーソナリティ心理学会のシンポジウム出席を最後に帰国した。奈良女子大学では，発生の三層モデルが提出された。立命館大学では，個人的文化（personal culture）と集合的文化（collective culture）の概念によって，個人の文化化のメカニズムが提唱された。講演の翌日，同大学で研究会が行われ，歴史性，創発性といった時間にかかわる概念，方法論に関する議論が行われた。

　翌 9 月には，社会心理学会において，社会心理学研究への TEM の応用が議論された。京都大学の木戸彩恵は，化粧行動の文化的変容について話題提供を行った。TEM によって明らかになったのは，文化による化粧行動の変容は，文化を取り込み，内在化するような受動的なものではなく，文化と出会うことをきっかけに新たな化粧行為を創発するということであった。もう一人の話題提供者は愛知学院大学の伊藤君男であった。彼は，悪徳商法の被害者が勧誘に乗ってしまうまでの意思決定プロセスを TEM によって分析し，被害防止への貢献を展望していた。両氏の発表に対して指定討論者の一人は，複数の径路が等至点へと収束していく部分に，運命論的な人間観を感じ取ったという。人生は多様でありながらも，結局一つの点に収束するものだ，というメッセージを TEM 研究から受け取ったのである。TEM 研究は，文化的影響による径路の収束に注目する

ことはもちろんだが，同時に自ら径路を創発していく能動的人間観をも強調する。木戸，伊藤両氏の研究がたまたま前者を描写していたことが，指定討論者にそのような印象を与えたのであろう。もう一人の指定討論者は，より厳しいコメントを与えた。まず TEM 研究がどのような一般的言明を提示するのかが不明であるとの指摘がなされた。またサンプルサイズの適切さにも疑問が呈せられた。すなわち，何人のデータを採れば十分だと TEM 研究は考えるのかという疑問である。そして最後に，TEM 研究において，分岐点の分析が十分なされていないことが指摘された。径路が多様に分岐する様は描出するものの，それがどのようなメカニズムによって生じるのかを TEM 研究が明らかにしていないということだ。これらの批判は，TEM 研究の根幹にかかわる重要な指摘である。これまでの研究ですでに克服あるいは考慮されてはいるものの，真意が十分説明されていないこともある。あるいは，理念としては掲げながら，実際の研究で顧みられていなかったこともある。以上の問題の一部は，次節で紹介する第一期 TEM の集成の一つである安田らの実証研究（安田ら 2008）によって，解消が図られている。それでも残る問題については，さらに本章第 3 節において議論することとして，次節では TEM 研究のさらなる発展の契機を開示しよう。

（森　直久）

第 2 節[*1)]　未婚の若年女性の中絶経験の変化プロセス
　　　──その径路を TEM 図で描いてみる

1　未婚の若年女性の中絶経験へのアプローチ

　人工妊娠中絶（以下，中絶）とは「胎児が，母体外において，生命を保続することのできない時期に，人工的に，胎児及びその附属物を母体外に排出すること」（母体保護法第 1 章第 2 条），と定義される。中絶は，1994 年のカイロ国際人口・開発会議以降，リプロダクティブヘルス・ライツの

観点から，女性自らによる受胎調節の権利として認識されている。日本では現在，中絶できる時期は，妊娠21週の末までとされており，それまでの短期間に，女性たちは中絶するか否かを選択しなくてはならない。中絶を選択する理由としては，比率の高い順に，相手との関係における理由（結婚できない相手である，別れた後に妊娠が発覚するなど），経済的理由，すでに子どもがいるため，学業継続のため，若すぎる・高齢すぎるといった年齢的理由などがあげられる（曽我部・遠藤・川崎 1999）。これらのことを踏まえると，未婚で若年層の女性が妊娠した場合，婚姻関係にないこと，経済面，学業面，年齢面といった複合要因により，中絶を選択せざるをえない場合が多いことは，想像に難くない。

　ところで，実社会では，中絶に対する見方は依然として否定的だといえる。ケアに携わる看護職者ですら，中絶はよくないという認識のもと，中絶する女性は中絶について容易に考え，悩んでおらず，罪悪感をもっていないとし，彼女たちを理解できないと認知する者がいることが報告されている（大久保 2002）。とりわけ未婚の若年層の女性に対する評価として考えたとき，性行為に関して日本社会に敷衍する「あるべき」道徳律——結婚するまでは貞節を尽くすべきという旧来的な価値意識——によって判断されるという状況下で，彼女たちに対し，より厳しい批判の目が向けられていることが推測される。中絶が，母体である女性に，将来にわたる身体的・精神的ダメージを与える可能性があり，また胎児の生命を奪うものであることを考えれば，中絶を避けるための予防的な性教育の必要性は，認識すべきことではある。しかし，結果として中絶せざるをえなくなった彼女たちに対し，中絶することを容易に考えていると一括りにレッテルを貼り，スティグマ視し，社会的に孤立させてしまうような厳罰に終始する社会のありかたは，決して好ましいものではないだろう。こうしたなかで，妊娠21週の末までの短期間に，中絶するか否かを選択しなくてはならないという事態は，あまりに過酷すぎるといえよう。

　他方で，中絶を選択する当の女性がどのような心理状態にあり，いかなる支援が求められているかを把握すべく，当事者の目線から中絶経験を捉えることの必要性が指摘されてもいる（二本松・北林・杉浦 2004；Rubin 2004）。こうした問題提起と関連して，中絶を経験した当事者の視

点から捉えようとした数少ない研究のひとつに，中絶に関する迷いと意思決定の主体者を中心に，中絶手術を選択するに至る過程について検討した報告がある（杵淵・高橋 2004）。ただし，この研究では，20 歳以上 50 歳以下という幅広い年齢層の女性 29 人を対象に，年齢，婚姻の有無や子どもの有無などさまざまな属性によって異なる中絶経験をまぜて検討していることに，そして，手術の直前または直後にインタビューを行っていることに，注意を向ける必要がある。後者に関していうと，中絶手術直後の時期は，手術を行うまでの不安から一時的に解放された特殊な時期であることを，考慮することが重要である。手術直後は，時間をおいた場合に比べて，不安得点が低くストレスから解放されて安定しているようにみえるが，3 カ月後，6 カ月後と時間が経つにつれてストレスが上昇する（鈴井・柳・三宅 2001）ことや，中絶 1 カ月後に比べて 2 年後のほうが，中絶したことを後悔している人の比率が高くなる（Major, Cozzarelli, Cooper, Zubek, Richards, Wilhite & Gramzow 2000）ことが，報告されている。また，中絶はストレスの強い事象であるが，手術後の時間の経過により，成長や円熟の過程を辿る経験にもなるという（Adler, David, Major, Roth, Russo, & Wyatt 1992）。こうしたことを考え合わせれば，さまざまな属性に伴う個別の背景を加味し，中絶手術後を含め，時間経過に沿って中絶経験を捉えることが重要だといえよう。

その際，中絶手術に焦点をあてることには意味がある。なぜなら，中絶はお腹のなかに宿る胎児の生命を取り除く行為であり，また，とりわけ未婚の年若い女性の中絶に対して，上述したような社会的に厳しい批判の目が存在するなかで，手術の実施が，気持ちや認識の大きな変化の転換点になると考えられるからである。よって，本来的にはそれぞれに固有の意味を有すると考えられる手術の経験について，いわば，便宜上「中絶手術」という表現を用いて一括りにまとめたうえで，未婚の若年女性の中絶経験を，時間経過における変化プロセスとして捉えていきたい。

2　本研究会の目的

20 歳前後の未婚の時期に中絶を経験し，手術後 2 年以上経過した女性

表 3-1　インタビュー協力者

	Aさん	Bさん	Cさん
年齢	21歳	27歳	23歳
初回中絶時の年齢	18歳	20歳	21歳
中絶手術後の年数	3年	7年	2年

の中絶経験の語りを分析の対象とする。その際，気持ちや認識の転換点になると考えられる「中絶手術」により時期を区分し，手術するまでと手術後について，彼女たちが直面した出来事，気持ちや認識の変化のありさまを捉える。医療上の取り決めや周囲の人びととの関係性などの影響や制約を受けながら，その時どきで悩み，考え，何かを選択し行為しようとする彼女たちの中絶経験を，複線径路・等至性モデル（TEM）を用い，「中絶手術」に焦点をあてて，時間経過のなかで変化プロセスとして捉え，提示することを目的とする。

3　語りの収集と分析

インタビュー協力者（以下，協力者）は，研究目的を説明したうえで知人を通じて募り，その呼びかけに応じられた，未婚の時期に中絶を経験した女性3人である（表3-1）。インタビューは，200X年9月から10月にかけて，安心して話ができるよう協力者が希望する場所（協力者の自宅，大学の小教室）で実施した。事前に質問項目[*2)]を伝え，時間経過に沿って，中絶にまつわる経験を語っていただくよう依頼した。事前に許可を得たうえで，インタビューの経過をMDに録音した。インタビューに費やした時間は，平均76分（最長125分，最短51分）であった。

分析に関しては，まず，語られた経験を意味のまとまりごとに切片化し，それぞれに，内容を端的に表現する見出しをつけた。次に，それらを時間経過に位置づけ，〈中絶手術〉（等至点：EFP）へと向かいその後に続く彼女たちの経験を，複線径路・等至性モデル（TEM）の枠組みを用いて図に示した（図3-1）。彼女たちは共通に，〈身体的変化に気づく〉ことを中絶経験の始まりとして取り上げていた。これは，中絶の前提となる，妊娠もしくはその可能性を意味し，よって中絶経験において必須ともいえ

第 3 章 TEM 動乱期（2006-2007） 61

```
パートナーと性交渉をもつ → パートナーと別れる → 身体的変化に気づく
　　　　　　　　　　　　　　　　　　　　　　　　↓
　　　　　　　　　　友人，あるいは妹に相談する
　　　　　　　　　　パートナーに相談する
　　　　　　　　　　妊娠検査薬を使う
　　　　　　　　　　病院を探し，訪れる
　　　　　　　　　　医師が妊娠を診断する
　　　　　　　　　　中絶を決める
　　　　　　　　　　罪悪感や自責の念と，赤ちゃんに対する愛情や赤ちゃんが存在する嬉しさ
　　　　　　　　　　罪悪感や自責の念と，「中絶しないとどうしようもない」という気持ちの葛藤
　　　　　　　　　　中絶手術を断られる
　　　　　　　　　　中絶手術を断られない
　　　　　　　　　　別の病院に行く
　　　　　　　　　　病院で責められる
　　　　　　　　　　病院で温かく対応される
　　　　　　　　　　「不安」と「気づきたくない」との葛藤の開始
　　　　　　　　　　両親に相談する
　　　　　　　　　　出産を決める
　　　　　　　　　　出産する
```

━━━━━━━━━━━━━━━━━━━━━━ 非可逆的時間 ━━━

凡例:
- 等至点 (EFP)
- 必須通過点 (OPP)
- その他の選択や行為
- →　語りから得た径路
- ---→　語りからは得られなかったが，理論的に存在すると考えられる径路
- ┈┈　語りからは得られなかったが，制度的・論理的に多くの人が通過すると考えられる選択や行為

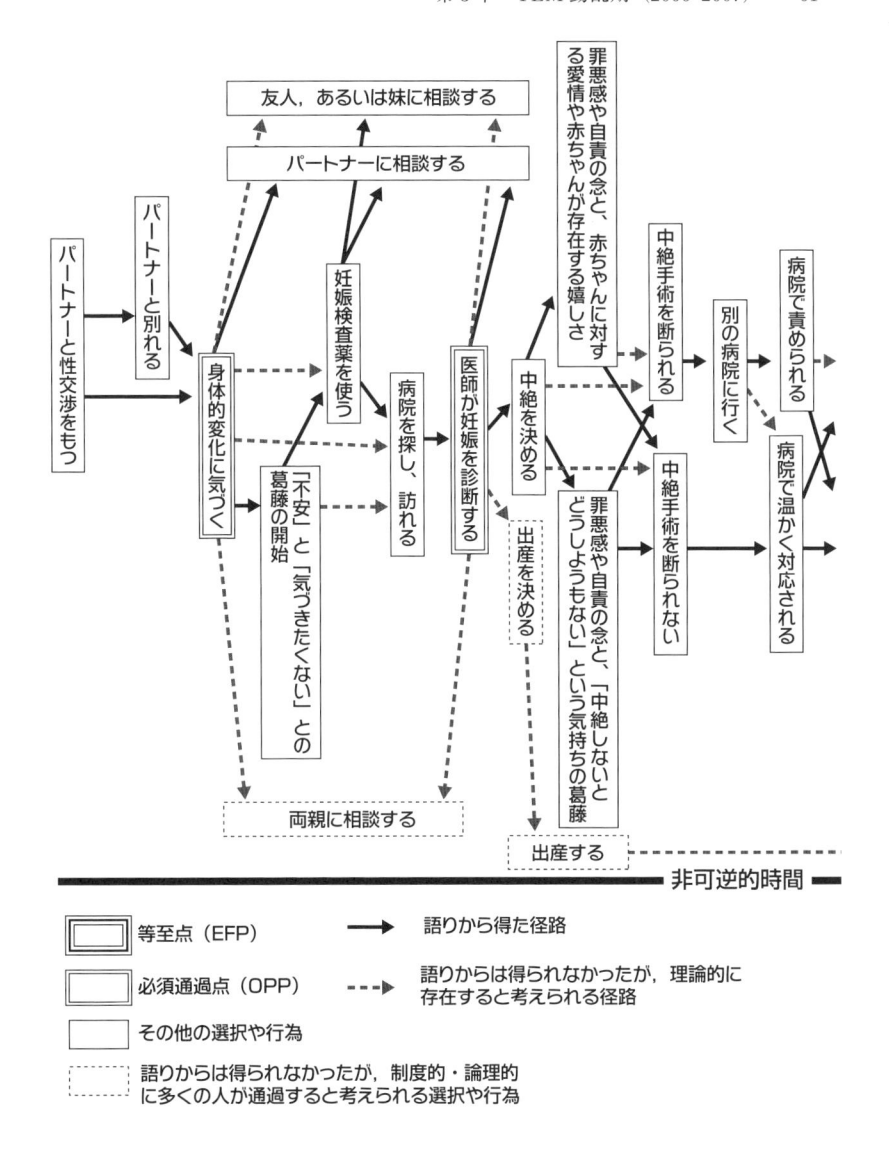

図 3-1　中絶経験における選択や行為，気持ちや認識の変化プロセス

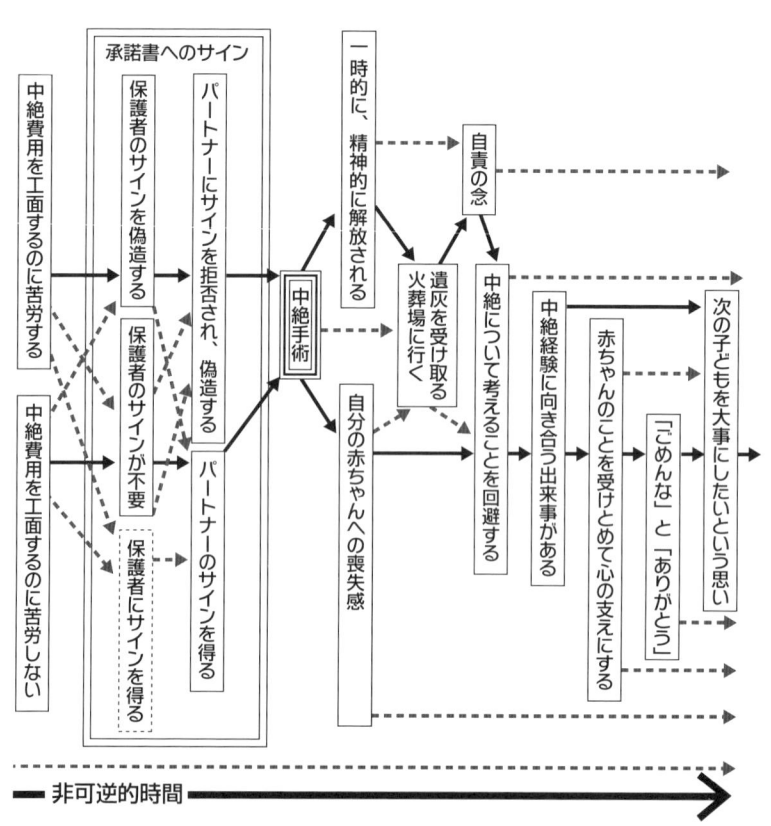

注）両親やパートナー，友人や妹に相談した場合，相談したこと自体が，中絶経験に新たな変化をもたらす偶然のきっかけとなる。
とりわけ，中絶は，パートナーとの関係を抜きにして語ることができず，よって，パートナーとの関係性に関する図を，別途提示する（図3-2）

図3-1 つづき

第3章　TEM 動乱期（2006-2007）　63

図 3-2　中絶経験におけるパートナーとの関係性の変化プロセス

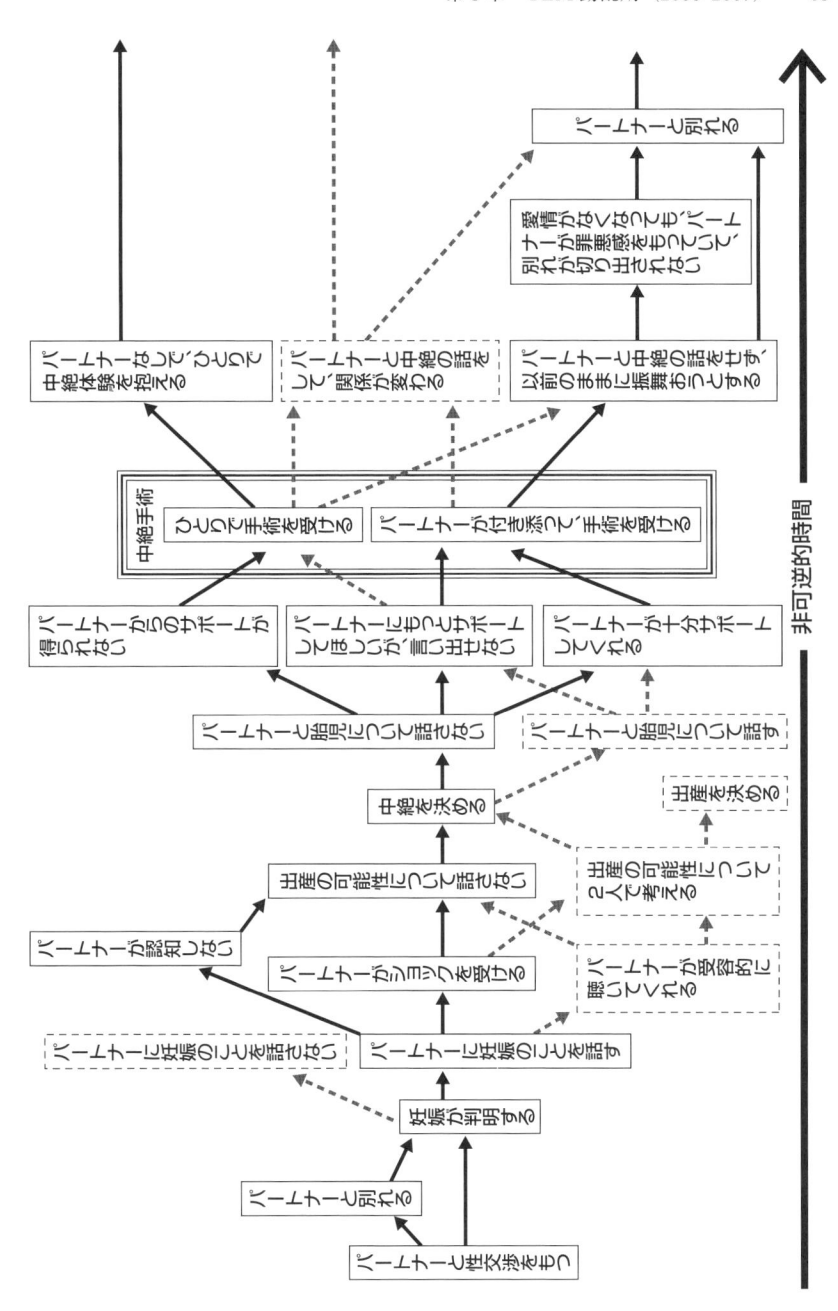

る認識の表れであると考え，〈身体的変化に気づく〉を必須通過点（OPP）とした。また，予期された妊娠は〈医師の診断〉で確定的なものになり，中絶手術をする選択をもたらすきっかけとなった。したがって，〈医師の診断〉も必須通過点（OPP）とした。なお，中絶経験において，パートナー，両親やきょうだい，友人といった他者に相談すること自体が，経験に変化をもたらすきっかけとなり，その後の選択や行為に大きな影響を及ぼすこととなる。こうした，変化の契機をもたらすプロセスのあり方を，偶有性（contingency）とよぶ（5のAにて後述）。とりわけ，パートナーとの関係は，中絶経験を検討する際には欠かすことができず，よって，パートナーとの関係についての図を，別途作成した（図3-2）。図では，切片化した各経験を線囲みで，必須通過点（OPP）を二重線の囲みで，等至点（EFP）を三重線の囲みで示した。点線の囲みでは，協力者の語りからは得られなかったが，制度的・論理的に多くの人が通過すると考えられる選択や行為を表した（5のCにて後述）。また矢印に関しては，実際に聴きとられた径路を実線で，理論的に存在すると考えられた径路を点線で示した。

4　中絶経験の時間経過における変化プロセス
　　——共通の経験への焦点化と径路の多様性による提示

　それぞれの選択や行為，気持ちや認識に着目し，中絶経験を，時間経過に位置づけて図3-1のように示した。以下では，妊娠あるいはその可能性を意味する〈身体的変化の気づき〉（必須通過点：OPP），妊娠を確定的にした〈医師の診断〉（必須通過点：OPP），妊娠の終了を表す〈中絶手術〉（等至点：EFP）の三つの共通の経験によって，3期に区分する。そして，a〈身体的変化の気づき〉（OPP）から〈医師の診断〉（OPP）まで，b〈医師の診断〉（OPP）から〈中絶手術〉（EFP）まで，c〈中絶手術〉（EFP）以降に分けて，時間経過に沿って，中絶経験を変化プロセスとして提示する。

A　〈身体的変化の気づき〉（OPP）から〈医師の診断〉（OPP）まで
　最初，彼女たちにとって妊娠は受け容れ難いことであった。妊娠しているかもしれないという「不安」ゆえに気になってしかたがない一方で，「気

づきたくない」と思うのも事実であり，こうした葛藤状況において，気持ちが揺らいでいる状態であった。妊娠の可能性に気づいた時点で，病院に行くことも可能だが，彼女たちは，病院に行かずに妊娠検査薬を使った。不安を打ち消したいという思いが強まるなか，妊娠検査薬で，妊娠していないことを確かめようとしたのである。妊娠検査薬は，通常，妊娠を確かめる道具として認識されているのかもしれない。しかし，妊娠への不安や恐れを強く感じている彼女たちにとって，妊娠検査薬は，妊娠していないことを確認する道具としての意味合いが強くなっていたと考えられる。そして，実際に妊娠検査薬を試し，検査薬で陽性反応が出たのだが，このことにより，「もしかしたら，生理が遅れているだけかも」という淡い期待は打ち砕かれ，妊娠しているかもしれないという不安はほぼ確信的なものとなった。その結果，結局，病院へ行かざるをえなくなった。この間，彼女たちは孤立しがちで，孤独に不安を抱えたままに行動を起こさなければならなかった。

〈身体的変化の気づき〉から〈医師の診断〉までの径路は，3人ともほぼ同様であり，この時期に違いがみられるのは，いつ，パートナーやその他の人物に相談するか，ということであった。パートナーにすら言い出しにくい人もおり，不安を早くパートナーに共有してほしいと考えるのではなく，不安な状態だからこそ言えないという複雑な心境がみてとれた。一方，パートナー以外の相談相手を得て，支援を受けている人もいた。社会的な支援を受けにくいのはもちろんのこと，理解されることすらままならず，誰かに話すことも困難で孤独に悲嘆のプロセスを辿ることの多い中絶経験（デーケン 1991）において，身近な人に相談できるこうした関係性は重要であり，変化のきっかけをもたらすものとなっていた。

B 〈医師の診断〉（OPP）から〈中絶手術〉（EFP）まで

訪れた病院で，彼女たちは，医師から妊娠の診断がくだされた。〈医師の診断〉（OPP）は，妊娠検査薬でそれなりに覚悟をしていたにもかかわらず，かなりの衝撃であったようである。そして，彼女たちは，お腹の赤ちゃんをどうするかと医師に聞かれ，中絶することを申し出た。ただし，中絶を決めた後，二つの大きな対処すべき問題が待ち受けていた。ひとつ

は〈中絶費用を工面する〉ことであり，もうひとつは，〈承諾書にサインする〉ことである。前者について，中絶にはおよそ6万円から20万円の経費を要する。中絶を選択する理由のひとつに，経済面があげられることは上述した通りだが，若年でかつ周囲からの支援が得られない場合，中絶費用を短期間で用意することは困難であるだろう。また，後者について，中絶には，胎児の父親，つまりパートナーの承諾書へのサインが必要である。さらに，未成年である場合は，両親の承諾も必要とされることが多い。よって，パートナーが承諾せず，両親に相談することもできない場合，承諾書のサインを自分で何とかしなければならない。別れたパートナーが認知せず，両親にも相談できずにいたAさんは，筆跡を変えて承諾書のサインを用意するほか方法がなかったと語っていたが，それは，辛く，孤独な状態であったと思われる。

　医師の診断から手術までの期間は，協力者の場合，1週間以内であった。この短期間に，彼女たちは，中絶手術が可能な病院を探し，費用や承諾書を工面するといった，現実的な問題に対処しなければならなかった。他方で，3人のあいだでも，中絶を選択した以降の気持ちには，違いが認められた。この間は，妊娠していることへの思い，パートナーとの関係，病院から受ける対応に，個別性が大きくみられる時期である。周囲から，精神的あるいは実質的な支えを得ることができなかったり，さらには，批判的なことばを投げかけられたりするような状況であれば，孤独なままに妊娠している事実や中絶手術に向き合わざるをえず，非常に辛い事態となる。そうしたなか，「逃げたい，逃げたい，逃げたい，逃げたい，とずっと思って」（Bさん）いても，中絶には法律で定められた時間的な制限があり，気持ちとは裏腹に，逃げることができない状況下で，孤独なままに行動しなければならないのである。

C 〈中絶手術〉（EFP）以降

　〈中絶手術〉（EFP）以降は，手術に向けて実際に行動することが優先される〈中絶手術〉（EFP）までと比べて，手術の完了によってなすべきことを実際に終えているだけに，気持ちや認識の変化が際だって経験されていた。

　中絶手術は，生まれるかもしれなかった胎児との別れのときでもあり，

手術を受けることによって，新たな気持ちが生じうる。具体的には，ある人は，中絶手術に特別な意味づけを行い，喪失感や赤ちゃんに対する償いの気持ちを表現した。こうした気持ちは，中絶による自責の念や悲しみの存在を示すものであるといえるだろう。また，手術の直後，それまでの葛藤や辛い状況から一時的に解放された，と感じる人もいた。このことは，妊娠がわかってからの緊張状態や不安感が払拭されたことで，一時的に心理状態が安定しているにすぎないことを示す，気持ちの表れであると考えられる。なぜならば，その後，中絶した赤ちゃんの遺灰(いはい)の受け取り，死産届けの提出といった処理をする過程で，彼女は自責の念を感じていたからである。一部の看護職者が考えるように，彼女たちは，中絶を容易に考えているわけでも，罪悪感をもっていないわけでもない，ということができる。このように手術直後の精神状態はさまざまであり，中絶手術が，それぞれにとって固有の経験であったことがうかがえる。また，中絶手術後，時間が経過するなかでの中絶経験の捉え方についても，多様性が認められた。自分のお腹に赤ちゃんがいたことを心の支えにし，後の辛い出来事にも耐えてきたと語る人，逆に，中絶という辛い経験を考えないように回避することで，心の安定をなんとか保とうとしていたと語る人もいた。ただし，中絶手術を経験したことによる自分自身の辛さや悲しみを，抑圧したり覆い隠すかのようにしていた場合でも，時間経過に伴って，そうした状態は少しずつほぐれていったようである。

　このように，中絶手術以降の，気持ちや認識の変化，経験の捉え方の変化から，中絶経験は決して手術で終わってしまうものではないということができるだろう。中術手術後，時間が経過するなかで，彼女たちはそれぞれに，折に触れて自分自身の経験を振り返り，今の気持ちや思いを過去のそれらとつなぎながら，自分にとっての中絶経験の意味を見い出そうとしていたと考えられる。

5　複線径路・等至性モデル（TEM）の特徴と効用に着目して

　時間経過における個々人の中絶経験の変化プロセスを，平均像にまとめてしまうのではなく，選択や行為，気持ちや認識の共通性と多様性，それ

らのつらなりで構成される固有の径路として捉え，提示した。以下では，中絶経験を理解するうえで，複線径路・等至性モデル（TEM）の枠組みにより，時間と偶有性，必須通過点と文化社会的制約，可能な径路の観点から検討することの意義を明らかにする。

A 時間経過と偶有性による質的変化

中絶手術までは，21週未満という時間的な制限があるなかで行動しなければならず，他方，中絶手術以降では，それぞれに，時間経過における経験の意味づけの仕方に個別性・多様性が認められた。つまり，時期によって，また個人によって，中絶経験が変化していくありさまには質的な異なりがある，という捉え方ができる。複線径路・等至性モデル（TEM）では，時間を，非可逆的時間（irreversible time）とし，時計で計ることのできる時間とは別に，個々人の経験とともにあり，経験に質的な変化をもたらすものとして概念化している。ここで，当事者の経験，すなわち経験に基づく語りを捉えることの重要性がひときわ明確となる。さらに，時間とともにある経験は，出来事や他者との巡り合わせ・関わりによって新たな質的変化が生成されるものと考えられ，そうした変化をもたらすプロセスのあり方を，安田ら（2008）は，偶有性（contingency）として概念化した。

偶有性とは，単に偶然事象である，という意にとどまらない。偶有性はある種の文脈において，一回性で必然的で反復不可能な事象であり，ある出来事や人物との遭遇や関わりをきっかけにして，その後の経験が質的に変化していくという，新たな変化の可能性を含意するものである。本節では，とりわけパートナーとの関係を，中絶経験に質的な変化をもたらすものと考え，別途TEM図を用いて表現した（図3-2）。このように，人の経験が，時間とともにあり，偶有性により質的変化の可能性に開かれているというのが，複線径路・等至性モデル（TEM）における発達観を構成する鍵となる考え方である。

もちろん，変化は常に未来に向かい，今後どのようなことが起こるかは本来的には未知数であり，したがって，今以降の変化を捉えきることは不可能である。ただし，今後の変化は，今に至るまでにその人が辿ってきた

経験的な歩みの影響や制約を受けているのであり，よって，未来の変化を推測することは，過去の経験を捉えることと密接に関連することである。

　安田は，日本質的心理学会第4回大会で，複線径路・等至性モデル（TEM）で描く径路は轍（わだち）のようなものであると，比喩を用いて表現した（松本・荒川・安田・麻生・松島・大倉 2007）。つまり，複線径路・等至性モデル（TEM）では，人の経験あるいは発達的な歩みを，厳然とそこに存在する辿る「べき」道筋として描き出しているのではなく，ましてや，定型化した手続きや順路として図式化したフローチャートのようなものであると考えているわけでもない。あくまでも，個々人が経験した生の軌跡として径路を描き出しているのである。

　人の生は，本来的には，現在から未来へと連綿と続いてゆくものである。ただし，現在に至るまでの人の経験や発達を，研究の俎上に載せて捉えようとする場合，便宜上，何らかのポイントに焦点化したり，あるいは時期に分断したりする必要がある。むしろこのように人の経験を構成する選択や行為のつらなりのあるポイントに焦点をあてるからこそ多様な径路をより明確に捉えることができるのである。

　複線径路・等至性モデル（TEM）では，時間を捨象することなく，多様な経験の径路を提示するという理念を基盤とする。等至点（EFP）や分岐点（BFP），必須通過点（OPP）として，協力者の語りに共通する選択や行為に焦点をあて，そこここで展開される他者との関わりなどを具体的に描き出すことは，経験の質的変化を捉えるのに重要な役割を果たす。なお安田は，インタビューを行い，回顧的に紡ぎ出される語りを分析の対象とし，当事者の唯一無二の固有で多様な経験を捉えるという研究手法を採用しているが，こうした立場は，上述のような考え方からすると，今後の質的変化を把握しようとする姿勢と背反するものではないと考えている。

B　必須通過点と文化社会的制約

　ここでは，とりわけ必須通過点（OPP）の意義について論じたい。必須通過点（OPP）とは，元来は地理的な用語で，ほとんどの人が通過する地点とされており，それを複線径路・等至性モデル（TEM）を構成する概念として援用したものである。本来は，自由度が高いはずのそれぞれ

の経験がなぜこの部分に結節されるのかという着眼をもとに，必須通過点（OPP）は，人の選択や行為を拘束しうる社会的制約をみつけやすくするものとして概念化されている（サトウ・安田・木戸・髙田・Valsiner 2006）。

　サトウら（2006）は，必須通過点（OPP）のひとつとして制度的必須通過点をあげ，それを，制度的に存在し，典型的には法律で定められているものとしている。〈承諾書にサインする〉行為は，この制度的必須通過点にあたり，3人ともが経験していた。制度が保障や代替となりうる一方で，それによって身動きできなくなる場合があることを考えると，必須通過点（OPP）は，個人の経験の多様性を制約する契機をみつけやすくするという点で，重要な概念であるといえる。

　以下，具体的に，〈承諾書にサインする〉という必須通過点（OPP）を取り上げて，その意義を説明する。中絶手術を選択するに際しては，母体保護法では，本人とパートナーの同意が必須とされている。よって，出産を選択することができない場合は，パートナーのサインを得て中絶手術がなされる。しかし，上述のAさんのように，出産が望めない状況で，パートナーにサインを拒まれるという場合がある。結局，Aさんは，出産する選択肢もなくパートナーのサインも得ることができないままに，「違う筆跡で」「認めの印鑑をとりあえず押す」ことでサインを「偽造」し，手術を受けざるをえなかったのだが，このことは明らかに，〈承諾書にサインする〉という通常の手続きが叶わない場合の抜け道として認識されていたことである。多くの場合，取り決めに従うかたちでパートナーのサインが得られるのであろうが，このように通常なされている対処法に滞りや綻びが生じたAさんの例に，必須通過点（OPP）に結節した文化社会的制約をみてとることができる。安田ら（2008）は，「妊娠や中絶がカップルの問題である以上，現代の日本社会において，それ（中絶手術を選択する場合，承諾書にサインを必要とすること）は当然のことだろう」と述べているが，こうした認識もまた，安田ら自身が文化社会的な影響を受けていることを示すものであると考えられる。ただし，〈承諾書にサインする〉という取り決めは，妊娠の事実や中絶についてパートナーに相談しにくい状況において，二人で話をするという相互作用を作り出すものでもある。

パートナーに相談すること自体が，中絶経験ならびにパートナーとの関係における質的変化をもたらしうるということを考えると，〈承諾書にサインする〉という取り決めは，承諾書へのサインが不可欠であるという現実的な制約となっている一方で，カップルが中絶に向き合うきっかけをもたらす，貴重かつ重要な社会的産物であるという見方もできる。

このように，必須通過点（OPP）として焦点をあてた経験を分析することを通じて，そこに作用する文化社会的な諸力をみてとることができるのである。なお，初期の研究（安田 2005）では，必須通過点（OPP）のそうした特徴よりも，ほとんどの人が通過する地点であるという定義にのっとって，必須通過点（OPP）を定めていることに，改めて触れておきたい。安田（2005）では，養子縁組で子どもを育てる選択をする際には，自分たちが子どもをもつひとつの方法として養子縁組を意識する必要がある，という意味で，「養子縁組を意識する」経験を必須通過点（OPP）とした。本節でも，〈身体的変化に気づく〉と〈医師の診断〉を必須通過点（OPP）としたのは，そうした安田（2005）の定め方に近いといえる。〈身体的変化に気づく〉について「中絶の前提となる，妊娠もしくはその可能性を意味するものであり，いわば中絶経験において必須であると考えた」というように，必須通過点（OPP）として位置づけたことの理由を添えてのことだが，現時点では，必須通過点の用い方にこうした混乱が否めないことを，精緻化への展望を込めて反省的に言明しておきたい。

C　可能な径路
——社会構造の明確化と多様性の保障，モデル提示の意義

最後に，可能な径路を描き出すことの意義について検討したい。本研究の協力者からは経験として語られなかったが，可能性として，制度的あるいは論理的に多くの人が辿ると考えられる選択や行為を図に示した。具体的には，制度的なものとしては〈保護者にサインを得る〉という行為であり，論理的なものとしては〈出産を決める〉という選択である。〈保護者にサインを得る〉行為を「制度的に多くの人が辿ると考えられる」とするのは，通常，現代の日本では，〈保護者にサインを得る〉ことが，未成年者が中絶手術を受ける際の要件のひとつとされているからである。なお，

母体保護法の規定で同意が必要とされているのは，本人とパートナーのみである。それにもかかわらず，多くの病院で保護者の同意書が求められるのは，その理由のひとつに，未成年者の契約を真の契約と認めることができないといった，法的な解釈があげられるという。ただし，これは，専門的にも無理のある建前的な解釈であり，余計なトラブルを避けようとする病院側の意向を反映したものである，という指摘もある。

また，〈出産を決める〉選択を「論理的に多くの人が辿ると考えられる」こととするのは，妊娠した未婚の若年女性が〈出産を決めて〉母になることが，実際にありうることだからである。もちろん，出産を決めるに際しては，勉学や経済基盤，生まれてくる子どもの養育などを含め，慎重に検討する必要があるだろう。しかし，未婚でかつ若年層であったとしても，周囲の人びとの理解や支え，社会的な支援体制により，出産するという選択も考えられる。

大川（2004）は，10代の未婚女性が，妊娠を契機にパートナーと話し合って結婚を決め，あるいはパートナーと別れるがシングルマザーとなる選択をするなど，出産に至る経過はさまざまであるにせよ，子どもを産み，母親として逞(たくま)しく生き生きと生活している姿を描き出している。このように，インタビューでは聴きとられなかったが，現実にありえると考えられる径路の存在を検討することを通じて，社会構造とそれを下支えしている文化社会的な価値意識を，明確にすることが可能になるのである。

さらに，可能な径路を描き出すことは，少数の事例を詳細に分析することが多い質的研究において，他の同じような経験をしている人びととの中絶経験への理解を広げるという点で意味がある。また，中絶にまつわるさまざまな困難に直面して気持ちが揺さぶられ，他の選択肢がみえないでいる人びとに，代替的な可能性を示すモデルにもなりうる。未婚の若年女性の妊娠を予防すべき深刻な事態だと捉える視点が多いなか，妊娠に伴うさまざまな決定を当事者となった女性がくだすことができるように，可能な選択肢を示す試みは重要である（Simpson 1990）。

ここでいうモデルとは経験のバリエーションを示すが，提示されたそれぞれの経験がそのままに機能するわけではないだろう。しかし，中絶手術に際し，今後どのようなことが待ち受け，いかなる対処が必要なのかと不

安やとまどいを感じている女性や，中絶による罪悪感に苛まれている女性，彼女たちを支える周囲の人など，中絶に関わるさまざまな時期や段階や立場にいる人びとがそれぞれに，経験者のモデルと自らが直面している事態とを重ね合わせたり違いを確認することにより，今後の方向性を展望しつつ，実際に可能な選択や行為を推し量ることができるのではないだろうか。

　こうした他者経験の提示がモデルとして意味をもつことには，中絶経験に関して鍵となる選択や行為を，等至点（EFP），分岐点（BFP），必須通過点（OPP）といった概念を用いて焦点をあて，共通性と多様性の観点から検討しつつ，経験を時間経過における変化プロセスとして捉えていることが奏功していると考えられる。

6　限界と今後の課題

　本節では，〈身体的変化の気づき〉（OPP），〈医師の診断〉（OPP），〈中絶手術〉（EFP）という表現を用いて三つの共通の経験に焦点をあて，他にも分岐点を多く捉え，径路の固有で多様なありさまを，TEM 図を用いて詳細に提示する試みを行った。こうした提示の仕方は，単に，選択や行為を，生起順序にしたがって羅列的に整理しただけのものではなく，等至点（EFP）や必須通過点（OPP）などの概念を用い，可能な径路を可視化しつつ，文化社会的な文脈のなかで生きる人のありさまを捉えるものであると考えている。ただし，このように詳細に提示することが可能となったのは，協力者が3人であることによる部分が大きいともいえ，経験のバリエーションが増えればそうした提示も困難になる，とも考えられる。

　しかし，だからといって，協力者の人数が増えた場合に，径路の提示を単純化するだけであれば，大量サンプルにより径路のパターンの把握に努める方が研究として適切かつ有効である，という指摘が成り立つようにも思う。こうした課題に向き合うにあたり，安田（2005）が行った，経験の共通項を捉えたうえで，類型化を介在させ，個人の経験を時間経過における変化プロセスとして示すという分析手続きは，有効な提示の仕方を追究するひとつの手法であると考えている。

ここでは，さらなる展望として，課題を乗り越えるもうひとつの可能性を探りたい。それは，個々人の経験の語りを抽出して提示するにあたり，どの程度詳細に行うのかという，TEM図の描き方にも関わる問題提起である。このことに関し，等至点（EFP）や必須通過点（OPP）や分岐点（BFP）によって焦点化した経験を，もう一歩深く踏み込んで分析することの必要性が，改めて立ち上がってくる。

　すなわち，共通する経験としていったん一括りにして捉えた等至点（EFP）に内包する固有で多様な意味や，必須通過点（OPP）に結節化される文化社会的な諸力を読み解くことや，等至点（EFP）や必須通過点（OPP）や分岐点（BFP）を要衝とする経験のつらなりを提示することによってどういうことを表現しようとするかが，重要なのである。このことは，複線径路・等至性モデル（TEM）の特長と密接に関連することである。

　こうした観点から丁寧に分析を行うことにより，たとえ協力者数がある程度増えたとしても，固有で多様な経験や人生径路を捉えることができるのであり，また，大量サンプルによる径路タイプの把握とは別の重要な意義があると考えられる。他方で，図示に関して，インタビューにより回顧的に聴きとった経験を，時間経過における変化プロセスとして提示することに矛盾はないか，という指摘もある。しかし，こうした指摘は，インタビューの語りは経験への意味づけの行為である，ということを踏まえない問いであるように思え，図示に関する課題とは分けて検討する必要があるようにも感じる。また，インタビューで聴きとられる経験への意味づけは，とりもなおさず今後の変化へとつながるものであり，それを，重要な出来事やその時々の選択や行為を入れこみ視覚的に明示することには意義があるのではないか，と考える節もある。ただし，このような雑感をつぶやく程度で，筆者は，現時点では明確な回答をもちあわせていない。複線径路・等至性モデル（TEM）の枠組みを用い，点や線のつらなりにより図示することの意義とあわせて，整理すべき課題であると考えている。

（安田　裕子）

第3節 第一期TEM完成，その後

　個別性，時間，可能性，文化といった概念を積極的に取り込み，人間の具体的な生のあり方を描き出そうとした野心的な試みは，2007年までの研究蓄積や討論を経て，一通りの完成へと至った（第1章第2節で紹介した不妊治療に関する研究〈安田 2005〉や本章第2節で紹介した中絶に関する研究〈安田ら 2008〉，サトウら〈2006〉を参照してほしい）。しかしながら，TEMの背景となる概念や方法論には依然，不明瞭な点や解決すべき問題が存在する。そのなかのいくつかは，諸学会における討論ですでに指摘されている。それらの疑問に解答しつつ，さらなる発展を目して，以下では問題を四つに整理し，議論したい。すなわち「個別と一般」「可能な径路を示唆する意義」「時間」「文化」である。

1　「個別」の人間を描き出すこと，一般を志向すること

　TEMの目的の一つは人間の多様性を描き出すことであり，個別の人間の具体性を描くことである。研究対象を抽出するHSSが，人間の等質性を前提としない標本抽出であることからもこれは明らかである。具体性，個別性を強調する一方で，TEM研究の結果からどのような一般的言明が導出されるのかについては，相対的に不明瞭である。これは2007年の社会心理学会で，指定討論者から発せられた疑問であった。この問題についてしばし考えてみよう。なお以下で「一般的言明」「一般化志向」と言うとき，それは「個別データを超えた言明」「個別データをもとにしながら，より広範な対象に対する言明を志向すること」を，それぞれ意味するものとする。

　TEMが対抗する，ランダム・サンプリングと代表値に基づく研究の姿勢は極めて明快である。先の指定討論者も，このような研究との対比で，TEM研究がどのような一般化志向を有しているのかを問うたのであろ

う。人間の等質性を仮定し，一般的人間像を代表値として表し，個人をそれからの偏差と位置づける。このような研究を「代表値志向研究」と呼ぶことにしよう。それは個別性や多様性を積極的には扱わず，むしろ真の値（理想状態にある人間，プロトタイプ）からの「誤差」とみなす。

「真の値」の追求に背を向け，個別性や多様性の強調を大義として，終わることのない個別事例の蒐集に TEM 研究はいそしんでいるのだ。このような揶揄を本意としないのであれば，TEM は自らの志向を明らかにしなければならない。

TEM は一般化など目的にしていないのだ。唯一無二の個を深く理解することが目的なのだ。このような，一般化志向を拒絶する態度を TEM は表明しているのだろうか。一般化志向拒否のオルタナティブとして考えられるのは，人間科学の方法論争で古くから対抗してきた「予測」と「理解」の図式の後者につくという態度である。TEM 研究が個の理解に徹底することで技術知（テクネー）を練り上げ，個々の人びとへの適切な介入の実現を主眼としようとするのであれば，それもよかろう。ただしそれは，研究と言うより，技術知を磨くための手だてとして TEM 研究を位置づけることになる。大工見習いが，ひたすら木材と触れ合うことでカンナがけに習熟していくように，TEM「研究」は，より有能な実践家となるための方便と位置づけられることになる。

TEM 研究者のほとんどは，そのようには思っていない。通常科学がそうであるように，個別事例に没入せず，何らかの一般性を有した命題を構築しようとしているだろう。代表値志向研究は，より高精度で推測された「真の値」「プロトタイプ」の提示をもって一般的言明としている。一方，TEM 研究が志向する一般的言明とはどのようなものであるのか。

ヴァルシナーは，興味深い一般的言明への志向を提示している。彼は 2007 年 8 月の奈良女子大における講演で，火星と惑星の対比に基づいて，個別事例の研究と一般的言明の関係に触れた。火星は惑星の一種であるが，それ独自の歴史を有している。かつ，それは惑星の発達という一般原理を表現してもいるという。個性記述的に火星を研究することが，火星という個別事例の理解であるとともに，惑星の一般的理解にも資するということであろうが，それはどういうことであろうか。このアナロジーが

TEM の本質を含んでいるとすれば，惑星の代表値，プロトタイプを構成し，そこからの偏差として個々の惑星を位置づけるような志向が，そこに表現されているのではないはずである。

　ではこの他に，どのような一般的言明があり得るであろうか。鍵は，事例とカテゴリーの関係の捉え方にあると思われる。代表値志向型研究はカテゴリーの明確な定義，境界設定から始まる。ランダム・サンプリングで必須とされる母集団の確定は，カテゴリーの内包と外延を明瞭に規定する営為である。続く標本抽出の手続きによって，規定された内包と外延に合致した要素がランダムに選ばれる。そして要素の測定によって得たデータから，代表値が算出され，母集団の姿が描出される。推測と呼ばれるこの描出は，カテゴリーの姿をある精度をもって明らかにする。この種の研究の一般的言明はより高い精度で，この描出を行うことに価値が置かれる。研究の結果得られる結論は，カテゴリー内部の姿を明らかにするが，カテゴリー境界の変更は目されない。境界の妥当性はデータ採取以前に決定され，採取後も変動しない。

　しかしながら，実際の研究において，境界の妥当性自体を問うべきことがしばしばある。「……とはどういうものか」という従来の研究の問いかけに対比させて言えば，それは「……とは何か」との問いかけである。惑星とは何か，不妊治療経験とは何か，人間とは何か等々である。人口に膾炙しているカテゴリー概念それ自体が疑問にさらされている。このとき，カテゴリーの境界を前もって厳密に設定することはできない。もししてしまうのならば，研究以前にすでに解答が出ていることになってしまう。しかしながら，境界を設定しないことには，研究すべき事例が抽出できない。このジレンマは，どのように克服されるのであろうか。

　それを解決する方法こそ，HSS であり TEM である。研究を開始する時点で確定しているカテゴリーを用い，そこに所属する事例を抽出する。しかしそれら事例の個性記述的研究によって，最初に想定したカテゴリーの内包や外延が変化する可能性を想定しておく（この部分が TEM の適用によって実現される）。たとえば，現時点でとりあえず惑星と呼ばれている天体を抽出し，研究する。地球，火星，木星と調べていくにつれ，最初に想定していた惑星の定義が変更される時期が到来する。木星はガス天体で

あり，地球や火星とは明らかに異なる。また以前は惑星とみなされていた冥王星であるが，現在はそうではなくなっている。火星と地球の間にある小惑星は依然として惑星ではない。惑星とは「恒星の周りを回るもの」「ガス天体も惑星である」「大きさという基準がある」「彗星は除外される」のように，惑星の境界，定義は個別事例の研究が進行するにつれ，変更されていく。

　代表値志向研究が，不動のカテゴリーの描出精度の向上を目すのに対して，HSS+TEM 研究が目指すものは，カテゴリーの境界設定自体の適切さ，妥当性の吟味である。個別事例へのこだわりは際限のない趣味的蒐集ではなく，個別事例の理解によって，それが所属するカテゴリーの内包の，あるいは外延の範囲の妥当性が吟味されるのである。これが TEM 研究の一般的言明が有する特質であることは，ヴァルシナーら（Valsiner & Sato 2006）の記述によって裏付けられる。リサーチ・クエスチョンに基づいて設定された等至点に対して HSS が適用され，TEM 研究が始まる。ヴァルシナーらは，等至点に属する事例は類似（similar）しているが同一（same）ではないと，また等至点としてとりあえず一括りにされているカテゴリーは，社会構成体にすぎないと述べている。

　すなわち，現時点で「似たもの」としてカテゴリー化されているが，その境界は不動ではなく，むしろ任意，恣意的，社会的構築であることが想定されている。そして事実，事態はその通りであり，同一カテゴリーに属しつつも多様であること，カテゴリーは不動ではなく変化し得るものであること，変化することの主張が社会的意義を有することが，実証される。十把一絡げに扱われている「治療をやめた不妊治療者」については安田（2005，第 1 章第 2 節）が，「中絶経験者」については安田ら（2008，本章第 2 節）が，彼女らの経験の内実が多様であることを示し，そのようなカテゴリーの内包の変更を促している。このように TEM 研究がなす一般的言明の役割の一つは，カテゴリー境界の妥当性を揺るがし，既成カテゴリーに関する問い直しの契機を人びと（読者）に提供することになろう。二種の研究の対比を，表 3-2 に示す。

　社会心理学会の指定討論者の疑問，すなわち一般化とサンプルサイズの問題は，これで解消したと思う。TEM の志向する一般的言明は，代表値

表 3-2　一般的言明の対比

	代表値志向研究	TEM 研究
境　界	研究前後で不動	研究前後で変動
個　性	プロトタイプからの偏差	それ自体の質
一般化	プロトタイプ描出の精度向上	カテゴリーの豊富化
個／一般構造	内包・外延の厳密な規定	相互反映的

志向研究のそれとは異なるのだ。後者では，真の値，プロトタイプをより高精度で確定するために，サンプルサイズはより大きい方が望ましい。しかしカテゴリーの境界変更，豊富化が目的なのであれば，TEM 研究にとってサンプルサイズは特に問題ではない。

　安田（2005，第 1 章第 2 節）が，不妊治療をやめた人に対して試みた類型化について，ここで今一度考えてみたい。TEM ができるだけ少数の次元と水準によって区画された分割表を作成し，その升目のどれかに各々の事例が所属するように類型化を試みるのであれば，それは GTA と同様の目的を有することになろう。事例数が増加しても，分割表の変更が必要なくなったとき，類型化の妥当性が示され，一般的言明が確立される。等至点に至る履歴を加味した点に TEM 研究としての独自性があるとしても，言明を構築するに至るプロセスは同じである。このような志向を TEM 研究者が有しているか否かとは独立に，TEM 外部の研究者にとっては，そのように見えることがあるようだ。2007 年パーソナリティ心理学会シンポジウムの指定討論者の一人は，話題提供として発表された安田（2005）の不妊治療者の類型化と，自らの研究における事例の類型化を同一視していた。指定討論者の方法は，明らかに上記の志向に属するものであった。また同年の社会心理学会ワークショップのある指定討論者は TEM における径路を「ケモノミチ」（獣道）にたとえた。獣道は，複数の動物の足跡によって形成される以上，彼が径路を類型化と捉えていることは間違いない。もしもそれらの類型化が，同一セルに所属する人びとの間に差異を認めず等質とみなしているのであれば，すなわち個性とは誤差の謂いであると考えているのならば，代表値志向研究と構造的に同一である。その道具的価値はともかく，それらは HSS の志向とは異なるがゆえに，TEM 研究とは言えないはずである。

安田が行おうとしたのは，もちろん代表値志向研究ではない。HSS と TEM の正当な実行である。データ採取後，彼女は次のことに気づいた。EFP を挟んで時間的に前後する径路のあり方が，いくつかのタイプに分けられる，と。こうすることで，不妊治療者たちを特定の方向に向かわせる社会的力，文化圧のようなものについて考察も可能となるが，彼女が行ったのは別の方向での分析であった。すなわち，類型化された径路は，協力者たちの生が等質であるような印象を与える。しかしその内実は多様であることを示そうとしたのだ。等至点内部の要素が等質ではなく，多様であることを示すのが HSS と TEM による研究プログラムであった。安田はそれを，もう少し時間的な幅のある類型化可能な径路にまで拡張したのである。彼女による径路の類型化は，径路を単位とした HSS の実行であった。ついでそれら類型の内実（過去の履歴と現在の意味付け，そして発達可能性）が多様であることを TEM によって示し，類型化による把捉が社会的構成（任意のカテゴリー）でしかないことを主張したのである。かくして，安田の類型化の外形だけをとらえて，代表値志向研究とみなすことが誤解以外の何物でもないことが理解されよう。ゆえにまた，各類型のサンプルサイズの十分さを論ずることも，全くの見当はずれであることになる。

2　「可能な径路」を示唆する意義とその含意

　安田（2005）を含めこれまでの TEM 研究は，一人の人間のデータから一つの径路を描いたのち，複数人の径路をひとまとめにした径路図（TEM 図）を作成してきた。ある人の径路は，他の人にとっては可能な径路であったが，結果として選択されなかった径路として提示される。また，同一の等至点を共有しているが，今回はデータを採られていない人にとって，TEM 図は意思決定のためのガイドラインとして機能する可能性を示唆している。このような利用法の道具的価値はともかくとして，それが TEM の理念に忠実かどうかを議論しておきたい。
　ヴァルシナーは 2007 年 8 月のパーソナリティ心理学会において，ランダム・サンプリングが個人間変動と個人内変動との同型性という誤った見

解に基づいていると述べた。彼が提唱する HSS では，この過ちの回避が企図されている。TEM もまたそうであるはずである。しかしある人の径路を他の人の可能性として提示することは，個人間変動を個人内変動とみなす過ちなのではないか。結果としてそれは正しいかもしれないが，TEM の理念からははずれている。あくまで特定の人の個人内変動から，その人の可能な径路が想定できなければならない。

　これはいかにして可能か。現在までの TEM 研究は，採取したデータの表層的部分を要約して TEM 図を作成しているように見える。これでは径路を生み出したメカニズムに踏み込んでいないため，個人内で可能な径路を想定することは難しいだろう。さまざまな時点でなされた行為選択や意思決定が，どのようなメカニズムによって現実化したのかを明らかにしていなければ，現実化しなかったが，可能であった径路の十全な特定は難しいのではないだろうか。日本社会心理学会で一人の指定討論者が行った，「TEM 研究が分岐点の分析を十分行っていない」という批判の内容と，これは同根である。分岐点からどのような径路が発生可能なのか，表層データを集計しているだけでは明らかにならない。

　2007 年 3 月の日本発達心理学会ラウンドテーブルにおいて森は，次のようなサッカー・プレイのアナロジーによって，データの表層から深層のメカニズムを特定する方法を示唆している（このアイデアは，大橋・森・高木・松島 2002 におけるスキーマ解釈でも援用された）。サッカーチームには独特のプレイスタイルがある。試合における具体的なボールの流れは，プレイスタイルの現実化である。軌跡は一つしか現実化しないが，それ以外の可能性もあったはずである。プレイスタイルを特定していれば，可能性の特定もまた多様に，精緻になし得るだろう。しかしその特定は，あくまでもそのチームについて行われるべきであり，他のチームのプレイの分析がそのチームの理解につながるとは限らない。個人（チーム）内変動と個人（チーム）間変動を同一視してはいけないのだ。

　今，あるチームの具体的プレイを採取したとしよう。あるとき，選手 A，B，C が動かないまま，A から B へのパスがなされた（図 3-3）。またあるときは，B が移動して A からのパスを受けた（図 3-4）。別のときには，敵選手 X のマークを外しながら，C が B の背後を回って前方に移動し，

図 3-3

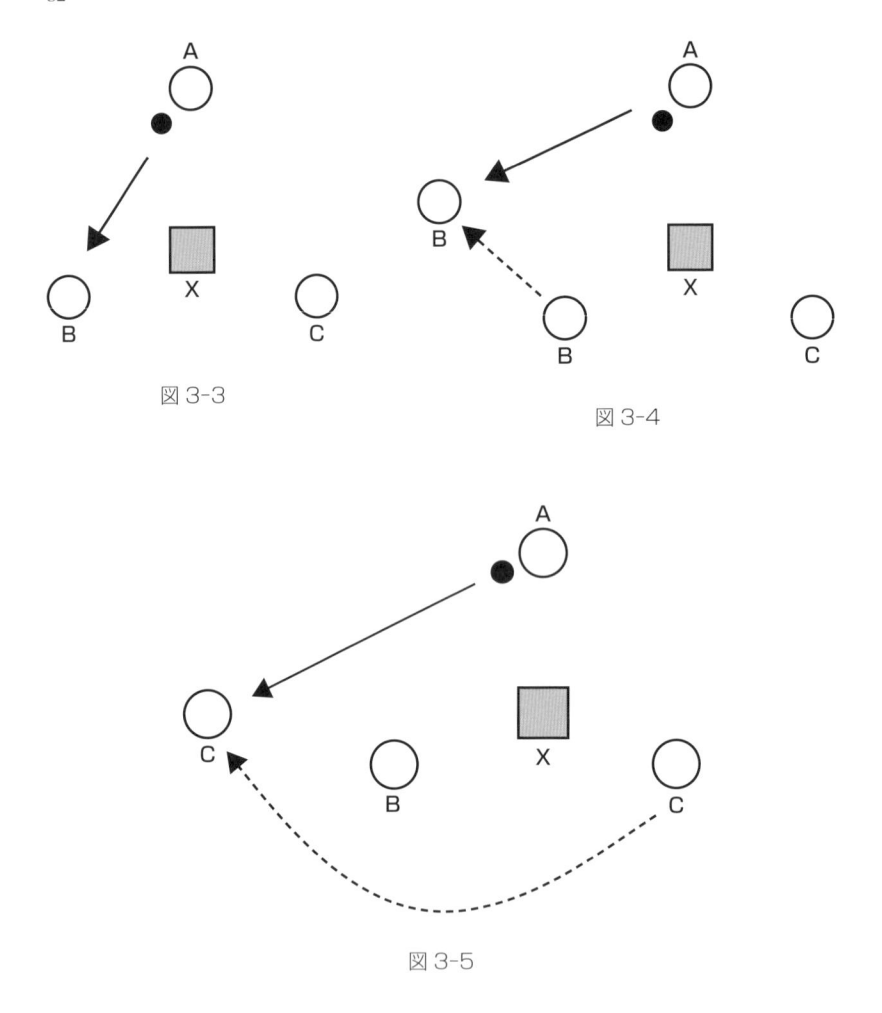

図 3-4

図 3-5

Aのパスを受けた（図3-5）。三つの図におけるボールの軌跡はすべて異なっているが，それらを生み出すプレイスタイルは同一である。すなわち「ボールを持った選手を起点にして，味方選手で三角形の布陣を敷く」というスタイルである。これを知らないで可能なパスコースを特定するとすれば，「味方のいるところにパスを出す」というような曖昧なものとなろう。一方，プレイスタイルが特定されていれば，三角形の布陣が形成されている範囲が可能なパスコースの範囲であることになり，選手の動きによ

るその多様性を十全に描くことができる。パスを出すのはB，Cに対してでなくともよいし，B，Cが別の位置に移動していてもよい。プレイスタイルが実現するパスコースはまた，敵の動きによって制約されている。このことにより可能なパスコースは「敵のマークから逃れて，三角形の布陣が形成されている範囲」に限定されることになる。プレイスタイルとその現実化の制約を特定することが，深層構造の特定である。それによって，可能なパスコースの多様性とその範囲が十分特定できる。

　TEM研究において深層構造を特定するとは，データからその人の「プレイスタイル」とその人の行為や意思決定を制約する条件を特定することである。こうすることで，個人間変動と個人内変動の同一視を回避し，可能な径路の多様性と限界が十全に特定し得る。しかしながら現時点のTEM研究では，両変動の同一視とデータの表層構造の要約にとどまっているため，「現実化した行為や意思の補集合を想定する」，あるいは「現実化した行為や意思と同一カテゴリーに属する他の選択肢を列挙する」といった方法によって，可能径路は特定されるしかない。これでは，可能径路の多様性を十分描けないと同時に，制約が考慮されていないがゆえに，逆に可能性の範囲が発散する欠陥を有してしまう。またそれが特定の人間にとって本当に可能径路なのかを保証できない。

　深層構造は，ヴァルシナーの発生の三層モデル（Valsiner 2007）で言えば，微視発生を制約する記号作用すなわち中位発生レベルの，あるいはさらに上位にある個体発生レベルの構造であろう。これらのレベルに踏み込まず，データの表層構造を要約しただけのTEM図を作成するのであれば，ゴールに至ったボールの軌跡のカタログ，ゴールシーン集を作っているのと同じである。「別のゴールシーンもあり得たんだろうな」「これで可能なゴールシーンをすべて網羅できたんだろうか」等，疑問だけが残り，チームの本質は何もわからない。チームへの指導もできないし，そのチームと戦う上での対策も立てられない。「こんな風にボールがつなげたらいいな」ということはわかっても，どうしたらよいかわからない。パスワーク中心のチームのプレイと個人技中心のチームのプレイを区別できず，双方を同一視し，結局指導も対策もうまくいかない。

3 人間が「時間とともにある」ということ

　従来の心理学研究には時間の考慮が欠けていた。これは事実であろう。ランダム・サンプリングから始まる代表値志向研究は，研究対象の「これまで」と「これから」を一切考慮せず，「永遠の現在」にあって，変化しないものと対象（母集団）を捉えている。時間によって変化したならそれは別物とみなされる。変化しつつここに至り，ここからまた変化していくものと，時間の幅をもって対象を捉える発想とは無縁である。TEM は対象が時間とともにあることを強調する。それは一体どのようなあり方なのであろうか。

　2007 年 3 月の日本発達心理学会ラウンドテーブルで指定討論者渡邊芳之は，不妊治療者に関する安田の発表（安田 2005，第 1 章第 2 節参照）に対して，次のようなコメントを付した。

> 　必須通過点というのは順序性があるんですよね。安田さんの研究でも不妊治療の一連の流れというのは，いきなり最後のものが前に来るわけではない。雑な言い方をすれば文化的に継続的に定められていて順番になっているものが TEM 図のなかで現れてくるわけですね。……文化というのは個々の事象だけではなく，個々の事象がつくる順序性を文化や制度が定めていくことがあるわけです。それが TEM 図に描けるわけです。そこが TEM 図のよさだと思うんです。
> 　　　　　　　　　　　　　　　　　　　　　　　　　（サトウ 2009）

　公教育のような自明なものを含めて，人間の辿る履歴には順序性があるだろう。渡邊の言うように，それが文化によって規定されている場合もあるし，ある出来事が先行することで，続いて経験する出来事の順序が制約されることもあろう。経験の順序性の特定は，人間が時間とともにあることの証左の一つであると言えよう。

　しかし TEM が取り入れようとしている時間は順序性だけではないだろう。経験によって人間は変化していく。それ以前の状態に決して戻ること

はない。人間は経験に常に制約された状況にある。経験を積むごとに制約は刻々と変わっていく。経験による人間のこの非可逆的でかつ漸進的に変化してきた履歴を歴史性と呼んでおこう。歴史性は TEM 研究が理念の一つに据える非可逆的時間の帰結の一つである。可逆な時間を想定することはナンセンスであるから，この用語には時間が単に「戻らない」という意味以上の含意があるはずである。TEM 図で描かれた径路は，現在における特定の人間の有り様を規定する，歴史性の個別的な姿である。

　人間はしかし，歴史性によって制約されるものの，決定されるわけではない。現在から未来へ向かう人間の行為や意思決定は，歴史性によって範囲が制約されてはいるが，その範囲内での自由度を有している。人間が絶えず「新規性」(novelty) を産出しながら発達するものだと，ヴァルシナー (Valsiner 1999) はこのあり方を表現した。また第 4 章において議論される ZOF (zone of finality：目的の領域) も，未来に開かれた現在の状況を記述しようとする語である。

　新規性の産出は前もって定められることのない性格，すなわち創発性を有している。創発性と可能性は区別されねばならない。後者は前もって選択肢が定められる状況での，確率的な選択の自由である。それに対して前者は，選択すべき行為の範囲が未確定ゆえ選択肢が定められない状況である。両者とも，行為や意思決定が不確定さに開かれていることを表現するが，不確定の有り様は異なる。郡司 (2004) は確率的な選択の自由を「曖昧さ」，行為の範囲ですら未確定な（したがって選択肢の集合と要素を枚挙できない）状況を「不定さ」と呼んだ。配偶者を探している三十代未婚女性が直面している事態は「曖昧さ」(「誰かいい人いないかな」「結婚できるのかな，私」) であるが，彼女らは選択の範囲が限定されているがゆえに苦しむ。彼女らが直面する事態は本来不定なはずである。だから，「配偶者選択」に彼女らは執着する必要は本来ないのである (「結婚だけが人生じゃないんだ」と考えてもよい)。しかし往々にして人間は，「不定さ」を「曖昧さ」に縮減して (させられて) しまう。「結婚が女の幸せだ」と考えている女性など典型である。ここにもおそらく文化や歴史性の影響があるのだろう。文化や歴史性による「不定さ」の「曖昧さ」への縮減を指摘することも，TEM 研究の対象であってしかるべきである。ただし文化

による拘束が，人を不幸にするか否かはまた別問題である。拘束＝悪，自由＝善のような，またその逆も同様に，決めつけは禁物である。人生を水路付けられることで安心を見出す人もいれば，己の決断と責任を自覚しながら人生を切り開くことを快とする人もいるだろう。

　話を戻そう。文化や歴史性による「不定さ」の「曖昧さ」への縮減を議論する以前に，そもそも実際の研究が「曖昧さ」と「不定さ」を区別しているのか，少々疑問である。前節で見たように「可能な径路」の特定がTEMの一つの目的とされているが，これは可能性，すなわち「曖昧さ」の範疇である。未来に向かう時間のあり方は「不定さ」であるはずである。「不定さ」が「曖昧さ」に縮減されていることを指摘したうえであれば，可能な径路の特定は正当化される。しかし実際のTEM研究に，この考察は希薄である。

　安田ら（2008，本章第2節）は，偶有性を強調していた。それは，「単に偶然事象である」にとどまらず，「ある種の文脈において，一回性で必然的で反復不可能な事象であり，その出来事や人物との遭遇・関わりをきっかけにして，その後の経験が質的に変化していくという，新たな生成の可能性を含意するもの」である。出来事はしばしばわれわれの予期を裏切る形でやってくる。その突然の出会いを受け入れながら，われわれは次の一歩を踏み出さねばならない。それは当人にとって，思いもかけなかった一歩になることもあろう。まさか自分がこうするとは思わなかった，と。偶然性としての，そして予期せぬ一歩の契機としての出来事のあり方。出来事の，このような性格を指示した語が偶有性である。しかしここには，予期せぬ一歩を生み出すもう一つの契機が指摘され忘れている。それは，独自の履歴すなわち歴史性によって形成された，特定の人の個別性，「世界への向かい方」である。偶有性と個別性の接触が，行為・意思決定の「不定さ」を生み出す。偶有性は「不定さ」の契機であるが，「不定さ」は偶有性と個別性の接触によってしか現れない性質である。従来のTEM研究への不満は，第一に偶有性のみに言及していることである。第二に，偶有性が個別性と接触して発生する「不定さ」という現実を，可能性として議論していることである。この不足は，早急に解消されなければならない。

このような不足が生じてしまう理由は，行為選択や意思決定が本来創発的（不定）である事態をとらえる概念的道具立てが，TEM 研究に欠けていたからではなかろうか。そのような概念的道具立ての一つが深層構造の特定であることは，先の議論を思い出せば，理解できると思う。実際の TEM 研究が，データの表層構造を要約するにしばしばとどまっていることも先に指摘した。表層構造の要約は，類型化による生の独自性の逆説的な実証（安田 2005，第1章第2節）や順序性の解明には資するが，行為選択・意思決定がどのように行われたかを説明しない。深層構造の特定に踏み込んでいない限り，この目的は達し得ない。再びサッカー・アナロジーで考えよう。「プレイスタイル」は歴史性による制約に相当する。それまでの経験によって，ある個人はある種の「スタイル」（個別性）を身につけてしまっているのである。「プレイスタイル」と一緒になって具体的なパスを生み出すのは，「敵の布陣」であった。後者に相当するのは，行為や意思決定を行おうとしている個人が対峙している他者や出来事である。それらは社会・文化によってある程度予期できるものであることもあるし，偶有的であることもある。特有の歴史性によって形成された個別性を有する個人が他者や出来事と接触することで，「不定さ」のなかから具体的な行為や意思決定が創発する。むろん，社会・文化的状況が「不定さ」を「曖昧さ」に縮減するような圧力を有しているのであれば，そして個人がその圧力を感受してしまう「スタイル」になってしまっているのであれば，行為や意思は「不定さ」のなかから生成されるのでなく，選択肢から選ばれるような形で実現されよう。

4　「文化」をいかに捉えるか

文化を捉えることも TEM 研究の使命である（サトウら 2006）。しかし 2005 年 10 月の日本心理学会ワークショップで一人の指定討論者は，話題提供として提示された TEM 研究に対して厳しい意見を述べた。それらの研究のどこに文化が描かれているのかと。OPP を特定し，そこに収束へと個人を向かわせる圧力を発見することが，TEM の基本姿勢であろう。しかし TEM における文化の描き方は，依然として議論の的であると思わ

れる。

　文化を描く最も素朴な方法は，比較文化心理学的な方法である。「日本人は集団主義だが，米国人は個人主義だ」というように，集団レベルで文化は描かれる。加えてこの方法は，文化を個人が入る容器のようなものと考えている。文化を容器のように捉えることを容器メタファと呼んでおく。個人と文化は独立で，両者は共に実体である。いにしえの集団心（group mind）のように捉えたとしても，個人に内在化され，成員間で分有されたものと解しても，容器メタファである限り，TEM 研究の姿勢とはそりが合わない。なぜなら，同一文化内の成員とみなされていても，行為選択は多様だということを TEM は明らかにしようとし，実際そういう知見を積み上げてきているからである。一方，これも TEM の前提であるが，個人の行為は全く自由ではなく，制約を受けている。そして制約の一つを文化としている。文化を導入した明確な痕跡が見られる研究は，木戸の化粧研究（木戸 2006 など）である。個人の行為選択を制約する「社会的方向づけ」（social direction）として，文化圧が導入されている。

　社会的方向付けは容器メタファに陥っている，少なくともそのように読まれる危険がある。社会的方向付けがどこから，どのような形でやってくるのかが明示されておらず，個人を誘導する集団心のようなものと受け取ることができるからである。木戸が用いている「文化的越境」という表現もまた，危うさを含んでいる。なぜなら，個人が一方の容器から他方の容器に移動するかのごとく，読み取られる可能性があるからである。このような危険の回避には，次のような方策を講じる必要があろう。それは第一に，文化がどこから，どのような形でやってくるのかを，個人のレベルで定位すること。第二に，文化による影響が見られたり，見られなかったりする違いを，個人の側のメカニズムで説明すること。第三に，個人が文化化される仕組みを明示すること，である。

　これら三つの方策は，2007 年 8 月にヴァルシナーが奈良女子大学講演で提示した，発生の三層モデルによって実現できるかも知れない（Valsiner 2007 や本書第 4 章第 1 節も参照のこと）。人間の発達は下から，微視発生レベル（micro-genesis），中位発生レベル（meso-genesis），そして個体発生レベル（ontogenesis）の三層に分けることができる。それぞ

れは相対的に独立であるが，上位層は下位層を方向付け，下位層は上位層の変容の契機となる。最下層の微視発生レベルは，身体を使った行為や知覚が発生するレベルである。個人が被る変化は，かならずこのレベルを経由する。したがって，文化の影響もこのレベルを含めて語られる必要がある。すなわち，文化は個人が見聞する他人の発言や人工物を媒介して，個人と接触するのである。社会的方向付けという時，それはこれら発言や人工物の総称を指示する語であるはずである。

　文化の影響が見られたり，見られなかったりする理由を次に考えよう。それには中位発生レベルがどういうものか，そしてそれと微視発生レベルの関係を考えないといけない。中位発生レベルは，微視発生レベルで見聞された発言や人工物が，意味を解釈されるレベルである。またこのレベルの作動によって，発話や行為の産出が方向付けられる。同じものを見ても聞いても，中位発生レベルの構造が異なれば，違った意味を人は認識する。「君ももう30だねぇ」という周囲の声を「早く結婚しろ」という意味にとるか，「責任ある年代になったね」という意味にとるかは，中位レベルの構造による。しかしながら，既存の解釈と葛藤を引き起こす事柄の見聞が継続的に生起することが，解釈の仕方つまり構造に，変化の契機を提供する。見聞は契機でしかないから，中位発生レベルの変化は突然起きることも，なかなか起きないこともある。これが，文化の影響の有無に関する解答である。

　文化的越境は，地理的な移動によって達成されるのではなく，中位発生レベルで発生する構造と見聞の葛藤の認識によって現実化する。異国の地に身を置いたとしても，「なーんだ，日本と同じじゃん」という事態もある。葛藤が認識されるようになって初めて，「どうやら違う文化に来たらしい」という形で文化的越境が成立する。このように考えていなければそれは容器メタファであり，TEMが想定する文化概念とは異なることになる。

　最後の問題，個人が文化化される仕組みは，どのように説明されるだろうか。ヴァルシナーは2007年8月の立命館大学講演において，二種類の文化を区別した。すなわち「個人的文化」（personal culture）と「集合的文化」（collective culture）である。前者は個人の中位発生レベルの解釈

構造と考えてよいと思われる。文化化は，微視発生レベルの言動を媒介とした，他人の解釈構造との共振によって達成される。解釈構造によって方向付けられた言動を持続的に見聞することで，別の人の個人の中位発生レベルの解釈構造が変化，構築されていくのである。もちろん言動の見聞は構造変化の契機でしかないから，文化化生起の有無，速度には個人差がある。またある人の個人文化は他の人の個人文化の完全なコピーではなく，個人の履歴による個別性を有する。ゆえに文化は内化（internalization）されるのではなく，共振する（resonation）と言う方が適切である。ヴァルシナーは解釈構造の上位に，個体発生レベルを想定している。これは一般に「パーソナリティ」と呼ばれるものである。ここまで含めて個人的文化と解してもよいだろう。

　それでは集合的文化とは何だろうか。詳細な考察は本章の課題ではないので，簡単なスケッチにとどめる。それは個人間の言動の接続（コミュニケーション）の特定の傾向，コミュニケーションの連鎖のなかで特定される言動の意味の産出システムである。言動の産出は個人文化によって方向付けられるが，これが個人間に放たれ，次に産出された言動との関係によって意味が逆行的に決定されていく。この意味は，いずれの個人文化にも属さない。例を挙げよう。大学の授業風景をイメージしてほしい。履修登録者は200人なのに，授業には50人しか出席していない。教師と学生との間で次のような会話が展開されたとする。

　　教師「今日はこんなに沢山の人が聞きにきてくれて，本当にうれしいです」
　　学生「先生の授業は面白いですからね」

　教師と学生の発言は各々の解釈構造からもたらされた，個人的な意味を有している。しかし互いの発言の意味をどう取るかは，個人的意味の範囲を超えている。教師は本気でこう思っているかも知れないし，皮肉で言ったのかも知れない。学生も本気なのか，皮肉なのか，他人からそれはわからない。このあとの接続する発話によって，他人から見た意味は決定されていく。個人的文化と集合的文化はシステム論的に言えば，意識（個人）

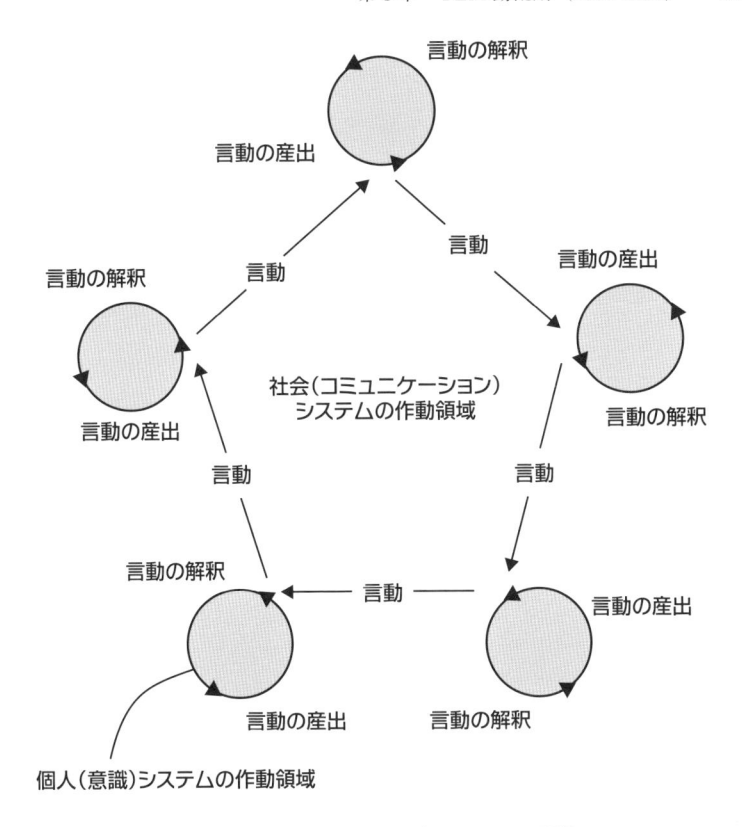

図 3-6　社会システムと個人システムの関係

システムとコミュニケーション（社会）システムであり，両者の関係はシステムカップリングであるはずである。両者の関係は，図に示すようなものとなるだろう（図3-6）。システム論を標榜しているTEMであれば（サトウら 2006），両文化の関係はこのように捉えられてもよいはずである。

(森　直久)

第4章
概念の豊富化と等至点からの前向型研究

第1節 ZOF(目的の領域)による未来展望・記号の発生と「発生の三層モデル」

1 ZOF(目的の領域)

　人間を生物として見たときには，究極の分岐点は誕生であり，究極の等至点は死である(Valsiner & Sato 2006)。だが，文化心理学の立場から人間のライフ(人生・生命・生活・生存)を扱おうとする場合には，生前と死後を扱うことはできないから，誕生と死の間にさまざまな分岐点と等至点があると考えるべきである。そして，研究者の立場から，人間の経験のうち何が等至点として重要であるかと考えることが，自らの研究テーマを焦点化することになる。

　等至点は複数の径路を経た収束点であるから，初期のTEM研究においては，等至点に至る多様性を描くことに重点があった。では，研究者が設定した等至点以降の径路についてはどのように扱えばいいのだろうか。むろん，これまでも等至点以降への着目はあったが，そこからの(まさにそこを起点とした)未来への展望という発想は希薄であった。ヴァルシナー(Valsiner 2001)の「発達における等至性」という図(第1章 p.5)では，分岐点と等至点の複雑な絡み合いは描けているが，どの時点で何を研究するのか，という視点が欠けているために，等至点以降の記述が希薄である。

第 4 章　概念の豊富化と等至点からの前向型研究　93

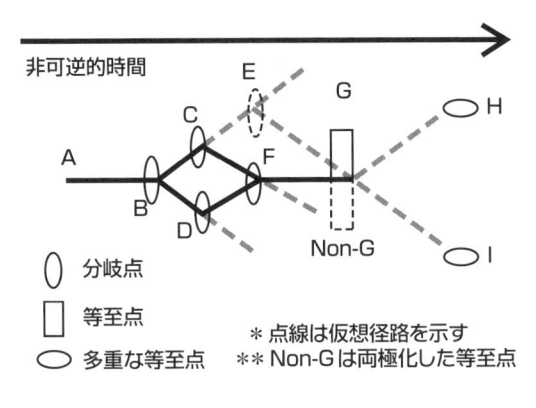

```
非可逆的時間 ────────────────────→

          C      E    G       H
   A ────●──────●──┐ ─ ─ ─ ●
         B\    /F  │    ╱
           ●──●    │ ╱
           D      Non-G ─ ─ ─ ●
                              I
```

○　分岐点
□　等至点　　　＊点線は仮想径路を示す
◯　多重な等至点　＊＊Non-Gは両極化した等至点

図 4-1　等至点以後の多重な等至点とその幅

　ある経験を等至点として設定した場合，どのようにその後の人生を記述するのか，については，多重な等至点（マルチファイナリティ）という考え方が参考になる（Valsiner & Sato 2006）。図 4-1 は，それを下敷きにして等至点と両極化した等至点を組み込みながら，多重な等至点とその幅を示そうと試みたものである。等至点たる G の経験の後に，どのように展開しうるのか，という到達点を H と I が示している。
　この図における H と I は具体的な目標であり，H と I それぞれに対して，補集合的な存在としての両極化した等至点が置かれる必要がある。ところが，将来を展望するときに選択肢が明確な場合とそうでない場合がある。
　望月（2007）は，自身が飲食店で働いていたときに A 国からの留学生に多く出会っていた。日本とその国の関係が悪化しているにもかかわらず，A 国人が日本に留学してくるのは何故なのか，という問題意識をもって彼女は卒業論文のためのフィールドワークを行っていた。フィールドワークの常であるが，問題意識は何度か変遷し，最終的に「苦労を伴いながら留学しているにもかかわらず，明確な目的意識を持っていない人がいるのはなぜか」という「アイデンティティ拡散」状態のように映る留学生の状態に興味を持つにいたった。彼女がフィールドワーク先（飲食店）で出会った留学生は何か具体的な地位を目指していたり，具体的な目標を到達点として持っているわけではなかった（すべての留学生がこうであるわけではないし，日本の大学生でこういう人もいる）。しかしながら，「留学」とい

う大きな環境変化を自ら起こし，日本留学後にさらに待ち受けていた大学受験などの試練を，決して少なくない苦労を負いながら乗り越えてきたことを考えれば，A国にいたときのその現状を変えようという向上心は確かだったはずである，と彼女は考えた。つまり，彼女がそれまでに出会った留学生は，過去における明確な向上心と現在の不明確な展望が混在していると思えたのである。本調査として面接をしてみると，多くの留学生は本国においてある選択肢に進むことに失敗していた。もし仮にそれが成就していれば，留学という道を考えることはなかったかもしれないが，最良の選択肢の一つが消失したときに他の代替可能な選択肢が留学以外には自身の周囲に存在しなかったのである。つまり，次善の策としての留学だったのである。その目的は「留学」そのものであった。留学というのは経験の総称にすぎず，そこでどのような生活をして何を得て後の人生にどう生かすか，ということも考える必要があるはずであった。しかし，留学以降のことは明確な像を結んでいなかったのである。明確な選択肢がない場合の選択肢こそが，日本への留学であり，それこそが「明確な向上心と不明確な展望が混在する」ことの正体だったのである。望月（2007）はこうした状態を記述するためにヴィゴツキー（翻訳2003）の提唱した理論である「発達の最近接領域」（Zone of proximal development＝ZPD）を応用させた「目的の領域」（Zone of Finality，以下 ZOF と表記することがある）という新しい概念を提唱することになった。

　ZOF の含意は，達成されるべき目的や将来展望を一つのポイントとして考えるのではなく，領域（Zone）として考えるということである。目的の領域とは，さまざまな目標や可能性が混在しながらも一連の連続性および広がりを持ったゾーンである。この概念を用いることによって在日A国人留学生の目的意識が他者から曖昧に見える理由を説明できるし，これ以外の現象にも適用が可能であろう。TEM における等至点は，径路の多様性をきわだたせるために目標ポイントとしての明確さを打ち出すものであった。これは研究者の焦点化という側面からも有効であった。だが，個人の発達という観点からみればポイントのような明晰な概念である必要はないかもしれないのである。曖昧な目標に対する多様な径路というものをどう想定するかは今後の課題だが，他者からみてふらふらしているよう

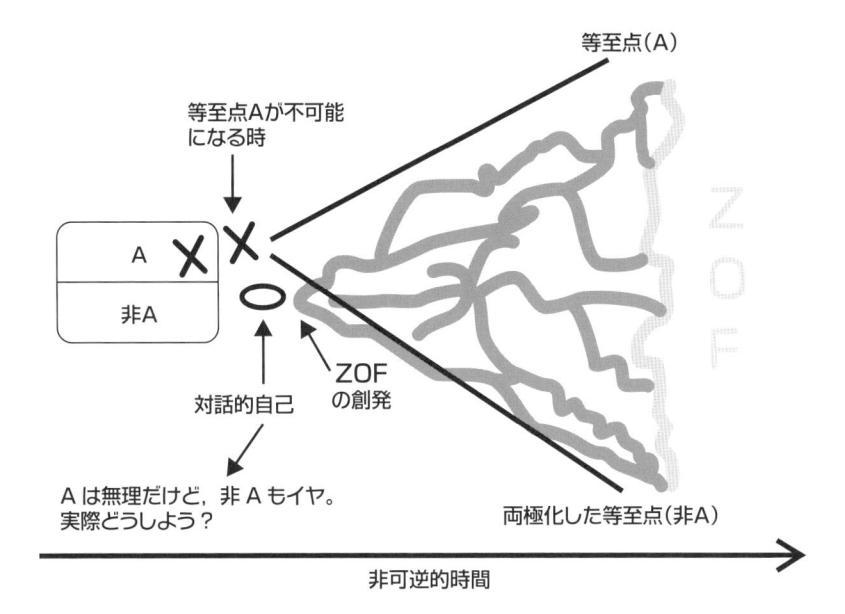

図4-2 目的の領域（Zone of Finality=ZOF）
非可逆的時間を示す➡以外はポイントを指示するための便宜的な➡であり，図にとって本質的ではないことに留意されたい。

に見えるとしても，それはあくまでも他者からの目線である。本人の目標がゾーンであるならばそこに至る径路も，等至点として一つの点を目指すのに比べてさらに多様になるだろう。この意味でZOFは，進路を悩んでいる人とそれを支援する人との無用な軋轢（あつれき）をなくすためにも有効な概念的ツールとなりえる。ZOFは段階（stage）モデルでもなく生物学的雰囲気の強いモデルでもなく，非可逆的時間のなかで人生を歩んでいく人間にとっての文化心理学的モデルとして有効である。

図4-2はZOFのイメージである。×はある時点においてAが達成できないことが明らかになったことを示している。等至点（A）というのは，等至点Aが達成された場合の将来展望（見通し）を示す。両極化した等至点（非A）はAに失敗した結果の将来展望である。

そして，ZOFはまさにその間の領域に設定される。すなわち，最大限に努力しても達成できない目標（等至点A）と何もせずに到達してしまう

目標（この図で両極化した等至点〈非 A〉と表現されている部分）との間をゾーンと考えるのである。言うまでもなくこれは ZPD におけるずれの考え方を取り入れたものである。

　ZOF の導入によって，TEM は時間的展望や対話的自己といった概念との接続が可能になった。TEM においては選択肢が明確である場合の記述は簡単であったのだが，選択肢が不明確な状況の記述は難しかった。選択肢の発生こそが人生径路の重要なポイントであるかのようであった。しかし，つまずき（未来の不確かさ）を感じた時に自己との対話が始まる。つまり，対話的自己は未来の不確かな可能性の結果として生じるものであるから（Sato & Valsiner 2008），ある目標がかなえられなくなった時の自己との対話によって目標の領域（ZOF）が生成されていくということを理論化できるなら，TEM および ZOF はハーマンスらによる対話的自己（Hermans & Kempen 1993）とのつながりをつけることが可能となる。ただし本書では対話的自己そのものについての考察は控え，自己をガイドする記号の発生という観点から ZOF や TEM の概念を豊富化していく。「記号は，つねに最初は社会的結合の手段であり，他人へのはたらきかけの手段であって，その後でのみ自分自身へのはたらきかけの手段となる」からである（ヴィゴツキー 2003, p. 206）。

2　自己をガイドする促進的記号の発生

　記号の発生について，結婚を対象にして考えた研究がある。
　谷村・サトウ・土田（2008）は，1980 年代に結婚した 9 人の女性を対象に，どのような径路で結婚をしたのか，を検討した。
　結婚というイベントについて，そのことを知識として知らない人はいない。たとえば，大学院進学であれば，大学卒業後の進路として全く知らないという人は想定しうる。たとえばの話であるが，社会人入学で大学に入学した人が，入学したあとで，大学卒業後に大学院なるものを知るという場合である。この場合，ある時に大学院というシステムが可視化され，それが選択肢として立ち現れる。ところが，結婚の場合には，物心ついた時には，結婚ということを知ってしまっている。女子であれば，「将来はお

嫁さんになる！」くらいのことを言わずに育った人は皆無であろう。
　したがって，「結婚というシステムに驚いた！　私もやってみよう！」ということはほぼありえない。では，結婚が記号として発生するというのはどういうことか。それは，具体的な行為が結婚へと収束するガイドが立ち現れることである。谷村ら（2008）の対象者にとっては「普通の結婚をする」ということがまさにそれであった。その当時（1980年代）において，普通の結婚とは，20歳代前半までに男女とも初婚である結婚であり，その後は専業主婦になることであった。女性の結婚はクリスマスケーキ，と言われていたことがある。そのココロは，24まではよく売れるが26以降は売れ残り，である。
　結婚をする，ではなくて，普通の結婚をする，というようなことが自身の課題として立ち上がるときに何が起きているのか。それは，結婚を現実的な選択肢として考えるということだけでなく，あらゆる行為が「普通の結婚」へと向かっていくことである。これがヴァルシナー（2007）がいうところの促進的記号（Promoter Sign）である。結婚するということではなく，「普通の」という修飾があることによって，結婚の仕方にある程度の幅が存在するということも明確になっている。再度誤解をおそれずに単純化すれば，本人が28歳で子連れの40歳男性と結婚するというのは，1980年代の20歳代未婚女性にはあり得ない選択肢であった。記号が発生することは，個々の逸脱事例を示すわけではない（「普通の結婚」の範疇にない結婚のあり方をとくに意識するわけでもない）にもかかわらず行為の一定の幅を示すのであり，だからこそ単なる記号ではなく促進的記号と呼ぶのである。
　「普通の結婚」という記号の発生は，手続きが明示されるというわけではない。普通の結婚をしなかった場合のサンクション（制裁措置＝親からせかされるとか世間の目が冷たいとか）も含めて結婚をするように導くのが促進的記号なのである。「普通の結婚」という記号が発生した後には，多くの知識や行動がほかならぬ自分自身の普通の結婚のために動員されることになっていく。それまで理由をつけてお見合いを断っていた人が，「今度はお見合いしてみようかな」と言う／言わされることになるとき，促進的記号が作動している。

促進的記号

非可逆的時間

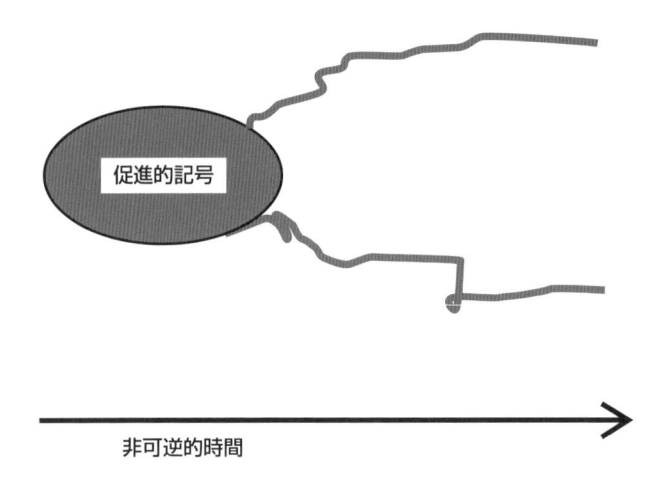

図 4-3　促進的記号

　図 4-3 は，ヴァルシナー（2007）による促進的記号の図示である（──▶は非可逆的時間）。この図において，二つの曲線の間の領域が促進的記号によってガイドされる領域を示している。
　では，個々人の行為と記号との関係をどのように考えればいいのだろうか。

3　発生の三層モデル──メゾジェネシスあるいは記号が発生するということ

　ヴァルシナー（2007）は発生の三層モデル（Three Layers Model of Genesis；TLMG）を用いて文化・記号・人間の行為，を総合的に理解・説明しようとする。三層モデルを用いた具体的研究は次節の松本の研究で示されるが，ここでも簡単に説明しておく。
　図 4-4 の点線の部分はドイツ語「Aktualgenese」であり，あえて日本語訳を作れば「実＝現」である。個々の行為が発生するという意味でマイクロ・ジェネティックなレベルである。私たちはさまざまな行為・思考・感情をもつが，多くの場合は，かなり自動的なものになっている。
　一方，第三層（図 4-4 の一番上）は，価値観・信念・習慣などの維持を

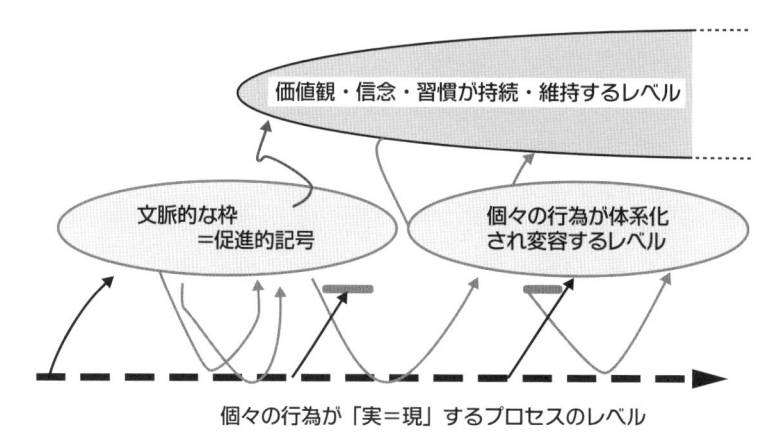

第4章　概念の豊富化と等至点からの前向型研究　99

図4-4　発生の三層モデル（TLMG）における三つのモデル

担う層であり，個体発生的なレベルである。価値観は滅多なことでは変動しない。第一層で日々行われる行動や感情や思考が第三層を揺さぶることはない。たとえば，ある種の思想信念を持つ人（たとえば死刑制度に賛成）も，自分の先輩・上司・教師が死刑廃止論者であれば，その人と一緒にいる限りは，「死刑廃止は世界の流れ」と言われて相槌を打ったりするかもしれないが，それが自身の考えの変容を引き起こしたりはしない。

　マイクロ・ジェネティックなレベルにおける個々の行為が，個体発生レベルでの変化に結びつくとすれば，その中間の層なのだ，と考えるのが発生の三層モデルである。メゾ・ジェネティックなレベルである。先の例であれば死刑廃止論に相槌を打つのは，上司との会話という文脈で働く促進的記号によるところが大であり，考えに賛同したり価値観を変えたからではない。しかしその人が，真犯人が判決後に現れるような冤罪事件の存在を知ったり，自身が裁判員として判決を下さねばならない（日本では2009年5月までに施行）ということが実感されてくれば，「自分が言い渡すものとしての死刑」という記号が発生し，それが促進的記号として，自身の思考・行為のまとまりを変容させるということが起きるかもしれない。これまで表面的に相槌を打っていた上司の話をもう少しまじめに聞いて考えてみるとか，冤罪事件の報道を詳しく読む，などのように，個々の行為がオーガナイズされ，変容していくのである。これは架空の例であ

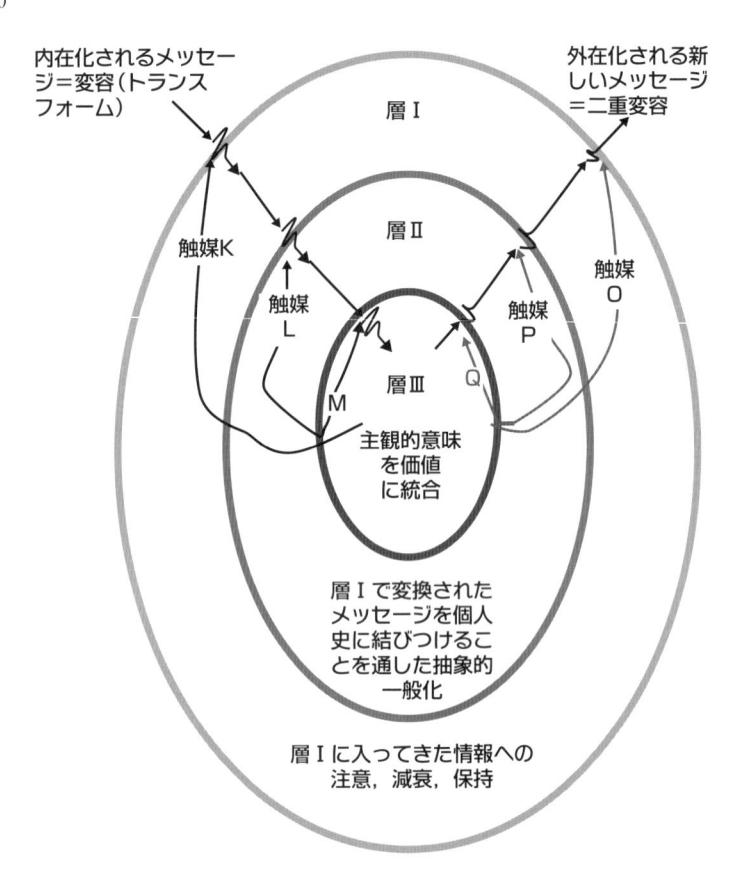

図 4-5　内在化／外在化の層化モデル

るから，こうした変容が個体発生レベルの価値観を変えることも変えないこともありえる，という結末にしておくが，いずれにせよ，思考や行為のまとまりを再統合して指揮するような記号が発生するとしたら，それはメゾ・ジェネティックなレベルなのである。

　図 4-5 は仮説的な三層を上から見たイメージである。層と層（レベルとレベル）の間にはある種の膜が想定されており，その膜を透過することで，個々の行動がオーガナイズされた行為となり，個人の信念・価値観になっていくことを示している。これは自動的に流れていくものではなく，さまざまな変容が起きていく。なお，図 4-4 において時間の流れは左から

右であるが，この図 4-5 においては左上から中央へ，そして右上へと流れていることに留意されたい（時間の流れを直線で描く必要はない）。

　発生の三層モデルによって，時間の流れにおける個人の発達のダイナミズムを説明できるようになった。この点については次節の研究で見ていく。

（サトウ　タツヤ）

第 2 節　「大切な音楽」を媒介とした少年受刑者の語りの変容と意味生成の過程

1　はじめに

　これまでの HSS および TEM に関する研究は，インタビューによる個人的経験の回顧的な語りを中心に行われてきたが，ここでは，非行臨床の場における継時的な参与観察による事例を発生の三層モデル（Three Layers Model of Genesis; TLMG）と照らし合わせることにより，筆者の実践事例である少年受刑者の矯正教育の場において見られた語りの変容と意味の生成について考えてみたい。

2　少年受刑者の背景

　平成 13（2001）年の少年法改正により，被害者が死に至るなど重大な非行を犯した少年の場合は，犯行時 14 歳以上であれば刑事裁判を受けることとなった。さらに，平成 19 年には「おおむね 12 歳以上」へと対象年齢が引き下げられた。それぞれ独自の経緯を経て犯罪行為に至るが，検挙された少年のうち，家庭裁判所から検察庁へ逆送されて刑事処分となった者は，平成 18 年家庭裁判所終局処理人員 11 万 5,718 人に対してわずか 0.3％である（平成 19 年版『犯罪白書』）。したがって，刑事処分となり全国に 8 箇所ある少年刑務所に収容された少年は，非行・犯罪少年という限られた人びとのなかでもさらに非常に特殊な径路をたどった人たちで

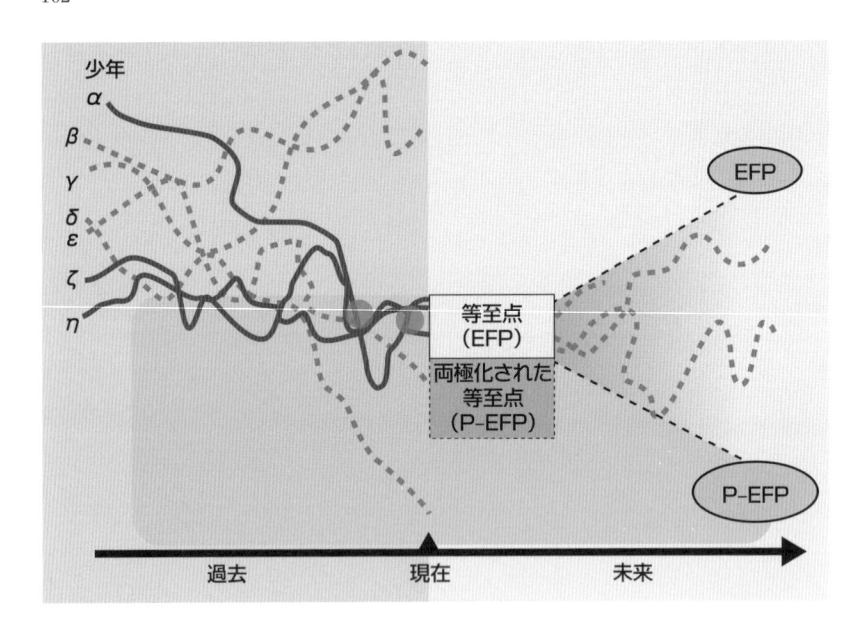

図4-6 歴史的構造化サンプリング

ある。ただし，これらの少年たちの特殊な径路もまた，その発達過程において，社会的文脈のなかで形成されてきたものであるということも軽視できないであろう。本節では，当該少年刑務所の少年教育のひとつとして音楽療法を体験するという経験を等至点として設定する（図4-6）。そして，この等至点から始まるグループのなかの少年受刑者の事例について紹介していく。

3 非行臨床の場における矯正教育

2008年現在において，非行少年の抱える問題に質的変化が見られ，それらの変化への対応が非行臨床における課題となっている。すなわち，「人に対する思いやりや人の痛みに対する理解力や想像力に欠ける」「共感性やコミュニケーション能力の欠如からくる対人関係の希薄化」「自分の感情をうまくコントロールできない」といった非行少年の感情・情緒に関する資質面での質的変化への対応が課題とされている（平成17年版『犯罪

白書』)。生島（2002）は，保護監察官をはじめとする非行臨床の現場における実務に携わってきたなかで，非行少年が他者への痛みの共感性に乏しく，思いやりに欠けるのは，自分自身の傷つきへの"気づき"そのものが欠如しているのでないかという視点に立ち，しっかりと傷つき悩みを抱えるまで成長を図る働きかけが，非行臨床において重要な目標であることを強調している。

これらの課題にむけて，非行や犯罪への反省を促すにとどまらず，豊かな共感性や自らを振り返る力を育てることにより被害者の痛みに共感できるよう，さまざまな心理療法的手法を採り入れた指導が行われてきた。具体的には，少年個々の心理的問題にとりくむ個人心理療法や，家族療法ならびに集団心理療法が並行して行われ，心理劇，内観療法，ロール・レタリング（役割交換書簡法）など，多様な心理療法的アプローチが活用されている。さらに，受刑者の人権を尊重しつつ適切な処遇を行うために，100年ぶりに監獄法が改正され，平成18年5月から「刑事施設及び受刑者の処遇等に関する法律」として施行された。この新法成立により，すべての受刑者に対して改善指導や教科指導を受けることが義務付けられるなど，受刑者の処遇における心理療法的アプローチの重要性がますます高まってきている。

しかし，一方では，問題を回避しがちな傾向や援助への動機づけの乏しさなどから，非行少年への心理療法は困難であり，基本的に「悩んでいる」クライエントを対象とする心理臨床一般の理論をそのまま適用しても効果的ではないことが指摘されている（藤掛 1994，生島 1997）。

河野（2003）は，非行を「青年期において行動化された，病理的自己表現の一つ」として捉え，内的世界を言語によって適切に表現することが苦手な非行少年の傾向について述べている。また，過去・現在・未来を分離して捉えているという時間的不連続性についても指摘しているが，筆者がこれまで出会ってきた少年受刑者の語りもまた，事件と自分自身とが切り離され，どこか実感が伴わないように感じられる。

これは，逮捕から裁判までの過程において，犯罪に至った動機が事件の後から意味づけられており，繰り返し語られることによって次第に周囲に了解可能なかたちへと組み込まれ，文脈が固定化されていくことによるも

のではないかと考えられる（水田 1994）。行動は，その時どきの状況，環境，文脈によって大きく規定される（Mischel 1968）という捉え方は，犯罪心理学においても重視されており，犯罪に至るストーリーの文脈（＝コンテクスト）を探ることは，再犯の要因につながる重要な視点であるといえる。しかし，少年受刑者たちが語ってきた犯行ストーリーは往々にして周囲のオトナたち（主として司法関係者）の理解に添った形で意味づけされ，また，それを了解可能な文脈のなかに経験が落とし込まれていくと考えられる。どこか実感のない語りとして再生産されてしまうのは，因果関係を認定した上で処分を決定するという「法的文脈」の影響力が強いからではないだろうか。松嶋（2005）は，非行少年への処遇について，再犯につながる危険因子に着目した因果論的アプローチだけでなく，文脈から捉えたアプローチが必要であると述べている。したがって，非行臨床の現場においては，語りに見られる固定化された文脈をゆるがすための新たなアプローチの確立が必要であると考える。

4　「大切な音楽」についての自己語りの試み

　臨床社会学的立場から野口（2002）は，「語り」（narrative）を「誰かに向かって何かを語ること，および，その語られた内容一般を広く指す」ものであり，思考や行動のあらゆる「関係」が言葉によってつくられ，「語り」によって維持されているとしており，このことから「自己とはセルフ・ナラティブ self-narrative」であると主張している。すなわち，どのような「言葉」を使い，どのような「語り」をするかによって意味は変化し，それに伴って「関係」の有り様は変わってくるのである。またこれとは反対に，意味が固定化されることによる関係の固定化も考えられる。野口（2002）によると，自己語りには，現実理解に一定のまとまりをもたせてくれる「現実組織化作用」と，現実理解を方向付け制約する「現実制約作用」の二つの作用がある。すなわち，自己語りを繰り返すことによって現実との関係に変化が生まれるだけでなく，すでにある自己物語の文脈を補強し，固定化してしまうことがある。このことから，筆者は，繰り返し語られることによって固定化された語りの文脈をゆりうごかすため

には，語り手と聞き手双方に意味生成と変容をもたらす何らかの媒介が必要であると考えてきた。そこで，筆者は，少年刑務所受刑者へのグループ・カウンセリングの場に「大切な音楽」をテーマとした自己語りの導入を試みた（松本 2005，2006a，2006b，2007）。「大切な音楽」についての自己語りとは，「大切な音楽」として一人一曲ずつ選んだ楽曲をグループで聴き，そのエピソードについて語りあう試みであり，大切な人物や出来事について直接語る代わりに，音楽に置き換えた語りである。過去を想起する心的過程を利用する点においては，回想法と共通している。バトラー（Buttler 1963）によって提唱された回想法，あるいはライフレヴューは，過去の記憶を想起して語ることにより，過去の再構築や人格の統合などを目指しており，主に高齢者を中心に適用されている。回想の道具として，過去のさまざまな場面に因んだ写真や日常生活用具，そして音楽が用いられることもある（野村 1998）。一方，「大切な音楽」についての自己語りは，「大切な音楽」から連想される語りであり，過去に規定されず，現在や未来へも視点をおいた多様な語りを目指している。過去の出来事などを回想し，人生の転機について語ってもよいし，大切な人に送りたいメッセージや，好きな音楽，また，アーティストについて語ってもよい。このように，「大切な音楽」を媒介とすることによって，ライフストーリーに規定されない語りが可能となる。そこへ，グループにおける多様な視点が加わることにより，矛盾や葛藤を含みながら対話が変化するというダイナミクスを生み出す。したがって，社会・文化的制約を受けながら人が発達していく過程において，多様な径路の多様性と等至性を記述しようとするTEMの視点を臨床の場に適用することの意義は大いに考えられる。以下で事例の経過について述べる。

5　音楽療法の概要

A　方　法

　少年刑務所において，主に傷害致死など重篤な犯罪を犯した17〜19歳の少年受刑者6人のグループに対し，X年10月〜X＋1年2月までの5カ月間，月2回の頻度で10回にわたって音楽療法を行った。セッション

表4-1 音楽療法のプロセス

回数	内容		
#1～3	即興演奏と楽器（ドラムセット）のアンサンブル		
#4～7	「大切な音楽」についての語り		
	曲名	アーティスト	発表者(仮名)
	#4『あの紙ヒコーキくもり空わって』	19	ツヨシ
	『いつか』	ゆず	ヨシヒコ
	#5『終わりなき旅』	Mr.Children	ジュンイチ
	#6『あの紙ヒコーキくもり空わって』	19	ケンジ
	『ラブレター』	THE BLUE HEARTS	ヒロシ
	#7『See You』	黒夢	マサユキ
#8～10	楽器（ドラムセット）のアンサンブルと話し合い		

は各回90分行い，音楽療法士であるメインセラピスト（筆者）とコ・セラピスト（以下，CoTh）の2人で担当し，施設の法務教官1人がサポートした。初回はグループのメンバーに音楽療法について説明を行い，あらかじめVTR等による記録や筆者らの研究への協力について了解を得た。アセスメントとしては，「大切な音楽」や音楽経験を尋ねる音楽アンケートを行い，質問項目に対するメンバーの記述内容をもとに行った。また，音楽療法の経過については，各回に参加した感想の記述内容とVTRの記録をもとにメンバーの変化について分析した。

B 音楽療法のプロセス

セッション1～3回目は（以下，回数を"#1"のように示す）グループメンバー間の関係づくりを目指し，ドラムセットを用いた音楽活動を導入として採り入れた。その理由は，彼らと同世代の若者が好むジャンルの音楽において重要な基盤となる"リズム"を刻むのに主にドラムが使われており，少年受刑者にとって親和性が高いことが考えられるからである。アンサンブルを通じてグループカウンセリングのための基盤づくりを行った後，セッションの中盤にあたる#4からは，「大切な音楽」についての自己語りとグループにおける話し合いを行った。教官と筆者ら音楽療法士も同様に発表した。このグループの音楽療法のプロセスを，表4-1に示す。

事例の経過を見るにあたっては，グループの変化を特徴づけることとなった少年マサユキ（仮名）の語りの変化に注目し，記述する。なお，以下に記述する各少年の名前は仮名で表記し，語りの内容についても個人が特定されるような箇所については，すべて変更を加えた。

C　マサユキの背景

マサユキはセッション開始時18歳。学歴は中学卒。原家族は父・母・妹2人の5人家族。両親は喧嘩が絶えず，またマサユキは父親から殴られることが多かった。8歳のころから学校でいじめに遭い，11歳で転居するまで続いた。非行歴については，9歳から喫煙，14歳からシンナー吸引を始め（17歳まで），15～16歳頃には暴走行為，さらに18歳で今回の事件（傷害致死）に至った。事件に至った原因については，マサユキ自身が「《喜怒哀楽》という人間のあるべき感情を押し殺し，休む場所・時があったはずなのに，周りを見えずに盲目の状態に自分でしてしまった」としている。

D　グループカウンセリングの経過
a　即興演奏と楽器のアンサンブルによる導入（#1～#3）
#1　即興演奏

セッションの導入として，セッションの中盤から「大切な音楽」についての自己語りを行うため，あらかじめ一人一曲ずつ選び，音楽アンケートに記入することを説明した。また，このグループカウンセリングの場では話した内容で評価されることはないこと，さらに，このグループで話したり聴いたりした内容については，メンバーそれぞれがこの場を離れて実習場（刑務作業をする場）や居室などに戻ってからは話題にしないことを約束し，グループのメンバー全員で共通理解を図った。また，セッションの様子をビデオで記録することとその目的について説明し，施設の外にこの画像が公開されることはなく，記録を活用して研鑽を積むことで今後のセッションに役立てることを伝えて，グループから了解を得た。

次に，音楽活動としては，ほとんどが初対面同士であるグループのメンバーが互いに知り合うための導入的活動として，楽器によるアンサンブル

を行った。内容は『Morning Breeze』（作曲：丹野修一）という器楽曲をベースにした即興演奏である。

　まず筆者がピアノの伴奏で始め，CoThがGメジャースケールによる旋律をアルトサックスで即興的に入れることを誘い水として，グループメンバーは個々に選んだ楽器を思い思いのタイミングで鳴らし始めた。マサユキはトーンチャイムを選び，時々鳴らしている様子だったが，他のグループメンバーの音に溶けこみ，ほとんど目立たなかった。

　マサユキは，この回の感想に「最初は緊張してしまい，ちょっとぎこちなかったけれど，だんだん慣れて，自分から楽しむようになった。いろいろ頭の中でイメージすると，その音楽がよりいっそう楽しくなることを発見しました」と書き，「今日，初めて音楽療法というのを受けました。始めは，何をすればいいか分からずぎこちなかったけれど，だんだん自分から楽しむことができて，音楽の楽しみもわかったし，いい気分転換になりました」と振り返った。

　初回のグループメンバーは全体的にやや落ち着きがなく，複数のメンバーが同じタイミングで話し始めたり，互いの力関係を探っているようなやや緊迫した雰囲気が伝わってきた。このようにせめぎあうグループのなかでマサユキは繊細でおとなしく感じられた。

#２～#３導入：楽器によるアンサンブル

　#２～#３の音楽活動としては，楽器によるアンサンブルを行った。これは，最初にドラムセット（スネアドラム，ハイハット，ライドシンバル）で４ビート・８ビート・16ビートという基本的なビートの演奏をメンバー全員が体験した後，順番にドラムの前に座り，それぞれのリクエスト曲を演奏する活動である。なお，ThとCoThは，キーボードとアルトサックスでメンバーのドラム演奏を支えた。マサユキはグループの中で最初に２種類のリズム打ちを非常に安定したテンポで演奏することができたため，CoThがほめると，照れくさそうな表情を見せてうなずいて席に戻った。この回の感想として，マサユキは「念願のドラムが打ててうれしい」「僕よりうまい人がいたけれど，僕のことをほめてもらえてうれしかった」と書いて喜びを表した。このことをきっかけにして当初からあまり目立たず，グループにおいて比較的おとなしい存在であったマサユキが，ドラム

演奏で積極性を見せ，生き生きと取り組む様子が見られるようになった。

一方，グループのなかでは明るくふるまうヒロシが当初から目立っており，他のメンバーはヒロシの冗談によく笑い，それなりにヒロシを受け入れていた。しかもヒロシは，マサユキが冗談を言うと受け流したり，マサユキの発言にかぶせるように話を入れて邪魔しようとすることが時々あった。このことについてマサユキは「なめられているような感じがする」「次はリベンジしたい」と感想に書き，ヒロシの態度に対して不快感を示した。もっとも，このほかにもマサユキは自分の言動を振り返り「無駄なことをしゃべりすぎる」と反省したり，ドラム演奏については「もう少し難しいのを教えてもらいたい」と書くなど意欲をみせてはいた。

b 「大切な音楽」についての自己語り（＃4〜＃7）

＃5 「大切な音楽」の自己語り：マサユキの初めての発言

この回は，ジュンイチの「大切な音楽」である"Mr.Children"の『終わりなき旅』をグループメンバー全員で聴いた。ジュンイチが今回の事件で拘置所に収容され，かなり精神的に参っていたとき，ラジオでこの曲を聴いて励まされて以来，とても大事な曲になったというエピソードを語った。

ジュンイチの発表が終わり，話し合いに移った時点で即座に手をあげたマサユキを，発表者ジュンイチが指名したため，初めてマサユキがグループ全体に向かって発言することができた。

> マサユキ：この曲を誰に捧げたいですか。
> ジュンイチ：自殺を考えているすべての若者に捧げたい。
> マサユキ：このなかで自殺を考えたことがある人（ジュンイチを含めて4人が挙手）。拘置所にいるとき，自殺しようと思った。このとき，この曲を聴いて支えられたから……。

そこで，筆者が理由を尋ねると，マサユキは自らが招いた事の重大さに改めて気づき，自殺を考えたと語った。それを聴いていた他のメンバーも共感を示した。マサユキの発言によって，それぞれの事件について考える初めての機会がグループにもたらされた。

また，「大切な音楽」についての自己語りを始めた＃4から，マサユキ

の感想の記述内容に変化が表れてきた。「洋楽でも，邦楽にしても，人それぞれ思い入れとかがある」（＃4）「同じ音楽でも，人それぞれ経験してきたことが違う」（＃5）というように「人それぞれ」という表現がよく見られるようになり，マサユキは「大切な音楽」について他のメンバーからさまざまな自己語りを聴くことによって，同じ曲でも一人ひとり思い入れが異なっていることを実感したようだった。＃5は「大切な音楽」の自己語りが終わってから終了時間まで，グループメンバーの希望によりドラムの演奏を行った。このときの感想のなかで，マサユキは「人それぞれ，同じ曲でも丸かったり尖っていたり」と音楽に違いがあることを発見し，これを「音楽に型は無い」と表現した。以上のようにマサユキは，他のメンバーの自己語りとドラム演奏というふたつの体験から，音楽の表現や思いには「人それぞれ」差異があることを認識した。

＃6　マサユキとヒロシの対話のはじまり

・大切な音楽：

この回はヒロシが「大切な音楽」として選んだパンク・ロックバンド"THE BLUE HEARTS"による『ラブレター』を選び，次のように語った。

> 今まで唯一買ったＣＤで，ブルーハーツは激しい曲が多いのに，この曲だけやさしい感じがして一番心に残っている。この曲を聴くと，中学2年生のころの自分を思い出す。このころ，学校にはちゃんと行ってたけど，学校の人間関係がうまくいかずに友達とも全然離れていて，学校には行きたくなかった。放課後や休み時間は，このＣＤをずっと聴いていた。

このようにヒロシは，中学校時代の対人関係のつまずきについて語り，さらにそれ以降は対立を避けるために気持ちを抑えてきたという自分について振り返った。そして，結局は抑えきれずに，集団リンチという取り返しのつかない事態にまで発展したことを語った。

それまで，マサユキはヒロシと他のメンバーとのやりとりには入らず黙って聴いていた。しかし，ここで思い切ったようにヒロシに質問した。

マサユキ：新しい発見ありましたか，いま聴いて。
ヒロシ：……。
マサユキ：前にここはよかったと思っていたところはあるだろうけど，今聴いていいと思うところは？
ヒロシ：……歌詞も好きだけどメロディーが好きなんで。どこが好きというと全体に流れがすき。

このように，マサユキの質問にはじめは答えなかったヒロシだが，マサユキが少し内容を変えてふたたび質問すると，ようやく答えた。マサユキは，「『ラブレター』とか『あの紙ヒコーキ』とか，懐かしいなと思いました」とこの回についての感想を書き，ヒロシの「大切な音楽」をマサユキ自身の過去とだぶらせながら聴いていたことを示した。さらに，「簡単でみんなが知っているグループとかの人の曲をドラムで叩いてみたいです」と希望を述べた。このように，マサユキのなかで，個人的なドラム演奏の上達という当初の目的から，他者との音楽の共有へと，音楽活動に求めるものが変化した。

#7　マサユキの「大切な音楽」と自己語り

マサユキは，「大切な音楽」として選んだ"黒夢"の『SEE YOU』について発表した。まずCDを流すと，ハードロックの激しいリズムによるイントロが始まり，それとは対照的に，カリスマ的な男性ボーカルによる叙情的な歌が続く。サビのところでは，「愛しさに〈サヨナラ〉言うよ See You Again」と恋人への別れの言葉がメロディックに何度も繰り返され，せつなさが伝わってくる。マサユキは「大切な音楽」を最後まで聴いた後，語り始めた。

　　この曲の歌詞が気に入っている。捕まったころにつきあっていた彼女のことを思い出す。施設に移った当初は家族以外の面会は許可されなかったため，親を通じて彼女にこの曲を贈った。これまで親をはじめ誰にも感情を出さずに押し殺していた自分にとって，初めて感情を出すことができたのが彼女であり，彼女のためにがんばりたい。

マサユキの「大切な音楽」についての自己語りが終わると，初回からこの時までマサユキとはまともに対話しようとしなかったヒロシが，はじめて口火をきった。このときのマサユキとヒロシの対話を次に示す。

① 語りのテーマ1　大切な人との関係について

　　ヒロシ：俺は一年近くつきあって捕まったんですよ。俺はマサユキ君と同じこと考えた。自分が外にいなくて，ここに"俺"という存在があるもんで，彼女が，俺が外にいるよりも更に離れていることでかなり束縛してしまうと思って……。とりあえず自由になってほしかった。
　　　　　そりゃあ，無理あるけど。顔をみてじっくり話し合って別れたわけではないから。マサユキ君の苦しさも分かるし。
　　マサユキ：俺は別に苦しくなかった。信じてるし。
　　ヒロシ：不安で苦しいから，その歌になったんじゃないの？　じゃなかったらさ，その歌は出てこないと思うけどさ，違うか？
　　マサユキ：そりゃあ苦しくても幸せやなと思ったけど。
　　ヒロシ：本当は別れた方が辛かったけど……。マサユキ君が別れないでつきあっていこうという気持ちに踏み切れたのも，その，まぁ……。
　　マサユキ：この曲は，自分と彼女とが楽しいときも苦しいときも一緒に味わえた。でも，今は完全に離れているから，万一彼女が苦しんでいるかもしれない。それでも完全に離れたままで，それでも待っていてくれるならと，この曲を自分の代わりに贈った。
　　ヒロシ：彼女に贈ったんですか。手紙と一緒に？　この曲を贈ったこと自体が決別としてとられたりしないのかな。

はじめに「苦しさも分かる」とマサユキへの共感を示そうとしたヒロシに対し，マサユキは「苦しくない」と反論した。しかし再びヒロシが「不安で苦しいから」その歌に思いを託したのではないかと問いかけることにより，マサユキは「苦しくても幸せやなと思ったけど」と認め，「苦しさ」

と「幸せ」という異なるふたつの感情を示した。次に，「本当は別れた方が辛かったけど……」と口ごもるヒロシに答えるように，マサユキは，「楽しいときも苦しいときも一緒に味わえた」という彼女に対して，今は会えなくても，彼女が苦しいときに自分の身代わりとなるように，この曲を贈ったと説明した。これに対してヒロシは，「大切な音楽」を贈ることで，「この曲を贈ったこと自体が決別としてとられないか」と問いかけ，歌詞や曲名が意味する内容と，マサユキが伝えようとしたメッセージとのずれを指摘した。このように，マサユキとヒロシは曲に対する思いのずれについて話し合ううちに，マサユキが彼女との別れの辛さについて認め，マサユキとヒロシとの間で共感に基づく対話が生まれた。

 その後，マサユキは過去をふりかえり，「キレる」自分と「夜尿症」というマサユキ自身が抱えてきた出来事についての話題へとテーマが移っていった。

② 語りのテーマ2　事件当時の自分（もうひとりの自分）について

 マサユキ：小学校の時，初めてキレた。俺はいじめられとって，キレて，いじめとったやつをボコボコにして一日中殴って……，親父が謝りに行った。
 　中学校になると「そのうち人殺すぞ」って言われて……。親に言っても殴られるし，他の人に言っても馬鹿にされるし……，精神的に駄目になってきて……。
 　夜尿症が小学校から止まらなくて，病院に行っても，薬貰っても治らなくて，原因が分からなくて。何回トイレに行っても止まらなくて……。
 ジュンイチ：キレたら止まるの？ 急にキレるの？ 自分では分かるの？
 マサユキ：キレて，むこうが手を出してくるなと思うと，こっちも出してしまって。相手が血だらけになって。
 マサユキ：自分が気づいたら，ボコボコにしてた。顔がツヨシ君みたいな細い顔だったのが，それが全身紫色で顔が3倍くらいの大き

さになってた。多分，自分には止められへん。もう一人の自分がおって，もう一人の自分が勝手に動いてる。
ジュンイチ：あぶない。
マサユキ：今回（の事件）ももう一人の自分がおって「何かやってるわ」って。止めたくても止まらんし痛みも何も聞こえないし，何されても分からない。だから中学校の時も5～6人で囲まれて，気づいたら病院に行ってた。

マサユキは，このように事件当時の情景について生々しく語り，そばで見ていたという「もう一人の自分」について語った。

③　語りのテーマ3　虐待について

マサユキ：今までは事件（犯罪）と言われてるけど，よく我慢できたね，すごいねって皆に同情される。その苦しみとか辛さを自分で抱え込んで……本当に。親父に殴られて，蹴られて灰皿投げられて，家から追い出されて戻ってもまた殴られて。自分が悪いと思ってた。今考えればはっきりと虐待と思う。
ヒロシ：ここまでやったら虐待だ，という定義があるんじゃなくて，本人が虐待と感じるところまでやったらそうなんじゃないの？マサユキ君がどう感じたか。
ジュンイチ：今，どう思うかやろ。
マサユキ：今は虐待やなと思うけど。
ヒロシ：じゃあ，虐待や。
ヨシヒコ：今までは，たまってた部分を表に出されへんから一気にキレてしまったやん。でも今は，親とかいろんな人とかに話してるやん。自分の事とか，たまってる事を。相手に自分を表せることになったやん。すごいそれはマサユキ君にとって，変わったことちゃうかな。

このように，過去の出来事について語ったマサユキに対し，ヨシヒコ

は，たまってた部分を表に出せず一気にキレてしまった「過去のマサユキ」と，自分を表せる「現在のマサユキ」との違いを語った。マサユキは，この回の話し合いについて，「話しているときは辛かったですが，少しは楽になった」と感想を書き，さらに，「話し終わった後，とても空気が重かったです。重くならないようにと思ったのですが，やはり無理でした。今日また一つ成長したかなと思いました」と振り返った。さらに他のメンバーに対して，「ぼくのことをいろいろ考えてくれているんだなーと思った」と初めて感謝の気持ちを示した。このようにマサユキは，「大切な音楽」についての自己語りを通じて，他者から受け止められたことを実感することができた。

#9 リクエスト曲の演奏

この回は，前回リクエストのあった THE BLUE HEARTS の『青空』，BEGIN の『恋しくて』，チューリップの『青春の影』などをドラムで演奏し，一緒に歌った。そして，最後には，ヨシヒコのドラムで GLAY の『HOWEVER』を演奏者以外グループ全員が大声で歌った。歌が終わると，ジュンイチが「ぼくらはじめて一つになったね」とつぶやき，マサユキがすかさず「楽しかった。また歌いたいね」と同意すると，ヒロシも「気持ちよかった」と答えた。

この回の活動の感想としてマサユキは，「歌うことがこんなに楽しいものだとは思いませんでした。とても歌うことが楽しく，いろんな性格を持った人が一曲であんなに一体になれることができるとは思いませんでした。改めて音楽の《力》に驚かされました。もっと歌いたいと思いました」と書いた。

#10 最終回の話し合い　テーマ：「人を幸せにするとは」

最終回では，「人を幸せにする」ことについてヨシヒコがテーマを提案し，話し合った。

　　ヨシヒコ：ぼくという人間がいるじゃないですか。そのまた，喜ぶ人もいるんですけど，（自分の）存在が，いろんな人に幸せを与えるような人間になりたい。誰にでも……。
　　ヒロシ：人を幸せにするには，自分が幸せにならないと。自分も人も

幸せにするのが本当に幸せ。多分相手がどう思うかはわかりにくい。自分が幸せという状態で相手からおせっかいと思われているならそれはそれでしょうがない。
筆者：「(自分が) これだけ無理してるから」という気持ちがあると相手におせっかいと思われるのかもね。
ヨシヒコ：「してあげてる」のじゃなくて。
マサユキ：喜怒哀楽はだせるようになったけど，3歳くらいのときから自分の感情を殺してた。
ヒロシ：多かれ少なかれ，(誰もが) 感情を殺して生きている。
ケンジ：ぼくはそのままで自由に生きてる (笑)。
ヨシヒコ：感情は誰でもそりゃあ押し殺すよ。(感情を) とどめるというのは誰でもしてる。
マサユキ：人を幸せにするのは自分の感情を大事にすることだと思う。

このように，幼いころから感情を押し殺してきたというマサユキに対して，他のメンバーもヒロシとともに自らのことと照らし合わせながら語りあった。そして最終的にマサユキは，人を幸せにするとは自分の感情を大切にすることであるという結論に達した。

6 考察

A 語りと対話における意味の生成と変容

ここでは，本事例の経過から見られた語りと対話における変化と意味の生成について考察する。初回からグループメンバー相互において緊張関係が認められ，グループをリードするヒロシから疎外されがちであったマサユキは，「なめられているような感じがする」「次はリベンジしたい」と否定的な感情を感想に記述していた (#3)。つまり，マサユキにとって，このころのグループは安全な場ではなく，対等で自然な対話をすることが難しい状況にあったと言える。このようなマサユキとヒロシの間の関係が変化したのは，マサユキが「大切な音楽」についての自己語りを行った場

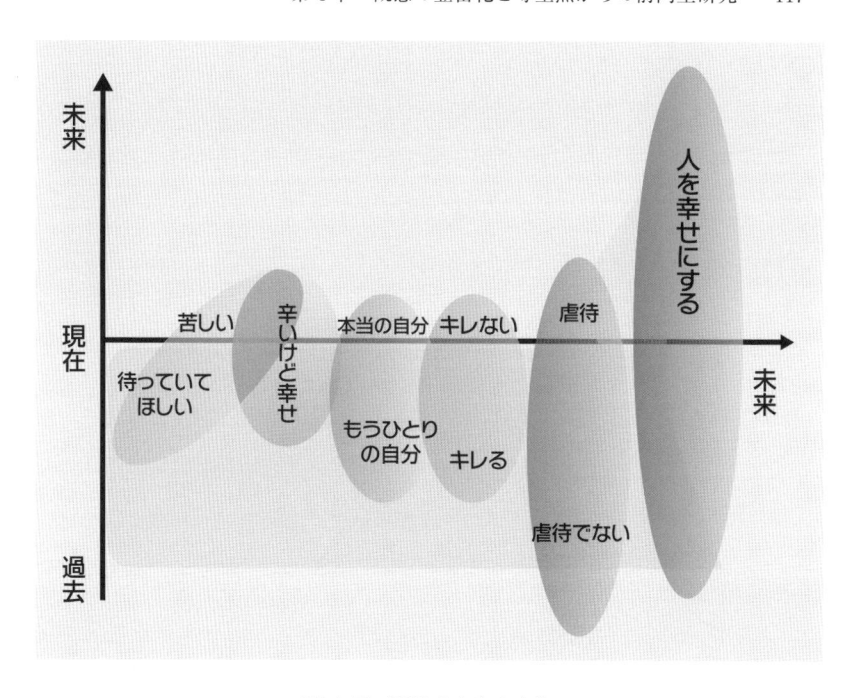

図4-7 語りの内容の変化

面においてである。彼女に「待っていてほしい」というメッセージを「大切な音楽」にこめたマサユキと，歌詞の意味から別れのメッセージとして捉えたヒロシとの間の視点の違いによって意味のずれが生じ，対話が始まった。このときの語りを，語られた出来事の時間を縦軸に，臨床の場に流れている時間を横軸として表すと図4-7のようになる。

　まず，語られた出来事の時期（図の縦軸）をみると，マサユキの語りは「逮捕直前」→「幼い頃」→「小学生の頃」というように，時系列とは関係なく時間の流れを前後しながらいくつかの時点の間を移行している。森岡（2008）は，時間的あるいは空間的に異なる領域の事象をつなぎ，それによって新たな現実を作っていくことがナラティブの主要なはたらきの一つであると指摘しているが，事例の経過においても，一見，脈絡のないいくつかのエピソードが連なるように語られており，このことによって新たな意味が見出されてくるのである。

次に，マサユキの語りとグループの対話における意味の変化について考える。当初，「彼女と別れる／別れない」という異なる選択肢を選んだマサユキとヒロシだったが，恋人と別れる辛さに耐えてきたヒロシが，マサユキに共感を示そうとした。しかしマサユキは，「苦しくない」と否定した。その後，「大切な音楽」の歌詞が，別れを意味することをヒロシから指摘されたマサユキは，ヒロシと同様に現在は会えない状況による「苦しさ」に気づき，さらに，楽しいことや辛いことをともに乗り切ったからこそ彼女が大切な存在となっていることに気づいた。そして，マサユキは「つらいけど幸せ」だったというアンビヴァレント（両値的）な感情を表すに至ったのである。すなわち，「苦しい」（A）と「苦しくない」（非A）という二つの項が，マサユキにとっては相容れない関係にあったのが，マサユキとヒロシとの対話によって，「苦しくもあり，幸せでもあった」（Aにして非Aでもある）という意味へと変化したのである。

　その後，話題は事件当初に出現したという「もうひとりの自分」へと移り，さらにそのような事態をひきおこす原因であるとマサユキが考える父からの暴力のことへと移った。そして父からの暴力が「虐待」か「虐待でない」かといった話題に至った。ここで重要なのはグループのメンバーにより「虐待であったか，虐待でないかではなく，今どう思うかによる」という結論に達したことであろう。すなわち，「虐待である」（A）か「虐待でない」（非A）かの境界はなく，「虐待か虐待でないかのいずれも真ではない」（Aでもなく非Aでもない）という結論である。「A／非A」という異なる意味が並べ置かれる対話の場は，さまざまな意味の変化をもたらす緊張をはらんだ創造的な場であると言える。

　ブルーナー（Bruner 2002/2007）は，弁証法的対話を生み出すことは法廷や臨床の場そして文学作品の役割であり，文化そのものの活力となっていると述べている。マサユキが「大切な音楽」を媒介としてストーリーを語ることにより，それを聴くグループの他のメンバー個々のなかにも多様なストーリーが生まれ，互いに異なるストーリーをつき合わせながら交渉しあう過程は，まさに新たな意味を生み出す弁証法的対話であるとも考えられる。

　さらに言うならば，マサユキが「大切な音楽」を通じて語ったのは，過

表 4-2　対話における意味の変化

A	苦しい　彼女と別れる
非 A	苦しくない　別れない
A にして非 A でもある	苦しいけど幸せ
A でもなく非 A でもない	虐待か虐待でないかは、今どう思うかによる 人を幸せにできるかできないかはわからない

去の重要な他者の"イメージ"であり，そこには唯一の真実というものは存在しない。つまり，「大切な音楽」という枠組みによって，ひとつの音楽から生まれる"人それぞれ"に異なった意味とは，"白"か"黒"のどちらかといった弁証法的二項対立ではない。どこからが黒でどこからが白なのかという境界が曖昧な灰色のグラデーションになっているのである。したがって，対話において，それぞれに異なるイメージが互いに打ち消されることなく並ぶことができるのである。すなわち，「A か非 A か」という二項対立的ではない，柔軟で多様な語りが生まれたと言える（表 4-2）。

　ここで，「大切な音楽」を媒介とした語りの中に生じる A と非 A との関係について考えるために，木村（1997）による調性音楽の比喩を挙げる。木村は，構成するすべての音は，それぞれが他の音との関係を「内在」させ，その音自身が他の音との境界であることによってはじめて，音楽全体のなかでしかるべき位置と意味を与えられるとし，A 自体は，A の差異もしくは関係であり A と非 A との境界であるという「非アリストテレス的」な論理のかたちで表現することができるという。「非アリストテレス的」な論理のかたちとは，ハイデガーの「存在論的差異」の構想のなかで，「存在それ自体」と「存在者」との差異こそ「真の存在」だと考えた存在論的な構造と同型なのである（木村 1997）。

　このような「A と非 A」の境界は，過去・現在・未来という時間の流れのなかにもある。かつて，いじめに遭うと，キレて数人の相手を殴ってしまったと言うマサユキが，今では押し殺してきた感情を表に出せるようになったという変化を他のメンバーから指摘され，グループのなかで新しいマサユキのイメージが生まれた。このイメージは，過去のマサユキが変

化しながらも現在のマサユキに至り，さらに「人を幸せにするために，自分の感情を大切にする」という将来のマサユキの自己像へとつながっているのである。

　このような新たなマサユキ像をグループのなかで生み出すことができたのは，媒介となった「大切な音楽」がもたらす意味作用によるものである。これは，換喩的意味作用であると考える。換喩とは「あるひとつの現実Xを表す語のかわりに，別の現実Yを表す語で代用することばの綾であり，その代用法は，事実上または思考内でYとXとを結びつけている近隣性，共存性，相互依存性のきずなにもとづくもの」（佐藤 1992）であるが，「大切な音楽」と「大切な出来事」とは，過去のある場面において共存していたという事実関係によって結ばれており，これら二つの項にはあらかじめ意味の類似は見られない。したがって置き換えられた「大切な音楽」をグループ内で実際に聴き，語りを聴くことにより，複数の聴き手が想起したそれぞれの意味との間や，語り手の意味との間に「ずれ」が感じられ，緊張感が生まれるのである。したがって「大切な音楽」を聴くことは，単に受動的な行為のみならず，自己のなかで対話しながら意味をつくりだす能動的かつ創造的な活動である。「いま，ここ」で「大切な音楽」とその語りを聴くことは，グループにおける共通体験となり，この体験を基盤とすることによって豊かな意味の連関がもたらされるのではないかと考える。

B　発生の三層モデル

　以上の経過から，非行臨床の音楽療法の場において，「大切な音楽」の自己語りを用いることにより，固定化された語りの文脈にいきいきとした動きがもたらされた。その結果，「敵／味方」すなわち「A」か「非A」かというかつての少年受刑者たちが抱いていた意味世界が「Aにして非Aでもある」あるいは「Aでもなく非Aでもない」という曖昧かつ多義的な意味へと変化した。こうした意味の変容過程を発生の三層モデルと照らし合わせてみると図4-8のようになる。全10回の活動を経て，自然発生的に生まれた「人を幸せにするとは」というテーマは，われわれにとって共通かつ究極の願いの一つである。グループは当初「敵／味方」

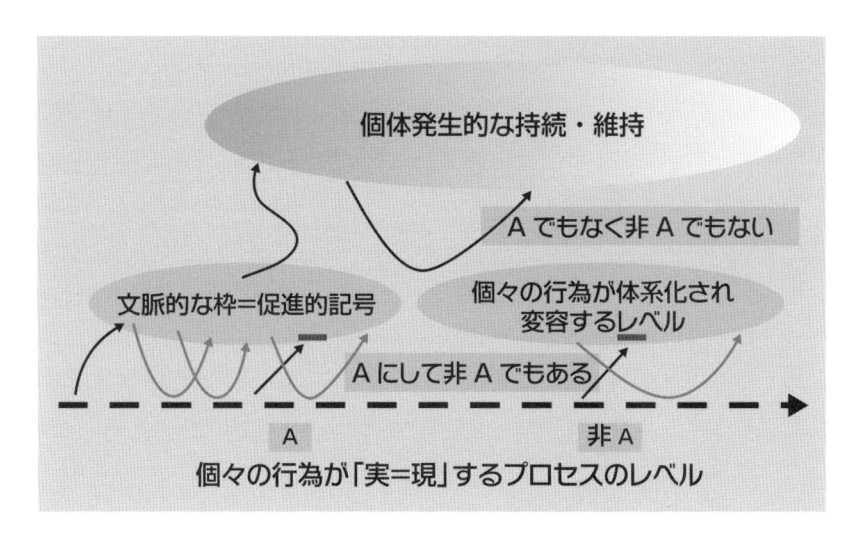

図4-8 発生の三層モデル（TLMG）

といった固定化された関係にあった。このような関係を基盤とする準拠集団の文化の影響を受けつつ意思決定を積み重ねてきたなかに，反社会的行為も含まれている。さらに，これらの行為は法的文脈や世論といった周囲からの影響によってそれらの意味が固定化されてきたが，一方で，周囲や自分にとっても受けいれがたい否定的な出来事や感情については，「もう一人の自分」として自己の認識の枠外へと切り離してきたと考えられる。これらの行為は，図中の個々の行為が「実＝現」（PROCESS OF AKTUALGENESE=microgenesis＝マイクロジェネシス）するプロセスのレベルにあたる。そして，「大切な音楽」を媒介とすることによって，語りの文脈をゆるがし，互いの意味の差異が差異のままの状態で並べ置くことが可能となったのである。これらの過程が図中の中間の層である「個々の行為が体系化され変容するレベル（メゾジェネシス）」である。この過程において，マサユキとヒロシが語った彼女とは，それぞれ互いにとっての彼女のことであり，現実の状態を確認することはできない曖昧な他者のイメージである。これらのイメージを通してネガティブな感情やアンビヴァレントな感情を受け入れるに至った。また，その後，自らの感情を受け止め，表せるようになったという新たなマサユキのイメージとは，「人

を幸せにする」という理想に近づくためにグループ全体で生み出された更生の自己像であると言える。このイメージの実現に向かうことが、「<u>個体発生的な持続・維持（個体発生レベル）</u>」の段階にあると考えられる。グループにおいて、感情を大切にするということへの気づきの過程のひとつに、ネガティブな感情への直面化が挙げられる。虐待という外傷的な出来事も、自己の捉え方次第で変化するというように、コントロール可能で建設的な出来事として捉えなおすことによって、過去の未解決の出来事にひとつの折り合いをつけることができたのではないだろうか。このように、過去と未来が現在のなかに採りいれられ、それによって時間が一本の連続した流れとなることで「歴史」となる。そして、「人を幸せにする」というテーマは、まさに未来へとつながるものなのである。

（松本　佳久子）

第5章
方法論に関する問いかけ

第1節　サンプリング論とHSS

1　心理学におけるサンプリング

　心理学の実証研究において，サンプリングのあり方は，研究結果の正当性を保証する要ともなるものであり，心理学研究法の専門書にこのことばが出てこないことはまずないだろう。

　一般に，サンプリングというとき，より大きい世界から一部を取り出して，取り出した一部の情報から今度はその逆にもともとの大きい世界を想像することや推測すること，すなわち，一般化することが含意されており，その大きい世界は通常，母集団と呼ばれる。

　推測統計学の文脈で考えるなら，サンプルが互いに独立であることを前提としたうえで，単純無作為のサンプリングをすることが理想的とされている。記述統計学が，算術平均などの縮約値，分散などの散布度，そして相関係数といった統計量によって手元のデータの特徴を端的に表現する方法を編み出したのに対して，推測統計学は，手元のデータの外側のより大きい世界を統計的に推測する方法を編み出したのであるが，外側の世界を推測するための重要な要件に「単純無作為のサンプリング」があるのである。ただし，単純無作為サンプリングは膨大なコストがかかることが多く，現実的には困難であるため[*1)]，それに準じた手法も考案されている。層化抽出法や多段抽出法，両者を組み合わせた層化多段抽出法などがよく

知られている．ともあれ，どのようにサンプリングするにせよ，全数調査ではなく，サンプル調査という限りにおいて，その結果が母集団にどの程度適用可能か，あるいは一般化可能かについて検討することが宿命であり，心理学においてはその手段として，統計的検定が用いられることがほとんどである．

統計的検定を行うには，無作為サンプリングによってデータを抽出することが大前提であるが，心理学の研究のほとんどはこの前提を満たしていない．満たしていないから，母集団の特徴を推測することが統計的検定の論理からはできないはずなのだが，あたかも，検定の論理によって研究結果が保証されているような記述をすることが慣例となっている．換言するなら，心理学においては，母集団の特徴あるいは一般化可能性について推測する道具（統計的検定）が，十分な機能を発揮できないようなサンプリングしかなされていないということになる．

そうであっても，統計的検定に基づいた心理学の知見が蓄積されているように見えるのは，おそらく，統計的検定がその本来の機能ではない形で機能しているからであろう．すなわち，検定統計量が記述的解釈の補助になっている（南風原 1995），あるいは記述統計量の代わりの役を果たしている（尾見・川野 1996）と考えられるのである．

統計的検定が本来の機能とは異なる形で機能しているという事実は，心理学においてサンプリングが安易になされがちであることを意味している．であるから，サンプリングと歴史的構造化サンプリング（Historically Structured Sampling：HSS）との関係について，無作為サンプリングを前提としたサンプリング論や統計的検定論を前面に出しながらここで論じるのは現実的でないし，生産的でもない．そこで以下では，「サンプリング」をできるだけ柔軟に考え，字義的に考えて最低限必要だと思われる基準のみを設定して，HSSとの関連を論じていくことにする．

2　サンプリングとHSS

サンプリングあるいはサンプル「抽出」というからには，サンプリングをする時点ですでに母集団は措定されているはずである．つまり，どこか

表5-1　サンプリングの種類　　　　　　　　　　（Valsiner & Sato 2006）

無作為サンプリング（random）
代表性サンプリング（representative）
理論的サンプリング（theoretical）
実践に基づくサンプリング（practice based）
一点突破型サンプリング（one-point breakthrough）
人間関係ネットワークに基づくサンプリング（relational network based）
便宜的サンプリング（convenient）
気まぐれサンプリング（capricious）

ら抽出するか，の「どこ」が特定されない抽出は理論上あり得ないと考えられるのである。

　ヴァルシナーとサトウ（Valsiner & Sato 2006）は，パットン（Patton 1990）の議論を参考に，社会科学におけるサンプリングを8種類に分け（表5-1），HSSがそのうちの理論的サンプリングに相当するとしているが，この八つのなかには，サンプリング時点で母集団が措定されているかどうか疑問の残るものも含まれている。少なくとも，実践に基づくサンプリングと気まぐれサンプリングは，母集団が措定されているとはいえない。あるいはこれらの場合，母集団をおぼろげに措定しているだけでそのことを無視していることがほとんどであるように思われる。

　実践に基づくサンプリングを例に挙げて考えてみよう。

　実践を重ねているなかで，あるとき，この人を研究の対象にしようと思いつくことがありうるだろうし，そのときにサンプリングしたと考えることができるかもしれない。この場合，ある対象を研究対象にしようと思いつく時というのは，同時に，サンプルが抽出される場である広い世界（母集団）も想定しているものだ，という前提に立つ必要がある。

　しかし，はたして，研究対象にしようと思いつくと同時に母集団が想定されているものだろうか。おそらく，研究対象として把握するようになった後に母集団を想定することになることは珍しくないだろうけれども，そういう場合にはどこから抽出したのかわからないことになる。これでは母集団からのサンプリングとはいえない。かりに，同時に母集団が想定されたとしても，研究者と当該研究対象とはそれ以前から既知の関係であった

わけであり，研究前史ともいうべき時間をともに過ごしてきている。その意味で，そこでのサンプリングという営為は，研究者の頭のなかでだけなされる，いわば机上のものであり，非常に実体性のないものとなる。要するに，サンプリング論に立脚する限り，非研究活動（実践活動）と研究活動の境界は非常に明瞭であるが，実際には両者をそれほど明瞭に区分できない研究スタイルもありうるということである。

一方，しばしば実施されている，大学の講義の受講生を対象にする質問紙調査（便宜的サンプリング）などにおいても，「どこ」から抽出したかを意識しないままにデータ収集をし，データ解析をしながら母集団を考えるといったこと，あるいはなんとなく人間一般を母集団にしてしまうようなことは，実際にはあるだろう。こうした調査のしかたは，やはり「実践に基づくサンプリング」と同様，つまり，母集団を措定しない「サンプリング」と同等と考えることができる。

さらに，フィールドワーク研究のような場合には，実際の研究経過のなかで，想定する一般化対象（≒母集団[*2]）が変動することが珍しくない。この場合，研究対象（≒サンプル）は同一であっても，一般化する先の母集団が変動しうるということになる。かりにある時点で母集団からサンプリングしたと考えられたとしても，その後に母集団が変わるのであるなら，同一対象（人物）を前の時点とは異なる母集団からふたたびサンプリングしたと考えざるを得ないことになる（図5-1）。

このことは，サンプルの単位を個人ではなく，個人の属性と捉える[*3]ことによりなんとか説明はできるかもしれない。一般に，サンプルといえば一人ひとりの個人，をイメージしがちであるが，個人の属性をサンプルと考えれば，フィールドワークの経過のなかで，異なる属性に研究対象が変わった（興味が変わった）と考えるのである。ただし，以前興味を持っていた属性は研究対象から排除するか，あるいはそれぞれ独立した研究文脈で捉え直す必要がでてくることになり，フィールドワーク研究としてのダイナミズムが失われるともいえる。

また，時間とともに，研究対象自体が発達・変化すると考えた場合でも，発達・変化した前後で異なる母集団からサンプリングしたと捉えなければならない場合もありうるだろう。

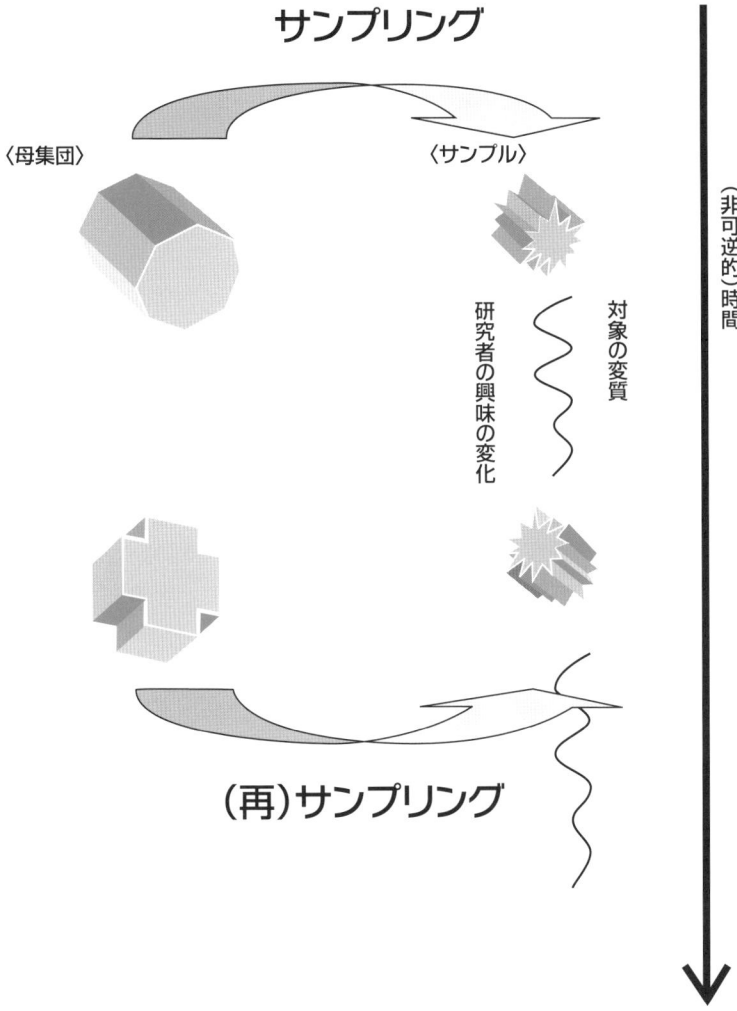

図 5-1　サンプリング論にフィールドワーク研究を適合させようとした場合のイメージ

以上のことから，少なくともフィールドワーク研究の実際を考えた場合，心理学の実証研究のすべてをサンプリング論で包括するのは少々無理があるように思われる。

3　サンプリングと時間

これまでの説明で明らかなように，フィールドワーク研究を広い意味での（字義的な）サンプリング論によって把握しようとすると，フィールドワーク研究の肝ともいうべき，フィールドでのプロセスが分断されてしまうことにつながる。換言すれば，「時間」が捨象されてしまう。つまり，サンプリングというのは文脈や時間といったものをその時点で切断する営為と考えられるのであり，このことは，非可逆的時間（irreversible time）という概念を導入した TEM（Trajectory Equifinality Model）および TEM を正当化するためのデータ収集技法の側面を持つ HSS の基本理念に反するものと考えられる。

HSS の発想が，典型的な研究スタイルとして，個人の個性記述的発達研究を念頭においているために（Sato et al. 2007），データ収集のしかたもインタビューとなりがちであり，その結果として，そこでの「サンプリング」は，個人一人ひとりを単位としたものがスタンダードになったのかもしれない。つまり，HSS が，フィールドワーク研究のようなスタイルを想定していないように見えるということである。たしかに，等至点を基点として対象（人物）を選ぶという方法は，サンプリングと呼んでもさほど無理は感じない。等至点でいったん「時間」を切断[*4)]するが，それ以降は等至点から過去と未来をつなぐ作業に徹底している，あるいは「時間」に入り込むと考えるのである。ただし，研究を継続していくなかで等至点そのものあるいはその意味が変わったり，複数の等至点が現れたりしたときにはやはり「サンプリング」概念は不適切ということになるだろう。そして，等至点での「（理論的）サンプリング」以降，カテゴリー境界や想定母集団が変動したとしても再サンプリングするとは考えないのなら，フィールドワーク以外の研究スタイルであっても，サンプリング概念を適用しない方がよいのではないだろうか。

この点は，森（2008）が「TEM 研究が目指すものは，カテゴリーの境界設定自体の適切さ，妥当性の吟味である」（第 3 章）と述べていることにも関連していると思われる。つまり，カテゴリー境界の設定や変動は，想定母集団の設定や変動と連動する可能性は低くないと考えられるのである。そして，そのように考えると，森（2008）が TEM 研究と対比的に論じている代表値志向研究とサンプリング論に基づく研究はほぼ等価に見えてくる。サンプリングと称していると，代表値志向研究の呪縛から逃れることはできないのではないだろうか。

4　脱サンプリング

以上のようなことから，HSS で心理学の方法論を論ずるのであれば，「サンプリング」がどのような研究においても不可避（Sato et al. 2007：サトウら 2006：Valsiner & Sato 2006）なのではなく，「研究対象の選択」がどのような研究においても不可避だと考えるくらいがちょうどよいのではないだろうか。そして，その選択は，研究プロセスの進展の仕方しだいでは，変更や修正を余儀なくされることもあると。

この「選択」は，母集団から抽出するという意味での「サンプリング」に消極的，受動的な側面も付け加えたものと考えるとよい。たとえば，「実践に基づくサンプリング」のように，ある人物や集団，地域に関わっているうちに，しだいに研究対象として立ち現れてくるようになる場合などは，「選択」だとしても非常に受動的な意味での「選択」となる。積極的に関わっていた，あるいは頻繁に交流していた相手が「結果的に」研究対象になるのであって，サンプリングのように，研究対象を研究目的に照らして（積極的に）探し出し，選択するというわけではないからである。

また，あまり本質的な議論とはいえないかもしれないが，統計学や社会調査論の分野で手垢にまみれた概念である「サンプリング」をフィールドワーク研究や質的な研究に無理に適用するのは，これらの研究を心理学内に定着させていくということを考えた場合にもあまり賢明な策ではないように思える。

心理学の研究において，母集団を想定しなかったり，おぼろげながら想

定している母集団が時とともにコロコロ変わっていったりするという研究スタイルを積極的に認めるためにも，すべての研究に「サンプリング」が不可避であると考えない方がいいのではないか．あるのはただ，（一事例あるいは複数事例の）研究対象の選択をすることだけであり，必要に応じて，その研究対象と長期にわたって関わり，あるいは後に他の研究対象を選択することもある，というくらいでよいのではないだろうか．

　サンプルが互いに独立であることを前提としないというHSSの理念は，多くの心理学的研究の実際に照らしたときに，実はきわめて現実的なものであることがわかる．大学の教室で実施される質問紙調査などは典型的であるが，個々の研究対象者なり対象者の属性なり（サンプル）が独立であると考えるのはむしろ不自然なくらいである．「サンプリング」がその名称に含まれていることには疑問が残るものの[*5]，HSSに関する今後の理論的展開には大いなる期待を持っている．

（尾見　康博）

第2節　仮説生成ツールとしてのTEM

　あらゆる研究にとってもっとも重要なのは対象であり，テーマである．研究において最初に定められるべきなのは何を，何のために研究するかであって，それをどのように研究するか，つまり研究法は，対象やテーマに応じて，あるいは研究の目的に応じて，もっとも適切なものが，自由に選ばれるべきである．研究法は本来，対象やテーマに依存するもので，対象やテーマが異なるときには研究法も異なってかまわない．

　しかし，心理学では長い間，研究法が研究対象やテーマを限定する，ということが普通になっていた．具体的には，観察の情報を数量的なデータで示すこと，そのデータの客観性を統計的検定などの推測統計学的方法や，数学的モデルによって担保することが，ほとんど唯一の正当な方法論となっていて，それに合致しない，あるいはそれでは研究しにくい対象やテーマについての研究は行いにくく，もし行ったところで評価されないこ

とが続いていた．

1990年代の質的方法の再評価は，心理学のこうした状況に間違いなく風穴をあけた．古くて新しい方法の再発見を通じて，これまでしばらく研究できなかった対象，評価されにくかったテーマへと，心理学が大きく拡張したのである．私は，あるひとつの学問の持つ力は，その学のなかにどれだけ多くの方法を同時に取り入れることができるかによると考える．その意味で，心理学の研究には自然科学的な方法も，人文科学的な方法も，必要に応じて導入され，利用されるべきだと思う．

特定の方法を尊重することと，それを絶対視することは違う．すべての方法はその特性に応じて尊重されるべきで，もし相対的な順位がつけられるとすれば，それは研究の対象やテーマ，研究目的が特定されたうえでの優位性による順位となる．ある研究方法の優位性は，かならず「何々を何々のために研究する場合には……」という条件つきで主張されるべきで，無条件に優れた方法というものはありえない．

量的・統計的方法にふさわしい対象や研究目的は確かに存在し，そうした研究において量的方法を用いることは正しい．個人差による分散も前提にしながら一般法則を確率論的に追求するような研究での量的・統計的方法の優位性は今後も揺らがないと思われ，そうした研究で量的な方法が用いられることを批判する理由はない．いっぽうで，心理学には量的方法になじまない研究対象や目的も存在するわけで，それらに対しても量的な方法が強制されていた，あるいは量的方法が使えなければ研究自体が成立しなかったことが問題なのである．

同じ意味で，TEMについて考えるときも特定の研究対象や目的を想定したうえで，TEMの特徴や優位性を「条件つき」で考察していくことが必要だろう．ではTEMはどのような研究対象について，どのような優位性を持ちうるのだろう．

1　時間の流れを捉えるTEM

質的方法の再評価は，多くの心理学者がそれまでの量的方法，統計的方法のなかで失われていると感じていたもの，あるいは研究したくても対象

にできなかったものを，心理学に取り戻すことと結びついていた。では，その「失われていたもの」「研究できなかったもの」とはなんだったのだろうか。

　このことについてはさまざまな意見があるし，表現のしかたも多様にならざるを得ないと思うが，私はそれは「個人」であっただろうと考える。私たちは主観的には個人として，個人の現象世界のなかで生きている。また，他者もそのように生きていると信じている。ところがこれまでの量的な方法のなかでは，個人が個人として扱われることはまれだった。質的方法では，量的方法のなかで軽視されざるを得なかった個人を，再び心理学の研究対象にすることを目指したといえるが，そこで研究対象としての個人の重要な構成要素になるのは個人の主観であり，個人を取り巻く独自の文脈であり，そして個人の時間であった。

　量的・統計的な方法の多くでは，心理学者が知りたいのは多くの個人に一般的にみられる事実であり，個人的な事実ではない。研究のなかで実際に観察される被験者たちは，「一般的な人間」によって構成される母集団から抽出されたサンプル（標本）であって，母集団における真の値（母数），つまり一般的事実を知るための材料である。その目的のために被験者は母集団からランダムに抽出される。そのことによって個人の主観や，個人独自の文脈，そして時間の影響が相殺されるとともに，個人は研究の対象となる変数以外の要素が平均化された「変数の束」に抽象化されていく。量的方法における人間は無文脈であり，かつ無時間の存在なのである（渡邊 2007）。

　TEM（複線径路・等至性モデル）と，その理論的背景になっているHSS（歴史的構造化サンプリング）では，個人をまず歴史的存在，すなわち時間性の存在と定義する。個人は母数を推定するために平均化された材料ではなく，個人独自の時間と文脈をもった存在として扱われる。

　TEMの特徴は，非可逆的な時間の流れのなかで連鎖的に生じていく個人の体験を「TEM図」によってグラフィックに表現していくことにある。時間や文脈のなかに「埋め込まれた」個人を捉えるためには，数字や言葉ではなくグラフィックな表現によって，個人の体験の流れと，それに影響する文脈や時間の流れが直感的に理解できるようにすることが非常に

有効だからだ。

　そのうえで TEM は，等至点，必須通過点，分岐点などの概念をもちいて複数の個人の体験の流れ，あるいは個人のなかに可能性的に存在する複数の体験の流れを比較分析しようとする。そこでは非可逆的時間を軸にすることによって，個人独自の文脈や体験の流れの分析と，個人間の比較を同時に実現している。

　別の個人の体験であっても，類似した社会的状況のなかで，類似性のあるテーマをめぐって生じる体験のありかたには，個人を超えた共通性がある。その共通性を生み出すものは社会制度であったり，あるいは人が生得的に持つ生物学的機構であったりさまざまであるが，そうした共通性は多くの場合，体験を構成する重要な事象と，それらの時間的なシークエンスの共通性という姿で現れる。TEM における時間，とくに個人間比較が行われる際の時間は，個人間で事象の始点や終点がクロノロジカルに一致するような時間ではない。しかし重要な事象と，事象間のシークエンスが一致していれば，それがクロノロジカルには別の時間であっても個人間で比較可能になる。TEM では個人間で共通する事象を等至点，必須通過点，分岐点などとして抽出するとともに，それらのシークエンスにおける共通性と差異を分析するのである。

　この点が，「個人の体験を個別に扱いつつ，個人間の共通性や差異を分析する」という質的方法による研究の多くが目指す目的との関係における，TEM の優位性につながっていると考えることができる。

2　TEM を使ってみた

　TEM の優位性は，これまで述べたような方法論的なことだけではない。同じ目的が同じように達成できる複数の方法があるとき，そのなかでどれを採用するかの基準となることのひとつに，方法の簡便性，使用の容易性がある。TEM と「同じ目的が同じように達成できる」他の方法があるかどうかはわからないが，TEM の特徴が利用の簡単さにあることは特筆すべきことだと思う。ひとことで言って，TEM 図は誰にでも簡単に描けるのである。もちろん，TEM 図に表そうとする事象，個人の体験をそ

れなりにきちんと観察している人なら誰にでも，という限定はつくけれども。

　脳性麻痺などで体に運動障害をもつ人びとに乗馬を経験してもらい，乗馬を通じて運動障害の改善を目指す活動として「障害者乗馬」がある。乗馬療法，ホースセラピーなどと呼ばれるもののうち，おもに運動障害を持つ人を対象にしているものがそれにあたる（滝坂 2003）。ただし，障害者乗馬が運動障害の改善にどの程度効果があるかについては諸説があり，効果が確実であるとはいえないのが現状である。

　私のゼミで障害者乗馬をテーマに卒業研究を行った学生（芝田 2007）も，実際に脳性麻痺を持つ子どもたちの障害者乗馬をコーディネートするサークル活動を行いながら，最初は障害者乗馬による運動障害の軽減を身体医学的に検証するような研究を志向していた。ところがそのうちに彼女は，そうした研究のなかで，障害者乗馬に参加している子どもたちが「背骨の動き」とか「腰の動きのリズム」といった「変数」に抽象化され，個人を抹消した平均値で表されてしまうことに疑問を抱くようになった。彼女が知りたかったのは，障害者乗馬に参加している子どもたち「一人ひとり」が，運動障害の改善効果はそれほど明らかではないにも関わらず，どのような理由で，何を目的に毎週のように障害者乗馬にやってきてくれるのか，だったのだ[*6]。

　彼女にやってもらったのは，障害者乗馬に参加している子どもたちのうち2人を選んで，本人と家族からじっくりと話を聞くことだった。障害者乗馬を実施している大学の馬場で，病院のリハビリ室で，そして自宅に伺って，インタビューの時間は子ども一人につき10時間を超え，文字起こしは膨大な量になった。さて，このデータをどうまとめていったらよいのか。ここで私は彼女に，TEM図を描くことを勧めた。説明したのは，個人の体験を理解するうえでの時間の流れの重要性と，TEM図のごく簡単な概念だけ，そして『質的心理学研究』に掲載されたTEMの論文（サトウ他 2006）のコピーを渡して帰した。たったこれだけの情報で彼女は自分のデータからTEM図を描き始めたのである。

　まず，2人の子どもそれぞれについて，障害者乗馬に出会ってから今日までに障害者乗馬に関わるどんな体験があったかを，インタビューの内容

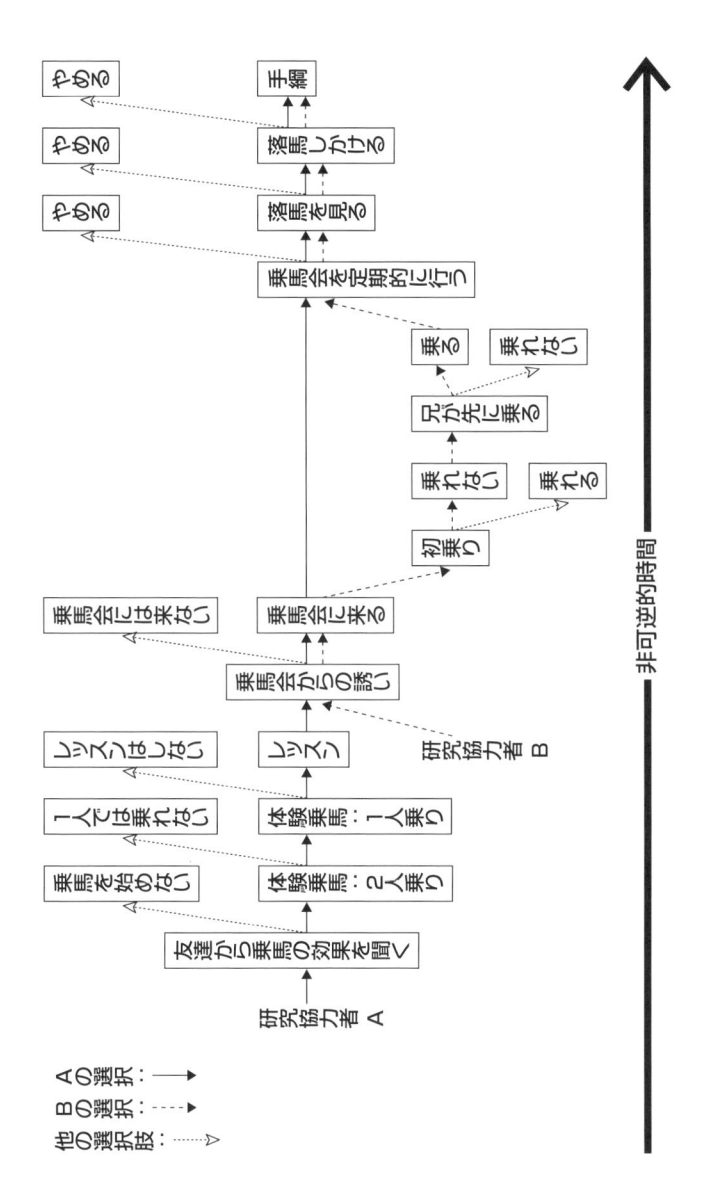

第 5 章　方法論に関する問いかけ　135

図 5-2　障害者乗馬の TEM 図の一部（芝田 2007）

などから時系列的に書き出し，TEM 図の「ようなもの」を描いていく。そのうえで，2 人の「ようなもの」を比較して，共通点と差異をみていく。すると，障害者乗馬に出会ってから今日までに 2 人が共通して体験した必須通過点が見えてくる。また，2 人の「ようなもの」に共通して現れてはいないが，どちらか 1 人で重要だった出来事を意識してもう 1 人のインタビュー内容を読み直すと，それが隠れた必須通過点であることが浮かび上がってきたりもした。そして，乗馬について知る，体験乗馬に行ってみる，乗馬会に来てみる，馬に触ってみる，初めて乗ってみる，乗馬会に定期的に来るようになる，などのポイントが必須通過点として時系列的に並んでいることがわかってくる。

インタビューのなかで意識して聞き取らせたことに，「これまで乗馬をやめようと思ったことがあるか，それはどんな時か」があった。そこには，今日現在障害者乗馬を続けているという「暫定的な等至点」に至るまでに，彼ら，あるいは家族が経験した分岐点のヒントが隠れているはずだ。インタビューの結果，はじめて乗馬した時の経験（ひとりで乗れたかどうか，馬が恐くなかったか，など）と，落馬にまつわる体験（落馬を目撃する，自分が落馬する，など）が重要であることがわかった。それだけでなく，先に必須通過点と位置づけたすべてのポイントで，その先に進むか進まないか，の選択が存在しうることもわかった（図 5-2）。

3　TEM の優れた点

実際に指導してみて私が感心したのは，まず第一に TEM 図がどんどんできていくこと，だった。心理学の専門教育を何も受けていなくても，対象をしっかり見てさえいれば，必須通過点や分岐点は簡単に推測でき，描いていくことができるのである。第二は，TEM 図ができていくことで，TEM 図上のそれぞれのポイントについて新しいリサーチ・クエスチョンや仮説が生まれていくことだ。

たとえば必須通過点がわかると，「人をそこへと導くもの」への考察が必要になる。多くの TEM 研究でみられるように，必須通過点が制度的に必須なものであればそうではないが，障害者乗馬の場合はすべては任意で

あり，障害者乗馬をする，それを続ける，という意思を持たない人にとっては必須通過点などもともと存在しない。障害者乗馬の存在を知るためにはそれを知らせるメディアや人が必要だし，見学にくるためには見学会とそれに誘うネットワークが必要である。こうしたものへの考察によって，それを求める多くの人びとが，より気軽に障害者乗馬に参加できるようにするために何を用意すべきか，何を改善すべきか，という新しい視点や仮説が生成されていく。

そして第三に，TEM 図を作ることによって「観察されていない事実」が推測されていくことにも感心した。インタビューした 2 人とその家族は障害者乗馬を続ける，という選択を繰り返してきているが，その過程にあった必須通過点，分岐点では常に「その選択をしなかった可能性」が含意される。実際に，障害者乗馬を続けずにやめていく子どもや家族は少なくないわけで，そうした人びとが続ける選択をしなかった理由，続ける選択を支える資源や関係性，ということへの新たな考察がそこで生成される。

こうして生成されたリサーチ・クエスチョンや仮説に基づいて，同じ 2 人とその家族により深いインタビューを試みることで考察が深まっていくだけでなく，別の対象，特にいくつかのポイントで「続けない選択」をした人を調べる，といった「理論的サンプリング」のヒントも次々と生まれてくる。その意味で，TEM は単なる「事象の図示化ツール」ではなく「仮説生成ツール」としての大きな可能性を持っているといえる。

4　シンプルであるがゆえの……

ここまで述べた TEM の実際の使用例には，とくに等至点の扱いなどについて TEM の本来の方法と一致しない部分，あるいは本来 TEM が想定しているような研究対象とはズレている部分があることは否定できないと思う。しかし逆に，本来 TEM が想定していないような対象でも，TEM の方法を援用することでこれだけ豊かな仮説や考察が生成されていくという事実は特筆に値するだろう。

こうした TEM の頑健性，応用可能性は，TEM の方法が「シンプルであること」に支えられていると考えられる。TEM を用いる研究は，最近

になっていくつかの新しい概念が導入されたりしてやや複雑化しているように見える。もちろん，複雑な事実をより幅広く捉えるために方法が複雑化することは否定できないけれども，TEMのアドヴァンテージが「シンプルであること」にあることも無視できないだろう。個人的には，これからもTEMは誰でも簡単に実行できる，シンプルでかつ奥深い方法であり続けてほしいと思う。

（渡邊　芳之）

第3節　ライフストーリー研究からみたTEM

1　はじめに

本節では，筆者がしてきた障害者のライフストーリー研究の立場から，安田（2005）の不妊治療の研究を題材にしてTEMの意義と課題を検討する。

ライフストーリーとは，語りによって構成された，過去から現在，そして未来に至る人生に関する記述である。「ライフヒストリー」という言葉が「ライフストーリー」と同じ意味で用いられることもあるが，「ライフヒストリー」は，本人以外に，当人の周辺にいる人物の語り，日記等のパーソナル・ドキュメントが用いられて，当人の人生の史的事実が再構成されたものである。ライフストーリー研究には，語りの内容に注目するものと，語りの型に焦点を当てるものとがあり，TEMは前者と関連するといえる。ライフストーリー研究には，障害者，女性，高齢者，エスニック・マイノリティ等，社会的マイノリティの経験世界に関する理解を社会に訴求するためのものもある。

筆者は，人生の途中で事故に遭い，重度の障害を持つに至った中途障害者のライフストーリーを研究してきた（田垣 2007）。病気や障害を考えるにあたっては，医学的・生理学的な説明が重要であると同時に，障害者本人が語る，彼らなりの説明モデルが，本人が生きていくうえで大きな意義

をもつといわれている。筆者は，中途障害者が，受障（障害を受けることの意。以下同）という喪失体験から肯定的側面と，障害に伴う不利益をそれぞれどのように意味づけているのかを分析した。結論は，受障期間が長くなるにつれて，障害に対する意味づけが多元的になっていることだった。また，彼らが障害について語る際の時間的枠組みは，受障前-現状，受障-現状と複線になっていた。ただし，障害に対する不利益は依然として語られていて，障害を克服した，受容した／していないという二分法的な把握が適当でないことが明らかになった。

　筆者がTEMを知ったのは，この研究をほぼ終えた後だった。自分の研究では経験のプロセスの記述の理論的枠組みを十分にはつくりきれなかったが，TEMは必須通過点，分岐点，等至点という概念をもっているので，魅力的に思えたのである。

2　発達過程の精緻な記述

　ここからは，筆者の研究をふまえながら，TEMの重要概念の意義を検討していく。

　ライフストーリー研究とTEMは，一定の時間における経験プロセスを詳しく記述することを重視し，また発達の非連続的変化よりも連続的変化を重視している。連続的変化とは，特別な出来事をそれほど強調せず，人間の人生は漸次的に変化していくという考え方である。一方，非連続的変化とは，特定の出来事によって，大きな変化を経験するという考え方である。代表例は，転機の研究である。転機とは，新しい対人関係や役割，自己像を獲得する出来事のことである。ライフストーリー研究は対象者の人生全体を分析するため，分析する情報が膨大になる。一方，転機の研究は，重要な出来事に焦点を当てるので，情報を効率的に見ることができる。だが，結果的に，経験の細かい変化を捨象し，重要な出来事と出来事との間が断絶した，離散的なモデルを作ることになりかねない。一方，TEMの分岐点という考え方には，転機のような絶対的な意味がこめられておらず（サトウら2006），経験の変化を丁寧に検討できると考えられる。

　TEMの連続的記述は，昨今の生涯発達研究の立場とも合致する。すな

わち，生涯発達研究は，能力の喪失や衰退過程，高次の有効性の実現過程のどちらかを強調するのではなく，双方が同時に存在し，新しく生じる問題が継続的に解決されるプロセスを見ようとしている（Yamada & Kato 2006）。

　筆者の印象として，TEM 研究は，人の経験のプロセスを「よくなった」「わるくなった」という単純な型にはめることに慎重であるように思われる。たしかにナラティブ研究においては，人の経験に関する語りは，時間経過に伴う，ある出来事の肯定的あるいは否定的変化というプロトタイプがあると言われている（Gergen & Gergen 1986）。だが，このような捉え方は単純すぎるように思われる。ライフストーリーや質的研究は，このような型に単純に集約できない記述を積極的に見つけていくことではないだろうか。たとえば障害者の研究においては，障害者が問題を完全に克服して，より高次の「受容」「自立」といった有効性をめざすのではなく，日々の困難への対処を記述していくほうが，障害者に対する過剰な意味づけを避けるうえでも好都合である。TEM 図は，対象者が経験する出来事を一つひとつ丁寧に記述し，対象者のストーリーが肯定的変化あるいは否定的変化したと単純に捉えられないようにしている。また TEM は，変化だけに注目するのではなく，変化していない過程も重視している。変化がないことは沈滞といった否定的状態を必ずしも意味しないのである。

3　多様性の見取り図──等至点と分岐点

　TEM は，一事例の豊かな記述にとどまらず，複数の事例をもとにして発達過程と到達点の多様性を図解的に示すことを非常に重視している。それは，従来の法則定立と個性記述という二分法や，「人の人生は十人十色である」といった不可知論的発想でもない。ライフストーリー研究は発達過程の多様性を志向しているものの，語りデータの記述だけで，その多様性の有り様を図示することは十分とはいえなかった。それに対して，TEM 研究においては TEM 図という図解が必須になっている。

　多様性の記述に重要なのは，等至点と分岐点という考え方である。この二つは多様性の収束と展開を表している。等至点は，比較的多くの人びと

が通過する経験であり，多様性が無限に広がることを抑制している。同時に等至点は，「経験が多様に紡ぎ出されていく地点」でもあるので，分岐点ともいえる。安田の不妊治療のプロセスの場合，不妊治療をやめるという経験は，不妊経験の人びとが比較的多く通過する経験である一方で，養子を迎える，夫婦二人の生活を楽しむといった経験につながっているのである。

等至点と分岐点をセットにすることで，TEM研究の結論は，単なる現状分析にとどまらず，既存の概念の拡張や見直しといった提言的なメッセージを生み出している。たとえば安田は，不妊経験を治療や子どものあきらめではなく，治療終了後の生き方を含むものであることを実証的に示した。この意味において，TEMは実践的研究手法といえる。

4 Aと非Aとの併記による多様性の維持への配慮

TEMには，特定の経験を絶対視しないための工夫がなされている。等至点Aに対する補集合，すなわち非Aを示しているのである。安田の研究の場合，治療をやめることに対して，治療を続けるという経験も保持されているのである。学術研究が，Aという結論を出した場合，それは「客観的」発見というよりも，Aという結論が望ましい，あるいは人はAという行為をとるべきであるという規範的なメッセージを生み出す。したがってAという行為をしにくい人には，負担感を与えかねない。

また，サトウらは等至点よりも，等至域という概念を使おうとしていることにも注目すべきである。等至点の場合，指ししめす事象がせまくなりがちなので，もう少し多様性を含ませようとしている。このような曖昧さは，TEMによる記述が，このような径路を通過せねばならないという強制になることをふせごうとしている。

筆者は，等至点より等至域の方が，概念の幅を持たせるうえで有効と考えている。社会科学の概念自体が多様性を持っていて，「点」によって表しにくい。ある概念が「点」のように単純化されると，言説としては社会的に流通しやすいだろうが，その概念の中味が自明的なものになってしまう。中味を言語化する知的努力が断念されるかもしれない。このように表

される概念には，人間に関する現象を単純化する危険性がある。たとえば障害者心理学においては，障害受容という言葉が，その具体的な内容を不問にしたまま，障害者を形容する言葉として使われ，障害者自身からは，自分のことを一言で決めつけてしまうような言葉として嫌がられることがある。だがこの言葉は，完治の断念，障害の医学的理解，社会的に望ましいとされることに取り組むなど多様な意味をもっている。障害受容が点として図示された場合，このような多様性はわかりづらい。ただある状態に達したか否かを二分法的に決めるのは難しいので，等至域の内と外は実線ではなく，グラデーションによって区切った方がよいと思われる。

5　今後の課題

　第一に，TEM 図は何を記述するべきかということである。現在のTEM 図に載せられる事象は，心的過程よりも，他者から確認可能な行為である。研究対象や目的によって内容が異なるのは当然であるが，経験のプロセスの記述という観点からすれば，記述すべきリストを一定程度考えておいた方がよいと思われる。個々の研究によって記述内容が大きく変わると，TEM 図は理論に基づいた枠組みではなくなってしまう。たとえばキング（King 2004）は，経験のプロセスの記述に関する生涯発達研究のレビューをしたうえで，ほとんどの研究が，重要な他者や準拠集団，主たる活動，そして自己と世界観という三要素を重視していると指摘している。

　筆者はこの三要素に加えて，TEM がいう社会的方向付けをもっと具体的に考えてみたい。TEM は，広義の環境との接点を重視したシステム論的モデルである。残念ながら刊行されている TEM 研究において，社会的方向付けの記述は十分とはいえない。TEM が実践に貢献するのならば，用いられた社会資源も記述されるべきである。システム論に依拠するブロンフェンブレンナー（Bronfenbrenner 1979, 1996）は，心的過程に加えて，地域社会，公共政策，社会文化上の価値規範が発達研究に重要であることを指摘している。筆者や安田のような，「障害」「病気」とされる現象を扱う場合，専門職・非専門職による介入，治療費の助成等の公的な支援策，法制度上の問題の位置づけ（障害や不妊の定義等）も，経験の一部である。

皮肉なことだが，TEM に比べて，転機の研究過程で社会的方向付けが比較的容易に明らかになる。転機とされることとされないこととが明らかになることによって，本人が経験した社会的規範が明るみに出るからである。たとえば，結婚，離婚，就職，転職，失業，重要な他者の死亡といった多くの人びとに比較的共通するものもあれば，当該の話し手独自のものもあると思われる。転機を聞くことは，転機にならない出来事を聞くことにもなるといえるかもしれない（田垣 2004）。転機は，「実際に歩いた人生」と「歩いたかもしれない別の人生」との岐路であるから，「もし，転機になった出来事がなかったならば」という仮定法の問いに対する答えや，聞き手が転機になると思っていることが，転機にならない理由を尋ねてみることが重要である。ゆえに，非連続的記述の研究手法から学べることはあるだろう。

　第二に，安田自身指摘しているように，軌跡の「ゆらぎ」をもっと出せた方がよいのではないだろうか。つまり，TEM 図の矢印は線形ではなく，らせん的なものであるべきだろう。2 次元の図では社会的方向付けの記述量に限界があるので，視覚的なわかりやすさを重視しながらも，3 次元，あるいは，特定の時点を別枠で示すような工夫も必要である。ちょうど，インターネットの地図上の特定の地点にポインターをあわせると，その地点の周辺にある公共，商業施設が現れるような図解も技術的に検討されてよい。紙媒体の論文では字数制限があるため，オンラインジャーナル版に詳細な図解をのせてもよいだろう。

　第三に，TEM の実践への応用について，未来展望との関連から検討しておく。ライフストーリー研究の依拠する理論においては，語りは，単なる過去の再構成ではなく，語る時点の次の行為につながっていくものといわれている。だが，実証データをあつかった研究においては，そのようなものは非常に少ないのである。TEM において現時点では，筆者が知る限り，未来展望を重視した研究は見あたらない。だが，未来展望の重要性は大きいと筆者は考えている。TEM 図は，ブルーナー（Bruner 1986, 1998）の現実の仮定法の語りを生み出すツールとして有効である。「複線径路」は，史的事実が単純に再構成されたものではなく，現状からの過去の再構成と未来への方向付けである。TEM 図において，多くの分岐点を

記述し，ある分岐点を実際とは違う方向にいっていればどのような現状になっていたかを語ることが重要になる。それは，過去の詠嘆や現状の否定ではなく，現状を豊かに解釈し，未来への方向の明示につながる。

　第四に，TEM 研究者は，どういう発達過程と到達点を提示したいのかを自覚するべきである。もちろん，それはデータに依拠したものでなければならないが，研究者は，従来より求められている超越的立場にいると思ってはならない。研究者自身の志向が重要なのである。多様性の見取り図を無限に広げず，一定のまとまりあるものにするには，研究者の価値志向が重要になってくる。Aに対して非Aをオルタナティブとして社会的に提示することの，研究者の役割，意図をしっかり論じるべきだろう。筆者は，社会的マイノリティの研究者の役割は，単純な事実解明というよりも，研究者が学会，実践の場，社会において，このような生き方もあるということを訴えかけることによって，生き方のオプション（選択肢）を増やしたり，問題の定義を変えたりしていくことにあると思っている。いわば，ストーリーの流通役になっていくべきと考えている。たとえば安田が契機になって，不妊治療に関する新しい言説が流通するかもしれない。

　TEM は心理学の隣接領域にも活用できるだろう。たとえば社会福祉学においては，広義の生涯発達が重視され，ライフステージ毎の支援の必要性が認識され始めている。社会福祉学における発達過程は，子どもの発達段階と同じ過程ではなく，コンスタントな変化とされている（小松 1995）。この発達観は，TEM の考え方に近く，問題を完全に克服して，より高次の有効性をめざすモデルと一線を画し，日々の平凡な活動のなかで，新しく生じる問題を継続的に解決するプロセスを見ようとするものである。社会福祉学は，人が社会資源を活用することに注目しているので，TEM 図に，物的，人的サービスと本人との関係を示すエコマップを組み入れることが求められるだろう。また，制度政策の変容を先に書いて，その上にある人間のライフストーリーを TEM 図として位置づけると，マクロな視点から個人を捉えられるかもしれない。TEM の学際的融合に期待したい。

（田垣　正晋）

第4節　TEM図の線の見方／味方
——公約数的研究から公倍数的研究へ

　多くの研究者の欲望が，ある「共通の特徴をもった人」（特定の母集団）を対象に因果関係を理解することに向けられているのに対し，TEM (Trajectory equifinality model) のユーザーの欲望は，出会ってしまったある人の一回きりの人生をなんとか記述することに向けられている。

　正直に言えば，TEMユーザーの多くは，当初は，他の研究者と同様，何らかの因果関係や「集団に共通する特徴の発見」を期待していた人びとなのかもしれない。しかし，複数の非構造化インタビュー，あるいは半構造化インタビューと実際に向かい合ったとき，多様性というよりも不揃いさといったほうがふさわしいその語りの混沌さに困惑したのではないだろうか。

　本節では，このような問題を解決する方法としてのTEM図に着目する。TEM図は，見た目の点で，多くの質的研究のモデルと二つの点で異なる。第一は，時間を記述する点である。第二は，分岐したり，合流したりする複数の線である。そこで本節では，まず，時間によって開く意味について検討する。その後，二つのTEM図（安田〈第1章第2節と第3章第2節〉）をもとに，TEMにおいて何がポイントおよび径路として記述されているのかを整理し，その結果に基づいて，心理学におけるTEMの意義と課題について検討する。本論の目的は，TEMに何が記述されているのかを分析することを通して，新しい方法論としてのTEMの可能性を見極めることである。

1　時間によって経験を開くことの意味

　冒頭に，TEM研究者は，調査協力者の語りの，多様性というよりも不揃いさといったほうがふさわしい混沌さに困惑したのではないかという推

測を書いた。このような混沌に対し，従来の KJ 法（川喜田 1986）やグラウンデッド・セオリー・アプローチでは，体系的に情報を抽出／切捨するシステムを用いて，「意味ある」ものを見出すべく努力がなされていた。しかし，カテゴリーを形成して，それによってもともとのデータを語ることは，ある共通の母集団に属する，異なる人の語りを，ときに，その母集団に属する人の本質的特徴として語／騙ってしまう危険性を孕んでいる[*7]。それに対して TEM は，このような「本質」についての語りを避け，時間を捨象せずに図に取り込むことによって混沌の糸を解きほぐそうとする試みである。

　多くの TEM 研究は，人生において時間が大きな意味をもつことを次の 2 点において示す。第一に，時はわれわれの意思に関係なく迫ってくるものであり，われわれは時の流れに対しては抵抗することができない。たとえば第 1 章第 2 節，第 3 章第 2 節の安田の事例にしても，もし時間が無制限にあれば，養子縁組を今する必要もないし，妊娠中絶を今決断する必要もない。時間が有限であり，今何もしないでいることで養子縁組ができなくなるかもしれない，または妊娠中絶できなくなる月齢に達してしまうかもしれないという不安が人を行動に向かわせているのではないだろうか。第二に，そのような時間の流れに対する不可抗力，および二つの時間地点にたつことの不可能さによって，それぞれの時点で見える選択肢は，それほど多くなくなる。これらの点は，時間を捨象しないために見えてくる点であり，安田[*8]が「時間と共にある経験」（すなわち「時間から切り離してはありえない経験」）と呼ぶものである。「（すべてが終わった）今だから見える選択肢，今だからいえること」はあるかもしれないが，そのただ中にある人にとって，それらは意味はない。

2　不妊-養子縁組論文におけるポイントの内容
──意思決定・認識の記述

　不妊-養子縁組についての TEM 図（安田第 1 章の図 1-5）で記述されたポイントには，二つの特徴がある。一つは，すべてが個々人のなかの認識や意思決定であること（例「不妊治療をする」「養子縁組を意識しない」

など），もう一つは，あるポイントから伸びる線は一つのポイントにではなく，複数のポイントに向けた線として描かれていることである。

まず第一の点について，この図では，すべてのポイントが個々人のなかの認識や意思決定で形成されている。実際の生活においては，「養子縁組を意識する」に至るには，親に勧められる，いとこが養子をもらう，など外的で偶然的な要素が背景にある場合もあるだろうが，この図のなかにはそれは描かれていない。外的なものが記述されているのか内的なものが記述されているのかは，経験／径路の代替可能性を考えるうえで重要な点である。なぜなら，偶然的に外部から降りかかってきた出来事は，誰に降りかかるのかは交換可能に見えるのに対して，自分がこれまで行ってきた意思決定はその人の生全体に関わり，生全体は常に交換不能だからである。

第二の点について，このTEM図では，ある点から伸びる線は一つのポイントにではなく，複数のポイントに向けた線として描かれている。このような分岐を記述した場合，認識や意思決定に影響する理由／要因を調査する研究も可能であろうが，TEM研究において，これらを明らかにすることには重きが置かれていない。その理由は，おそらく二つあるだろう。第一に，社会生活において「背景事情／理由」のようなものは，誰かに聞かれたときのための，あるいは自分のなかで納得した気になるための言い訳のようなものに過ぎず，あまり意味をなさないからである。第二に，本当の理由／原因（運のような外的なものを含む）は，実際には語られるような「背景事情／理由」だけでは回収しきれないにもかかわらず，その人の「背景事情／理由」を社会的に理解可能（交換可能）なものであるかのように再構築するからである。

上述したように，安田（第1章）のTEMに記述されるのは，降りかかってきた外的なものではなく，意思決定・認識のように内的なものである。またTEMでは，理由／要因（運も含む）のように個別性を捨象する記号によって人びとを等質化しない。これらのことから考えれば，TEMが示すのは，他者を理解するために開かれた「偶有性」（contingency）のような感覚ではない。TEMが示すのは，「でも，私の場合はこういう事情だったから……」のような語りを生み出して自分のパースペクティヴを強調する感覚である。こうした感覚は，社会的に共有可能／交換可能な感覚では

なく，さまざまな個別の事情を強調することによって自他を分ける感覚であり，それまでの経験（個人史）と深く関係しているものである。こうした感覚は他でもないその時代のその時に他でもない「私」が体験したという意味で「歴有性」と呼ぶことができるだろう。たとえば，同じ EFP を経由した人でも，その体験が多様であることは，多くの TEM 研究の成果からも読み取れる。TEM 図に描かれた人は他の人の体験によって自分が理解されることをこばむ。しかし，このような歴有性があるからこそ，その個別性，その差異ゆえに他者と自分を重ね合わせて感じとることも可能だと考えることもできる。

3　人工妊娠中絶論文におけるポイントの内容——偶然の記述

　不妊-養子縁組論文とは異なり，人工妊娠中絶論文の TEM 図（安田第3章の図 3-1）では，「（パートナーと）性交渉をもつ」ことと「身体的変化に気づく」のような具体的な因果関係や内的な認識や意思の変化だけではなく，「パートナーと別れる」「中絶手術を断られる」など，偶然的なものや個別的で一般化できないものが記述されていることが読み取れる。二つに分けてこまかく見てみよう。

　第一に，人工妊娠中絶論文の TEM 図では「パートナーと性交渉をもつ」ことと「パートナーと別れる」ことや，「パートナーと別れる」ことと「身体的変化が生じる」など必然性も，前提条件としての関係もない偶然的な出来事についての径路がある。そのため，当然「パートナーと別れ（なかった）」人もいる。しかし，「パートナーと別れ（た）」人がいることは，「身体的な変化が生じ（た）」際に，当事者がおかれた状況や感情を再現／理解する際にとても重要なものである。

　第二に，第一の点と一部重なるが，この TEM 図には，個別的で一般化できない記述もある。先に挙げた箇所でも，「パートナーと別れる」が記述される位置は，「パートナーと性交渉をもつ」と「身体的変化が生じる」との間にある必要はない。ここに記述された理由は，単に調査対象者が偶然そうであったに過ぎない。「罪悪感や自責の念と〈中絶しないとどうしようもない〉という気持ちとの葛藤」なども，個別的な事象であり，これ

とまったく同じ感情が生起することを予測するものではないし，「パートナーと性交渉をもつ」から「身体的変化が生じる」への径路を考えた場合も，「パートナーと性交渉をもつ」必要はなく，非パートナーであることもありうる。これらのポイントがこのように記述されたのは，調査対象となった人がそうであったに過ぎない。その意味で，安田（第2章第3節）のTEM図は，きわめて具象的なモデル（やまだ2002）であるといえる。

このように偶然的・具象的なものがTEM図に記述されたのは，二つの理由によると思われる。第一の理由は，TEM図の作成者が感じたことを読者に伝えるために付与したからであり，第二の理由は，個別の生を捨象せずに記述するために，インタビュイーが話したことをそのまま記述したからである。

4 ポイントの内容から見た，心理学的研究におけるTEM研究の意義

これまでの議論でTEM図は，具体的・個別的・偶然的な記述がなされ，分岐が描かれるのに，その因果関係については，記述がなされないという特徴をもっていることを指摘した。

従来の心理学において，偶然的なもの，人によって異なってその原因を特定できないものは，攪乱要因であると考えられていたため，統制されるか，統制ができないのであればランダマイズされるべきものであった。他方，質的研究においては，個別の語りなど人によって異なってその原因を特定できない具象的な記述は重視されたが，しかしながらモデルがある程度，抽象的／半具象的であることは必要なものとされてきたように思われる。物語論的アプローチでは，具体的な記述がなされたが，複数の語り手がいる場合，それらの統合に際しては，原理的な困難を伴っていた。それに対して，TEMは，客観的体験そのものに共通のものを前提としない。本来，それぞれ個別的で個性的であるはずの人間が比較的共通の体験をしているというのは，驚くべきことなのである。

このような具象的な記述の，心理学における意義として，実際的・現場的な意義と学問的な意義の二点をあげることができる。

第一は，実際的・現場的な意義である。具象的に偶然を記述することで，TEMでは，個人の体験をなぞろうとすることを促進する。TEMに個々人の体験が具体的に記述されていることによって，読者は，その径路に自分の生を「重ね合わせ」ることができる。しかし他方で，TEMは，読者にとって心地よい「背景事情／理由」を記述しないことによって，「共通の特徴をもった人」（たとえば人工妊娠中絶をした人）について分かった気になること，理解したと感じさせることを拒む。TEM研究においては，常にモデルはぼかされ，「AはBである」という語りには，「AはBでない」，そして，「そもそもAはBかどうかよりも，Cが重要なこともある」というオルタナティブな形が提示される。それゆえに，TEMのなかのそれぞれの径路は，その径路こそが標準的な／本質的なものだという特権性をもつことが無い。それぞれは単なる一つの生のストローク・軌跡であり，それ以上の代表性を持たない。こうした特権性の無さは，モデルそのものについても有効であり，TEMで記述されたものは，それ以外の可能性を排除するものでは全くない。

　これは従来の心理学が生産してきた種類の知識とは，大きく異なる。従来の心理学が生産してきた種類の知識，すなわち「一般的には……」とか「多くの場合は……」という知識は，そうでない人にとって標準的な／本質的なものとして，「正しくは……」とか，「普通は……」のような価値を含んだものに聞こえる危険性があった[*9]。これは研究対象者と話すときに障害となるものであろう。それに対して，特権性をもたないというTEMの特徴は，研究対象者と話す際に有効なものである。「自分のような境遇は自分だけではないだろうか」と感じる歴有性をもった生にとって必要なのは，ありもしない平均的な人の軌跡ではなく，自分と等価の個性的な生のストローク・軌跡の存在であろう。「自分のような境遇は自分だけではないだろうか」と感じる人に対して，その人と等価の個性をもった生のストロークを示すことが有効なことは菅野（2005）は，「よその子どもや家庭の様子を伝えること」（もちろんプライバシーには十分配慮しながら）の重要性を報告していることからも，示唆される。

　第二は，学問的な意義である。従来の心理学的な研究は，共通性を探し，そこに潜型（genotype）を見つけようとする，いわば公約数的な知の形

成であった．他方，TEM 研究にあるのは，顕型（phenotype）の集合であり，いわば公倍数的な知の形成である．公倍数は無限にあるが，個々人が関与しているシステムがある程度共通しているかぎり，TEM 図における公倍数が無限に生み出されることはない．つまり，他者がかかわるシステムが制約として働くことになるだろう．サトウ（第2章）で紹介しているように，開放システムの特徴は，エントロピーの増大が無限に進むのではなく，一部において秩序的状態に向かうことである．

言い換えれば，従来の心理学が産出する知識が辞書的／ラング的な知識（「この言葉はこういう意味がある」）だとすれば，TEM が産出するのはウェブ的／パロール的な知識（「○○さんは，こういうふうにこの言葉を使っていた」）である．とはいえ，この形式の知識をうまく扱うための方法論は，まだ不十分なので，今後の洗練が必要であろう．

5 TEM 研究の限界

他方で，TEM 研究も多くの限界や乗り越えるべき課題を抱えている．ここでは，三点を指摘する．

第一に，従来の心理学が生み出した知識，つまり当てはめ可能な知識は，占いのようなもので，読み手に対して「将来的にきっとこうなるんだろう」という予測を与えてくれる．それは，（その是非は別として，）ある程度の安寧を与えてくれる可能性があるものである（結果的には失望に変わるときもあるだろうし，自己成就型予言になるときもあるだろう）．また，このような知識のパッケージ化（単純化／法則として理解することで，予測や制御，そしてその後のより高次な議論に備える）は，知識の蓄積／発展のために必要とされてきたものである．これは，当てはめ可能な知識や，半具象モデルの功罪の「功」の部分である．それに対して，TEM 研究は，モデルの功罪の「罪」の部分（前節参照）を背負わなかった代わりに，（「○○になるかも知れないし，ならないかもしれない」を予測と呼ばないならば）そのような予測を与えてくれるものではない．

第二に，個々の軌跡を記述するとはいえ，個人のすべてを記述することが不可能である以上，そこに記述されていないものが存在することは不可

避である。歴有性ゆえに，研究成果のフィードバックを受けたインタビューイーは，「たしかにポイントで表されていることはそのとおりなんだけど，こう描かれてしまうと自分の体験とは印象が全く異なる」と感じるかもしれない。ただし，この問題に答える必要はないかもしれない。

　第三に，多様性は，当事者には見えていなかった他者の径路を明示化し，それは，ある種の欲望を喚起するものとなるかもしれない。TEM で描かれるのは，歴有性であると指摘したが，それは，生を受けた個人が，自らの径路を離れて，他の径路に移ることの困難さを意味するものである。にもかかわらず，TEM 図によって複数の径路が記述されることで，個々の生／径路が，他の径路との比較にさらされる危険性がある。当事者は，自分には選び取れもしない選択肢がオプションとして明示されていると感じるかもしれない。そのため，TEM 図を，径路の途上にある人に直接提供するのは危険であり，図そのものは研究者の側で保持して，必要に応じて径路の存在を提供するのが適切だろう。

6　まとめ

　このような限界や課題を抱えているとはいえ，TEM の試みは，心理学の歴史にとって意味があるように思える。TEM がもつ歴有性・偶然性の記述は，知の形態そのものを再構築する可能性があるだろう。TEM は，知識を発見する／何かの本質を理解するという，かっこつきの「西洋的」「近代的」な知識生産図式からははみ出している。それゆえに，知識とは，当てはめ可能なものであるべしと考えている多くの「科学者」は，この TEM で何が分かるのかと首をひねるかもしれない。TEM は，非特権的具象モデルを提示することで，知のあり方を心理学に問いかけている。

　　　　　　　　　　　　　　　　　　　　　　　　（荒川　歩）

第5節　回顧型／前向型 TEM 研究の区別と方法論的問題

　TEM 研究は，ヴァルシナーとサトウのアイデアに発するが，その後の研究はどちらが起源となっているかによって，志向が異なるようである。サトウに起源を持つ日本の TEM 研究は，過去から現在という時間領域を対象とし，EFP に収束していく諸個人を描こうとする。他方，ヴァルシナーは現在から未来へ向かう領域に重点を置き，等至点から発散していく諸個人を描こうとする。前者を回顧型，後者を前向型と呼んでおこう。二つの研究姿勢の相違は，何に起因するのだろうか。
　TEM 研究が対象としようとする時間領域が異なるのは，研究者が住まう文化によって方向付けられた差異なのかも知れない。日本では前例踏襲や横並びといった現象が，ところどころに見られる。歴史性や文化圧が，個人の発達の可能性を大きく制限しているのである。それらはしばしば，個人にとって抑圧的に機能し，人生を生きにくくしている。日本の TEM 研究は，そのような事態を記述しようとしているのだろう。ヴァルシナーにとっては逆に，文化圧や歴史性に抗い，不定さをあえて生きようとする個人像が注目に値するのかも知れない。無論かの地においても，抑圧は存在しよう。しかし抑圧に屈せざるを得ない哀れな人への共感と救済に向かうのではなく，主体的に行為選択を企てようとする個人を称揚し，鼓舞しようとする。2007 年 8 月の立命館大学における講演でヴァルシナーは，「生の技法」（ars vivendi）や「人生の径路が非線形的に作られていく」（The nonlinear personal course trajectory in the making）といった表現によって，このような姿勢を表明していた。
　回顧型研究が気づいていない欠陥を二つ指摘しておこう。歴史性による制約とともに，もう一つ現在を生きる人間を拘束する過去がある。それは，「認知された過去」である。自分の過去を人はしばしば意味付け，あるいは物語化し，それを現在から未来へ向かうための（いい意味でも悪い意味でも）資源としている。歴史性としては同じであっても，「いじめら

れっ子の物語」として認知するか,「いじめを生き延びてきたサバイバーの物語」として認知するかで，資源としての質は大きく異なるであろう。回顧的研究は，歴史性による拘束と，認知された過去（構築された過去物語）による拘束を区別しなければならない。後に指摘するように，回顧的研究が採用している方法論は，両者の区別に無頓着である。

　もう一つの欠点は，方法論的問題である。研究を開始するに当たって，回顧型研究はまず，現在あるいは過去に，ある等至点に到達していた諸個人，たとえば「不妊治療をやめた人」「中絶をした人」等々をサンプリングする。そしてこれらの人びとから，回顧的インタビューによって，研究者はデータを収集する。この方法では，研究者が協力者に対し，等至点に至るまでに起こったことを語るように要請する。ここで注意してほしいのは，協力者の語りは到達点である等至点を定めたうえで構築される物語である可能性である。

　TEM が依拠する時間概念からすると，誰も将来に何が起こるかを確定的に予測できない。人は不定な状況に置かれている。そして直面した社会・文化的状況と当人の歴史性に制約されながら，具体的な行為選択や意思決定をその都度行い続ける。このような時間の進行と，物語における時間の進行は異なっている。先に設定された到達点が達成されるように出来事が取捨選択され，それらが因果関係で結びつけられていく。人がその都度直面していた不定さは隠蔽され，あたかも各行為や意思決定が必然的になされたかのように語られるであろう。回顧的インタビューによって引き出されがちな物語は，諸個人が不確定な未来を漸次確定させながら進んできた発達の歴史と同じではないにもかかわらず，実際の TEM 研究では両者が混同されている。TEM が描き出そうとする「時間とともにある個人」と，回顧的インタビューによって描かれた「私の物語」を同一視することはできない。

　では TEM の理念通りに研究を遂行するには，どのような方法がより適切なのだろうか。継時的観察法の使用が真っ先に思い浮かぶかも知れない。研究対象者の時間の進行に寄り添いながら，データを収集する方法である。この方法によって，研究は前向型となる。もしこの方法の採用が必須であれば，回顧型研究は実行不可能である。しかしながら，この方法を

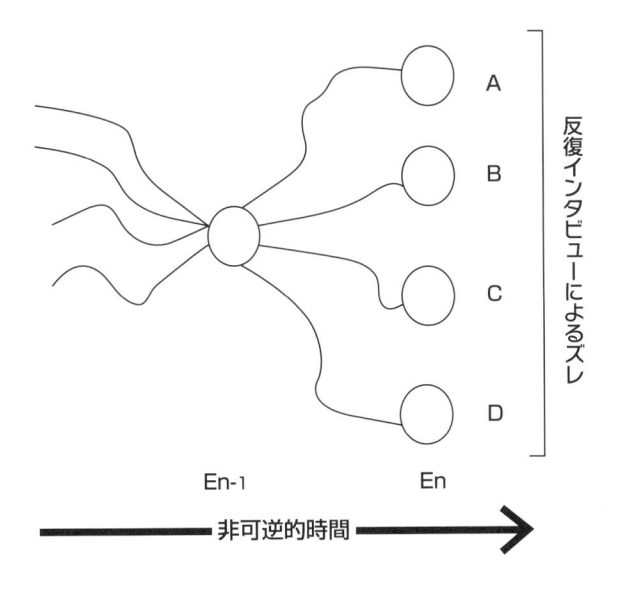

図 5-3　TEM 図の重ね描きとズレ

採用する負担は大きいので，実質上この方法がとれない場合がある。EFP に至るまでどれだけの時間が経過するか知れない。研究協力者との頻繁な接触もまた必要である。これは協力者にとっても負担が大きく，協力の了承が得られる保証は少ないだろう。

　研究を回顧的に行わざるを得ない場合もあろう。等至点がすでに完了した過去である場合には，継時的観察法を用いることはできない。この種の研究を遂行するためには，回顧的インタビューを用いざるを得ない。しかしわれわれは，物語構築の問題にどう立ち向かえばよいのだろうか。どうすれば回顧型研究において，時間とともに発達しつつある個人を描くことができるだろうか。

　一つの可能な方法は，回顧的インタビューの反復適用である。一回一回のインタビューではもちろん物語が構築されるだろう。しかし，相互の物語間には一致しないズレ——選択される出来事や筋書きの違い——が生じるかもしれない。研究者が以前と異なる視点から質問を行えば，このズレはより顕著に現れるであろう。ズレた物語を重ね描くことで（これは個人

内変動であるから，重ね描いても問題はない），ある時点において個人が直面していた不確定性を探ることができないだろうか。ズレの範囲はおそらく，個人の歴史性と当時の状況によって制約を受けた範囲に相当するだろう（図 5-3。出来事 E_{n-1} の後，何があったかを E_n として反復聴取したところ，聴取のたびに異なる E_n が語られたことが，この図では示されている）。ここから歴史性と状況を分離していくのである。

　反復回顧的インタビューの可能性は，ナラティブ・セラピーの実践によって担保されている。ここでは物語の改作が企図されるが，それが可能なのは，物語が過去から現在への発達と同一ではないからである。「物語の穴」「ユニークな結果」などを契機にして，別様の適応的な物語を構築することがセラピーの目的であるのに対し，反復回顧的インタビューは多様な物語を重ね描くことで「物語の穴」や「ユニークな結果」を，諸時点における不確定性として特定することが目的である。

　この方法はいまだ試験的かつ思索的である。適切な実証研究にふさわしい方法となるかは，今後の研究において明かされていくだろう。しかしある程度有望な方法であることは，安田による次の発言から示唆される。彼女は，データ採取中に偶然なされた反復インタビューの有効性を語っている。

　　　別件でお話を聞かせていただいたりすると，一回目に語られないことが二回目に平気で出てくることが実際あるんですね。それは痛感しています。……インタビューの視点を変え，手を変え，品を変えていろんな語りを引き出すようなことは重要で，あるいは時間を変えて二，三回目ということは可能な限りということになってくるんですが，重要かなと思います。

　　　　　　　　　　　　　　　　　　　　　　　　（サトウ 2009）

　ズレを見出せるほど反復聴取できず，少数回の回顧的インタビューしかできない場合ももちろんあるだろう。その場合は，インタビューの結果が物語化されている可能性を常に心にとどめて，結果の解釈を行うしかなかろう。繰り返すが，回避すべき問題は，物語と履歴を同一視することである。物語化することによって解釈資源として運用される過去と，不定さに

その都度出会いながら選択肢を生成・選択してきた履歴は，自覚的に区別され，考察されなければならない。

　前向型研究にも欠点はある。それは，径路の創発を促すものの特定である。径路の収束を促すものについては，文化圧（社会的方向付け）や歴史性，認知された物語などが特定されてきた。前向型研究の旗手であるヴァルシナーは，径路の創発を促すものを明示していない。基本的に人間は主体的に径路を開拓して行くのだという，ある意味で楽観的な人間観に立っている。しかしながら，どれだけ多くの人間が数々のことにとらわれ，あるいはどうしたらよいかわからず，未来を切り開くことに難渋しているか。第4章で紹介された松本の研究は，この欠点を補った前向型研究である。そこでは，径路の創発を促す媒介の役割が鮮やかに描かれていた。すなわち，少年たちの意味生成に貢献する「大切な音楽」の役割が，である。

（森　直久）

第6節　異種の時間が交差する発達
――発達時間論の新展開へ向けて[*10]

1　発達研究における時間論

A　はじめに

　発達心理学は，どのような時間論に依拠すべきか。本節で論じたいのは，この根本的な問いである。そしてこの問いに挑戦するのが，まさにTEM研究である。TEMは，言語発達や職業発達など，発達の一部の種類に焦点を当てる局所的なものではなく，発達の根源を言い当てようとする幅広い発達論である。しかしながら，現在のところ，TEM研究のこの試みには，課題が残されているように思える。発達研究における，真に新しい時間論を提示するには，当該の課題を克服して，TEMならではの時間論的視点を，より明示，体系化する必要があるのではないだろうか。本論では，第一に，TEM論ないしTEM時間論とは何か，簡潔に論じながら，

現行の TEM 研究の課題を検討する。第二に，それらの課題を乗り越えるために，TEM 時間論の拡張を試みる。これは同時に，発達心理学における時間論の今後の展開へ向けた試論でもある。結論から述べると，TEM とは，単一の時間に基づく発達を示すものではなく，「複数の異なる時間が交差し，多重する発達（あるいは文化的実践）」と明確に位置づけるべきことを提案する。これを本論では，「異時間混交性(いじかんこんこうせい)」(heterochrony)[*11]（香川・茂呂 2006），「多重時間性(たじゅうじかんせい)」(polychrony) と呼び，これらの概念をもとに，今後の TEM 研究の方向性を幾つか提案してみたい。

B 発達と時間

われわれが，「発達」を言及する際，そこには何らかの変化の意味合いが含まれる。そして，その変化は，時間とともに生じるものである。たとえば，「幼児が話せるようになった」「親の子育ての技術はこれから上達するだろう」という，ある状態から別の状態への変化には，過去から現在，そして未来への時間進行が伴う。発達という概念には，時間軸が常に貫通している。「発達あるところに時間あり」といってよい。この時間をどう捉えるかは，発達論の方向性を左右する重要な問いである。

ところが，従来の心理学の多くが，月日や時・分・秒の単位による反応時間や行動の推移，年齢ごとの発達段階など，等間隔で，外在的で，客観的な時間観に素朴に依拠してきたのではないだろうか。これに対し，TEM は，従来の発達論における時間観の問い直しに挑戦し，代替的なそれを発達論に組み込もうとしている。たしかに，これまでの TEM 研究から，魅力的な成果が示されてきているように思う。何より，理念だけ，あるいは方法手続きの議論に終始することなく，その両者を深化・拡張させようとする TEM 研究の姿勢には好感をもつ。理論研究と実証研究の両立こそが心理学を哲学から独立させ，発展させてきた伝統ならば，どちらか一方に終始すべきではないだろう（しかし，実際は片方に偏重することが少なくない）。両者は，心理学を駆動する両輪であり，両者を同時に走らせる必要がある。

しかしながら，第 3 章でも鋭く指摘されている通り，これまでの TEM 研究の理念と，方法論ないし調査研究の間には，ギャップがある。また，

その課題も含めて，両者には，更なる発展の余地があると思われる（この未完成さが，TEM 研究に参加する，まさに面白さでもある）。

とりわけ，TEM 時間論は，TEM 論の中核でありながら，理論的にも，実証的にも多くの検討の余地が残されているように思う。端的に言えば，「関係論的に（主体と環境との文化的関係性という観点から）時間をいかに捉えるべきか」の議論がより必要に思う。

では次から，TEM 研究の現状を踏まえたうえで，TEM もしくは発達心理学が，より関係論的に時間を捉えるためにはどうしたらよいか論じていく。

2　開放システム論としての TEM 研究とその課題

最初に，TEM 研究の現状と，それを踏まえての課題を論じ，次に，TEM 時間論を拡張させることで，その克服案を提案する。

TEM は，人間発達を，社会文化との関係性のもとで生じるものとする文化心理学の枠組みに依拠する。文化心理学は，言語などの記号媒介による外界との相互交渉，あるいは開放システムを強調する（第 2 章参照）。この考えからすれば，発達とは，外界から閉じた個人内で起こる変化でもなければ，外的環境からの一方向的な影響のもとで個人に起きる，因果論的な変化でもない。「個人的文化」と「集合的文化」（Valsiner 2007）との不可分な関係性の変化である[*12]。両者は，相互排他的で，独立するものではなく，撚り糸，ロープのように「共に織り込まれている」（Cole 1996）。集合的文化は，複数の個人が相互行為するなかで生み出され続けている動態的なものであり，個人的文化には，集合的文化が浸透している。「これから俺はどうしよう」と，大学受験で不合格となり思い悩む，一見，至極個人的な「内省(しごく)」ですら，言語という，集合的文化に由来する媒介物を通したものである。また，高等学校や大学組織という集合的文化への「参加」から生まれ，それらとどう「関わるか」という悩みである点で，この内省は，集合的文化との関係にある。さらには，この内省は，たとえば，高等学校の教員や進路指導部を動かす，あるいは組織をあげての受験対策の強化につながりうるなど，集合的文化を変化させる部分とも

なる。個人的文化は，集合的文化なくして成り立たず，集合的文化は個人的文化なくして成り立たない。発達とは，このような両文化の関係性から生じる「文化的」発達である[*13]。

　この理念のうえにたち，TEM の調査研究では，不妊治療などのテーマ設定，等至点をまず定め，それに近い（"similar" 第 2 章参照）経験を持つ人びとの語りデータの収集をし，必須通過点，分岐点を軸に，複数人の語りデータを，同じモデル図上に配置し，あるテーマにおける発達の軌道の全体像を描いていく。

　しかし，TEM には，この理念と調査研究の間にギャップがある。第 3 章でも TEM には，「文化が描かれていない」と指摘されているが，たとえば，第 1 章の分析編の TEM 図に描かれた軌道は，不妊治療を受ける「個人の」意思決定や選択の軌道である。そこに，他者，媒介人工物——言葉などの「心理的道具」だけでなく，鉛筆などの「技術的道具」も含む（ヴィゴツキー 1987）——，制度，テクノロジーなどの文化がどう複雑に絡まり発達が起こっていくのか，たとえ，そこに「社会的方向づけ」が追加されても，まだ文化的発達の観点からの「紐解き」は十分ではないように思う。もちろん，たとえば，安田（2005）でも TEM 図以外に，「夫婦」や「社会」というカテゴリーによる分析が含まれてはいる。しかし，あくまで出来事の分類の水準に留まっているのではないだろうか。特定の発達が起こる理由とプロセスを，TEM が志向し，依拠する文化心理学の特徴をより活用して，より「文化心理学的に」示すことが可能に思える。この課題が現れる大きな理由の一つとして，現行の TEM の調査研究では，人びとがその時々に具体的に接している状況，すなわちローカリティ（局所性）への着目の徹底が，いささか不十分であることが挙げられるだろう。現行の TEM 図の結果は，ローカルな文化的諸文脈から宙に浮いた，個人の変化を描いた印象を与えてしまう。

3　異時間混交性

A　歴史性，未来性，時間的展望の交差

　TEM 研究に，どう文化をもっと盛り込むか。著者は TEM における時

間論の拡張こそ，その課題克服に繋がると考える。ここでは，「複数の時間性が混交する」新たな TEM 図を提案して，その足がかりを示したい。

　現行の TEM 図は，たとえば，不妊経験者，妊娠中絶者という，「同じ経験は共有するが，しかし互いに直接接触のない，独立した個々人の発達を描いたもの」となっている（対象者 A 氏と B 氏は，不妊経験は共有するが，互いに直接交流はない無関係な人）。これには，不妊経験者の発達の全体像や，（不妊経験は共有するが異なる）個々人の多様性を直感的に把握しやすい利点が確かにある。しかし，この図の構造に束縛されることで，かえって「相互接触により，主体と"共に"変化し続けている他者，人工物，制度などの時間性」の描写が不十分となるリスクを背負う。たとえば，不妊治療で不妊経験者が接する他者の一人，医者は，どんな発達史を背負ってきて，治療に関するある思想や志向性を持つようになったのか，親はどうか，この先（未来に），互いの接触を通して，考えなど変わりそうか，不妊治療というテクノロジーの歴史性・未来性はどうで，この先どうなっていくのか，そこで使われる治療の道具（媒介人工物）の歴史性・未来性はどうか[*14]。

　文化的発達とは，ある「個人だけ」が，時間とともに変化するのではない。当人と接する他者も変化しているのであり，人工物とは誰かが集合文化のなかで作り上げたものをわれわれが歴史的に継承しているのであり，それを人は物理的に変形させたり，意味付けを変えたり（ペンはあるとき書く道具だが，ときに人を刺す道具にも，ゴミ，リサイクル材にもなりえる），制度も次々と作りかえられていく。順に見ていこう。

　他者は，自分とは異なる発達史を背負ってきた人物である。他者と触れる，というのは，これまで各人が歩んできて――歴史性――，これから歩もうとしている――未来性――他者の時間性と，自分の時間性，つまり「異時間の交差」を意味する。たとえば，質的研究者 A と量的研究者 B との議論は，互いの異なる歴史性に触れ，大なり小なり互いの未来を作り合う。A がそれまで学んできた経験や知識を B に語ることは，A の過去に B が触れることであり，それにより，B の次の研究テーマが新たに生じたり，意気投合し，共同研究の話へと展開したりする。互いの過去の時間が現在に触れ合い，新たな未来とその展望が生み出されるの

である。衝突する場合も同様である。たとえば，男性Aは「将来結婚したい」と思っているが，お相手の女性B自身は「付き合うのは良いけれど，結婚はしたくない」。未来展望の間に生じるズレと衝突とはこのようなものである。そこから，「互いに進展がないのなら，別れよう」という，新たな選択が生まれたりする——こうした，複数の「時間的展望」(time perspectives)＊15)（Lewin 1942）の間のギャップとそこから生まれる発達の領域を，"Zone of Time (Future or Past) Perspectives: ZTP"と呼ぼう——。

　この異時間の交差は，コミュニケーションにおいてきわめて根本的なものである。ある人物と全く同じ歴史性・未来性を歩む人物は原理的に存在しない。もちろん，たとえば，同じ故郷の同じ学校の同じクラス出身であるなど，互いの歴史性の同一性を確認しあうコミュニケーションはありうるが，それは多くの他の時間性の差異を不問にした上でのものである。たとえ，同じクラスのメンバーでも，交友関係やその場で考えていること，あるいは悩みなどは違うだろうし，席の違いにより，黒板を見る視線の角度は異なり，それにより周囲から得る情報も変わってくる。

　言葉，ペン，PC（パソコン），医療器具などの媒介人工物も同様である。人工物は，その開発過程や使用法に関して，それぞれ独自の歴史性を背負い，今後誰にとって，どう役立ち，廃れ，バージョンアップしていくか，それぞれ異なる未来性を持つ。人工物の使用法を習得することは，それが使用されてきた集合文化の歴史性に触れるということである。たとえば，PCのキーボードを叩くわれわれは，その歴史性に触れている。左上の5文字をとってQWERTY型と呼ばれる打ちにくいキーボードの並びは，打ちにくさのために配置されたものである。というのも，タイプライター時代に，文字バーの絡まりを防ぐため，使用者が素早く打ちこむことを妨害する目的で作られたものなのである（Wertsch 1998）。その名残りにわれわれは触れている。またわれわれは，PCを媒介することで，文書を書こう，インターネットで結婚相手を探そう，ネット企業を立ち上げようなど，自分たち固有の短期的，長期的な未来への時間的展望を生み出す。時間的展望はこうした媒介行為の中でうまれる。さらに，PCの使用しにくさや諸々の問題点をわれわれが経験することは，バージョンアップや新製品開発とい

う，ソフトやPCの新たな未来性を生み出す．人工物と接することは，その固有の時間性に接し，互いに新たな時間性を生み出していくことなのである．

　制度・ルールも同様である．政府や組織の上層部は，その集合的文化の倫理や利害，作業効率を調整するために，さまざまな形で，制度やルールを作成し，作りかえ，廃止していく．制度・ルールも独自の過去，現在，未来の時間性を持つのである．たとえば，現代的な日本の「自己決定による結婚（の自由）」も歴史的に作り上げられてきた制度の一つである（古くは身分や性別による制約が結婚にはあった）（関口ら 1998）．そして，その現代的な制度により，われわれは，「将来，自分の意志で一人の異性との結婚を決定する」という（まさに文化的な）時間展望を持つようになる．それだけでなく，同性愛者にとっては，同性と結婚したいという未来展望と，現行の結婚制度との間で衝突が起きることもあり，またこの衝突は制度改正という制度の未来を生み出すゾーン（ZTP）ともなる．

　これら他者，人工物，制度は，すべて，ある時間性を「生み出す」と同時に，それ以外の時間性を「制約する」という二面性を持つ．「ある人との結婚」という未来展望を得ている人は，同時に，結婚以外のさまざまな選択肢への展望が制約されている――ただし，未来展望は「可能性」の展望であるがゆえに，相反するものも含め，他に「結婚しないで同棲する」など，複数の展望を同時に持つことも可能であり，この異なる可能性の間で葛藤が起こり，それが別の新たな展望を生み出したりもする――．

　文化的発達とは，こうした，種々の異なる歴史性が互いに接触し，互いに異なる未来性を作り出していく，つまり互いに変化していく，「時間的共変化」を意味する[*16]．発達とは，「異種の時間性が接し，互いの時間性を揺り動かし，新たな時間性をつくり合っていく過程」なのである．

　そして，これら異種の時間が結びつき，ある一定のまとまりをもって生み出されるのが，集合的文脈である．たとえば，医者，患者，医療器具，医療制度などはそれぞれ異なる時間性を持つものだが，何らかの動機や関心を共有することで（Engestrom 1987, Wenger 1990），医療実践の共同体という，差異がうごめきながらも一定のまとまりをもつ集合的文脈が構成される（香川 2008a）．この集合的文脈には，①会社の歴史，②学校

の歴史という，各集合体特有の歴史性と，①会社の未来，②学校のこれからという，各集合体特有の未来性という，集合体レベルでの特有の時間性が含まれる。

　また，このとき，異種の時間が集まって構成された文脈は，その文脈の特性を再び各要素に反映させる形で，それらに新たな時間性を引き起こす。たとえば，同じ人物が同じノートという人工物を使うのでも，遊びの文脈と，学校教育の文脈とでは，各文脈の特性が反映され，それを媒介して生み出される主体の行為並びに未来展望は異なってくる（たとえば，マルバツゲーム遊びの文脈では，ゲームの勝ち負けが，学校教育の文脈では自分の学習の出来不出来などが展望されるだろう）。

　さらに，人は，単一の集合的文脈に参加するだけではない。たとえば，医者も患者も，医療文脈と家庭文脈を往復するなど，複数の集合体間を横断しながら未来や過去を展望し，それらの展望を変化させながら発達するし，個人だけでなく集合体全体も，たとえば企業間の連携など，異なる集合体の交わりの中で今後の企業のあり方，連携のあり方など展望し，変化していく（Wenger 1998，香川 2008b）。つまり，異文脈同士の接触，あるいはある文脈から別の文脈への横断に伴う歴史性・未来性もある。

　まとめると，文化的発達には，第一に，人，人工物，制度などの個々の時間性の交差・衝突と，その交差・衝突が集まり生み出される集合的文脈の時間性があり，第二に，その集合的文脈の特性から，再帰的に各要素に反映される時間性がある。そして第三に，異なる集合的文脈の間で生まれる時間性がある。以上より，TEMないし発達とは，異種の時間が折り重なり，さらに新たな時間性を創発し続けている，多重時間的で，異時間混交的なものと位置づけるべきではないだろうか。

B　新しいTEM図の提案

　ここで，現行のTEM図に加えて，提案したいのは，図5-4である。現行のTEM図は，「ある経験（不妊や中絶や結婚など）を共有するが，互いに直接接触のない人たちの発達の様相」を，同じ図上に集結させる形で描いていく。これに対し，図5-4は，そのなかのある特定の人物に焦点を当て，その人物が「実際に」接する親や友人などの他者，人工物，制度な

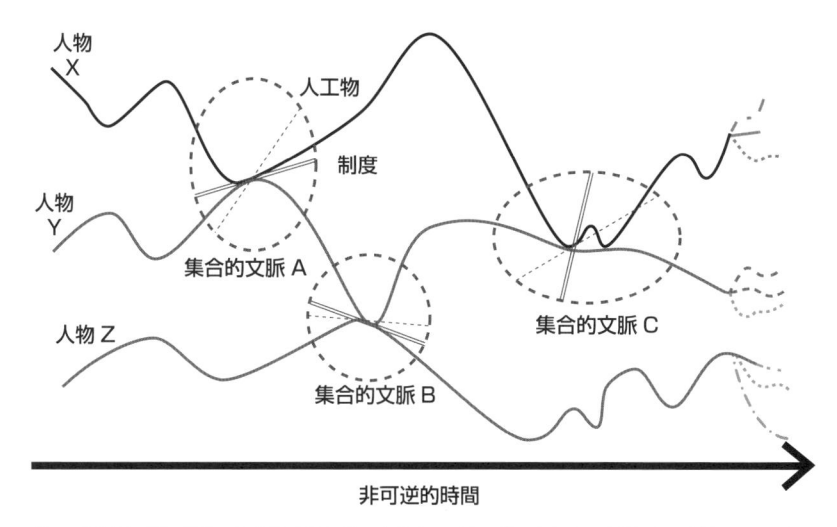

第 5 章　方法論に関する問いかけ　　165

注1　円と円の間にも別の集合的文脈が常に介在する（人は常に何らかの文脈に埋め込まれている）。
注2　制度や人工物も，制度を作る政府や，道具を作る他の集合的文脈に由来する。

図 5-4　異時間混交性としての TEM

どの軌道（共変化）を表す。また，それらが互いにある関心や動機を共有して接触する領域を，集合体（文脈）として丸で囲んでいる。例えば，Xさんは，家庭という集合体で他の家族のメンバーと不妊について語り，その後病院という別の集合体で看護師や医者とカルテや医療器具等を介しながら，不妊について別の体験をする。そしてまたその病院での体験をふまえ，家庭で不妊について別の語りを家族と展開する。ここでは，家庭という集合体に大なり小なり変化が現れている。こうして，人びとや人工物を含む集合体は他の文脈との接触を通して過去から未来にわたり変化，発達していく。

　この図は，従来の TEM 図を否定し，それに完全に取って代わるものというより，従来の TEM 図では描かれていない側面を可視化した図である。その意味で併存可能といえる。

　ただし，現行の TEM 図もそうだが，ここで提案する図も，あくまで，分析のいちリソース，視点として扱うべきではないかと考える。調査研究において，これらの図の作成のみを目指すのでは，形式的な分析に終わ

り，文化的発達は十分には明らかにならないように思う。図は，あくまで，さまざまな細かな出来事を捨象した上で成り立つ「俯瞰図」であり，その時々で起きている，微細で，「ローカルな」文化的発達の様相を示すには，大雑把である。TEM 図は「鳥の目」的な視点から眺めた発達であり，「虫の目」（山住 2004）的な視点とはズレがある。TEM 図で，全体像を描いた後，たとえば，集合的文脈 A における，一部の変化に着目して，そのときの道具，他者，制度などとの具体的な関係性を具に分析する研究がもっと必要に思う。あるいは，ある部分に着目した分析をボトムアップ的に行っていき，その集積として，TEM 図全体が現れるような分析もありうるかもしれない。これはまた，実は安田（2005）の分析でも試みられているのだが，TEM 図をリソースとしながら，「TEM 図以外の分析をいかに豊かに，精緻に行うか」が，実は，TEM 研究の大きなポイントであることも意味する。「一つの図に盛り込めるものには自ずと限界がある」からである。

　またこのとき，分析手法を細かく手続化していき，分析者が決まった手順通りにやれば，うまくいくようになる，と考えるべきではないのではないだろうか。一定の手続化は重要だが，手続に偏重してしまうと，「なぜそうするのか」あるいは「この研究では他に良いやり方があるのではないか」を考えない，思考停止状態の分析者を生んでしまうことがある。また，その手続きが，知らぬうちに神の声のごとく神聖化され，それに従わなければ異論を頑固に唱える，ガチガチの査読者をも時に生む。これまでの TEM 研究の良さの一つに，柔軟性があるから，そうではなく，研究テーマ，データ特性という具体性を十分踏まえて，文化的発達を最大限表現できる分析上の工夫を，そのつど，分析者がじっくりと悩み，試行錯誤しながら，創造的に考え出していくことが，実は，かなり重要ではないだろうか。他人が作った手続きに支配されて，いつの間にか本当に知りたいこと，知るべきことが示されないのは，本末転倒としか言いようがない。また創造性は研究のオリジナリティにもつながる重要な部分だろう。

　さて，ここまで，TEM の理念と実践のギャップから，複数の時間が交差するモデルを提示した。次は，TEM が依拠する「非可逆的時間」の概念に着目して議論する。

4　純粋持続と時間の多重性

A　ベルクソンと非可逆的時間

　非可逆的時間は，サトウら（2006）によれば，ベルクソンの「純粋持続（じゅんすいじぞく）」の考えに由来する（第 1 章も参照）。純粋持続は，本書の議論では詳しく触れられていないようなので，サトウらが引用した金森（2003）やその他の哲学者の議論に依拠しつつ，著者なりの解説をまず加えてみたい。

　純粋持続は，自然科学が依拠する時間，すなわち，「時計時間（クロックタイム）」に対抗する形で提案されたものである。金森（2003）によれば，時計時間は，人間の外部に存在する客観的で，規則的な量的変化を示す時間であり，1 秒，2 秒，3 秒……という形で区分された各要素は，相互排他的で，独立している。この量の変化はただ，数が減った，増えたの問題を示すものである。たとえば，男女間の親しみがいくら 1 から 10 に増えたと言っても，親しみから，好きへ，あるいは愛への質的変化は表せない。また，この親しみの 1 と 2 の間にも何らかの質的変化があるが，量はそれを隠蔽する。時計時間は，人為的に作られた共通単位（文化心理学の考えからすれば記号的媒介物）によって切り取られた時間であり，本来，それ以前に意識に流れている純粋な時間を歪め，隠蔽するものとされる。

　一方，純粋持続は，人為的に時間単位が設定される以前に存在するものであり，質的変化を意味する。これは，時計時間のように，1，2，3 と，独立した要素に区分できるような「明確な輪郭」はない（Bergson 1889 ／ 2001）。むしろ，その変化は「互いに溶け合い，浸透し合」（Bergson 1889 ／ 2001）うものである。現在は，過去と明確に境界が引ける形で，独立にあるのではなく，過去が流れ込み続けている現在である点で，相互浸透的なのである。それはちょうどメロディのようである。メロディにおいて一音一音は分離しておらず，ある音とそれ以前の，そしてその先の音全体が互いに浸透し合っている。同じドの音であっても，前後にいかなる音があるかによってその響きは異なる。ドの音は独立しておらず，過去の音，未来の音が浸透し，「一体化」（Bergson 1889 ／ 2001）している。純粋持続

は，時計時間のように，人びとに共通の単位があるものでも，言語により表現されるものでもない。共通言語に侵される以前に，個々人の意識に継ぎ目なく流れ込み続けて（「持続」して）いる「純粋」な時間である——1…，2…，3…と，要素間に継ぎ目のある時計時間は，「数える」という意思行為により現れる，要素と要素の間に隙間（空間）のある「空間化された」不純な時間である（中島 1996）——。純粋持続の考えからすると，明確に当人に気付かれていなくとも，何らかの，個々人に特有の時間が意識に持続的に流れ込み，人びとに特有の変化が，常に起こっていることになる。つまり，簡単には見えなくとも，次の瞬間には，人は質的に変わってしまっている。同じ人物でも，時間軸上，二つと同じ人間はいない。だから，「非可逆」なのである。この時間を感じ取るには，われわれを支配する時計時間から離れ，言語に頼らず，虚心坦懐に自己を見つめなければ難しい。ベルクソンの時間論に依拠するならば，われわれの発達とは，普段は見えないが，しかし，確実にわれわれに流れ込んできている時間とともに起こっている。

　TEMがどの程度，ベルクソンの時間論に依拠するかにもよるが，少なくとも非可逆的時間の根拠は，この純粋持続のアイデアにある。またこれは，発達論上示唆に富む根本的な時間観をも示しているように思える。よって，ここでは，純粋持続の考えに依拠して，さらにTEM時間論の拡張を試みたい。

B　一人に潜在する多様性

　純粋持続の考えに依拠すると，普段はほとんど人間が意識しない，見えないところでも，常に人は質的に変化していることになる。純粋持続は，言語を含む記号により，われわれがライフコースを描写する以前に，潜在的にわれわれに起こっている変化であると思われる。

　このとき，実はTEM図とは，面接法によってであれ，観察法によってであれ，それ自体がまさに人びとが人為的に作り出す記号である（詳しくは後述）。純粋持続という，言語化すると，その純粋さが侵されてしまうようなものから，文化的に切り取られた記号なのである。言葉は，自分一人で編み出したものではない（「日本語は私が独りで作った！」という

人はいない。親，友達，上司，専門家などから自分が言葉を学び続けていることを思い出すとわかりやすい）。他者からの借り物である（バフチン1975）。また，言語は，一人よがりでなく，聞き手（これも他者）が理解できる形で語らなければならない。つまり，ライフコースを言語表現することは，何らかの形で，その人固有に流れる純粋持続に，不純物を混ぜて表現することである（しかも，多くの人は少なからず時計時間に囚われた語りを展開する）。本当は，他人にはあるいは言語では理解困難な自身に眠る変化の大部分こそ，純粋持続の「純粋な」姿かもしれない。

考えてみれば，第一に，たとえば，「不妊経験」は，簡単に言語表現できない，あるいは，本人がつい無視してしまっている，さまざまな微細な変化の連続の上に成り立っているはずである。第二に，そもそも「不妊経験」を軸に，発達を可視化することは，同時に，料理好きな私，労働者としての私，韓流俳優の好きな私——すべて仮想の例え話——，あるいは，そうした既成の概念では表現困難な私の持続（語ろうとすると支離滅裂だと他人には言われてしまうような理屈にならないもの）は，表現しない，無視するという意味で，それらを不可視化することである。つまり，「ある私の発達」が描かれている背後には，それ以外の不可視化された「それぞれの私」における「それぞれの軌跡」が眠っているはずである。

金森（2003）も言うように，この見方は，実はある種，人に希望を与えるものでもある。自分がこうだと思い込んでいた発達径路とは別に，自分のなかの他の持続に耳をすますことで，別の発達径路が立ち現れることだからである。そして，これは言葉（語り）上で，「どんな人生の軌道を構築することもできる」というのとも違う。自分のなかで，たしかに流れてきている持続に耳をすまし，たしかにそうだ，という「実感」に基づく軌跡のはずだからである。

さて，これらの意味で，発達とは，実は，現行の TEM が述べてきたように「可能性としては複数あるが，具体的な個人が辿る実際の発達の道筋は一つ」（第 2 章冒頭参照）なのでも，純粋持続は，明確な「線」で，完全に示せるようなものでもない（線も人間が文化的に作り出した記号媒介物で，それで表すこと自体が，おそらく純粋持続本来の在り方を変形させていることになる）。描かれた「線」は，あくまで，純粋持続の一部を，

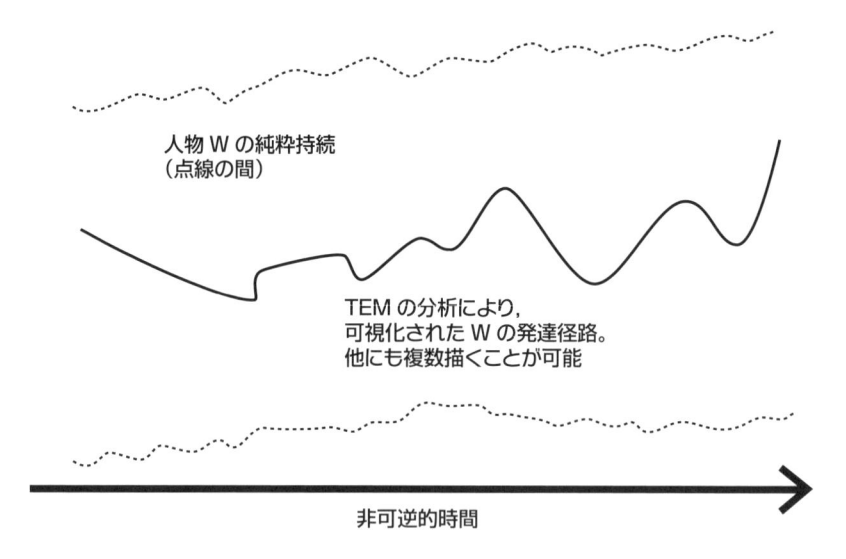

図5-5　純粋持続と可視化された一つの軌跡

記号により加工表現したもので，一人のなかにも，実は多様な線が潜在している。多様性は，現行のTEM論のように，Aさんの発達，Bさんの発達といった，複数の人びとの間の多様性だけを意味しないのではないだろうか。「一人でも潜在的に多様」なのである。これらの内容を図にすると，図5-5のようになる（点線と点線の間の隙間のない領域が，その当人の純粋持続である）。なお，ここでは便宜上，点線の間で表しているが，純粋持続は，本来，点線ですら表すことのできない境界の曖昧なものと考えたい。

　もちろん，この考えは，現行のTEM研究を否定するものではない。あくまで，純粋持続の考えにより忠実に従った際に現れる，現行のTEM図のより背後，根本にある次元を表している。現行のTEM（あらゆる発達研究にも通じるが）は，支離滅裂にも描かれてしまいそうな軌道を，「他者に了解可能な論文物語を作成する」という，一つの文化的実践が志向する動機のために，等至点にまず焦点化するという戦略をとることで，ほとんど無数に可能なうちの，「一つの軌跡」をあぶり出してきたものなのではないだろうか。

C 複数の時間が多重する TEM 研究

　この議論をまとめつつ，TEM 図とは，次の意味でも，異時間混交的で，多重時間的であることを論じたい。TEM 図とは，純粋持続，非可逆的時間という単一の時間からなる図ではなく，「純粋持続という時間」，「語りの時間」，そして，「復元の時間」という，異種の時間が，何段階にも重なる多層（時間）的な表象であるという主張である。

　第一に，TEM において，人びとの発達は，個々に固有に流れる純粋持続からなる。ただ，こう述べると，TEM は開放システム論ではなかったか，これでは，個人に閉じる閉鎖システム論ではないかという批判が当然こよう。しかし，人は，環境と全く何の交渉もなく，裸の状態で変化することなどないだろう。息をする，歩く，見る。きわめて素朴な行為だが，すべて，空気，地面，景色といった環境と関わる行為である。純粋持続は，むしろ，絶えざる人と環境との相互交渉により生じている時間と見なすべきものではないか[*17]。仮に，空気や地面がない宇宙にいても，何とも言えない息苦しさ，自由に身動きできない焦りなど，人と環境とが結びつくことによる特有の持続が現れるはずである。まず，TEM 図には，第一の層として，純粋持続がある。

　第二に，TEM 研究で一般的に実施されている面接で現れる，語りの時間がある。調査対象者の語りは，言語化以前の純粋持続に対して，言語という媒介物により，自分なりのアクセントを加えながら（Wertsch 1998)，過去を振り返り，現在を位置づけ，未来を展望した，つまり，純粋持続を「加工した」ものである。このとき，面接者は，この加工を方向付け，支援するガイド役であり，面接者と共同で，不妊経験の語りは作られる。この作業は，「彫刻」に例えるとわかりやすい。形になっていない元の素材が純粋持続である。そこから，語り手である彫刻家は，面接者という，その彫刻を注文した客の期待に応えようと，客の要求を踏まえながら，しかし自分特有のさじ加減により，さまざまな要素をそぎ落とし，多少不完全なりとも他者に理解可能な形で，人生語りという像を作っていく。もとの純粋持続という時間とはズレのある形で，過去，現在，未来の時間を辿るライフコースを共同で作っていくのである——そして，おそらくこのとき，純粋持続という，互いに（社会的に）不可視で，意識的な

交流が困難な時間同士が，記号媒介物という文化的に共有可能なツールにより，ある種歪んだ形で接触しているのではないか——。第二の時間の層は，純粋持続を言語により切り取っていく，調査対象者の語りの時間の層である。

　第三に，研究者が，等至点，分岐点などの記号媒介物（心理学的な概念も人間が作り出した記号であり，世の中の解釈の仕方を方向づけ，制約する媒介物である）を通して，対象者の語りデータを眺め，パズルのピースを作るように，それらを，「不妊治療をする」「養子縁組を意識する」などの要素に，「分解」していく（観察データであっても，これらの記号媒介物を介するなら同じことがいえる）。そして，パズルを組み合わせるように，他者に了解可能な形で，それらを配置し，「接続」してTEM図を作成していく。こうした，混沌とした経験をある秩序でもって「引き離したり（分解）」「くっつけたり（接続）」していく特殊な文化的実践は，香川ら（Kagawa & Moro 2009）が"距離化（distantiation）"と呼ぶ創造的な言説実践であり，語られた，あるいは観察された過去の姿を，現在に「復元」（茂呂 1999）する作業である。それはオリジナルとのズレを必然的に伴う（茂呂 1999）。ここにも，第二と同じく，その過程では，語り手の言いよどみや，研究目的に合致しない語りの箇所など，いろいろな部分を削り取ることで，完成品を作っていく彫刻作業が伴われる。

　このとき，たとえばTEM図では，「不妊治療」の後に「養子縁組」が並べられるが，実際の面接の文脈では，養子縁組に関する語りの後，不妊治療経験の語りが現れたりするなど，面接中に語られる出来事の順番が，実際に語り手が経験した順序や，TEM図上の順番通りには現れないことがおそらく少なくないはずである（筆者はグラウンデッド・セオリー・アプローチによる面接の分析を行った経験者だが，結果図上で並べる順番と，語られる順番は一致しないことがかなり多い）。また，観察データの分析をするにしても，分析の段階では，等至点をまず定め，そこに到達する径路を描くという，観察データで進行している非可逆的時間とは，「逆行」した手順をTEM分析が辿るなら，観察中の出来事の時間順序と分析でのそれとは異なる時間性が，ここにあることになる。第三の時間の層は，調査データとは異なる形や順序で，TEM図上にそのデータを分解し，

並べていくことで，発達の姿を可視化する，復元の時間である。

これらに加え，さらに，サンプリングや論文化などの際に特有の時間性があるだろう。このように，TEM 図は，複数の異なる時間が交差し，折り重なるなかで生み出される人工的な表象である。

5　TEM の未来の径路

以上，第一に，現行の TEM 図に加え，TEM 時間論を拡張し，「文化的発達論としての TEM」をより強調した新たな TEM 図を提案した。第二に，非可逆的時間の概念に着目して，ベルクソンの純粋持続の概念から，現行の TEM に含まれる，複数の異なる時間性について論じた。いずれも，TEM を，単層的な時間論に依拠するモデルから，複数の時間が交差し多重する異時間混交的なモデルとしての拡張であった。すなわち，異時間混交性とは，第一に，主体，人工物，他者，制度などの間の複雑な結びつきによる，新たな時間性の産出を意味する概念であり，第二に，純粋持続，語りの時間，復元時間などの，異質な時間の交差・多重性を示す概念である。

最後に，TEM 研究の今後の方向性を展望したい。

第一が，マルチメソッドの使用と手法の開発である。本章第 5 節で指摘されているように，回顧的な面接の限界に十分注意し，順行的な観察や反復面接を使用すべきという提案には同意する。ただ，TEM 図を基準として，等至点をまず定め，そこから逆行的に軌跡を可視化していく作業は，観察であっても，（反復）面接であっても，調査と分析との時間的差異と，ある側面をうきあがらせると同時に別の側面をそぎ落とす作業を必然的に伴う。したがって，ある手法は，必ず，可視化／不可視化を伴うものであり，「何を可視化すると同時に別の何を不可視化しているのか」十分自覚化したうえで，単一の方法の洗練だけでなく，さまざまな手法を併用するマルチ・メソドロジーを，TEM 研究流に開発する方向性がもっとあってよいのではないかと思う。つまり，ある手法でそぎ落とされたものを，別の手法を併せて拾うことで，発達径路を多面的に可視化する手続きである。

第二が，作成された TEM の結果に，対象者や一般の人間（読み手）が触れた際に現れる，異なる時間展望の間で形成されるゾーン，つまり ZTP の研究である。TEM 図の一部に組み込まれた調査対象者，もしくは，まだそこで描かれた等至点に達していない人（たとえば，不妊治療を行おうか行うまいか迷っている人）が，TEM 図に触れることで，どんな新たな過去展望や未来展望をうみだすのか。不妊治療に迷っている人は，TEM 図を見ることにより，「そういう選択肢もあるのか」と発見するだけでなく，そこでは現れていない別の径路を歩もうと新たな選択肢を展望するかもしれない。結果図に組み込まれた調査対象者は，それを見て，他の対象者の径路と比較しながら，自分の新たな過去の語りを展開させるかもしれない。TEM の結果は，ある人にとっては過去であり，ある人にとっては未来である。TEM の結果が示す未来展望，過去展望と，それに対峙する人びととの時間展望の間で形成されるゾーン（ZTP）が，人びとの新たな未来展望やそれが実現される現在を生み出していく。また，そこから，新たな TEM 図が作り出され，TEM 研究の次なる未来の展望も開かれる。TEM 図とそれに接する人びとは，一度完結したようでも，常に変化の最中にいる。この意味で，人生の軌道も発達研究も完結はない。こうした，異時間が交差し，共変化が起こる過程を分析することは，TEM 研究の実践的意義を問う上でも重要に思われる。

　以上，異時間混交性の概念を軸に，TEM 時間論の拡張を試みた。ここで見た時間以外にも，われわれの世界には，アリストテレス，ハイデガー，アインシュタインなどの哲学者・物理学者の異種の時間観がある。あるいは，マクタガートは，年表的な，前後の順序を表す時間（B 系列）と，過去・現在・未来の時間様相（A 系列）を区別しつつ，「時間の非実在性」をすら，証明しようとした（入不二 2002）。各々が一定の説得力を持ち，実際に社会を動かし，しかしあるところで，限界も持つ。また，それらはあるとき，矛盾を潜在させながらも併存し，あるとき，矛盾が顕在化し衝突する（哲学者は意図的に衝突「させ」，そこから，新たな時間観を生み出そうともする）。これらの意味で，大きく言えば，われわれの世界全体が，単一の時間性に依拠しない，異時間混交性からなる。

　ここでの試論は，まだ端緒であり，課題を多く抱えている。ベルクソン

時間論のより緻密かつ広範な文献研究や，それと文化心理学との精緻な結合の議論，そして互いの観点からの批判的検討が必要であるし，他の時間論の組み込みをもっと検討する必要性もある。そしてもちろん，理論は調査研究と同時並行的に発展させる必要がある。ここでの議論が，多少なりとも TEM 研究ならびに発達論の未来を拓く一助になればと思う。

（香川　秀太）

第6章
TEMがもたらす未来

第1節　未来に向かう──過去を形成する　永続する不確定性とともに生きる

　時間を真剣に問おうとする科学には，時間に焦点を当てることによって，研究対象のもつリアリティの源泉が消滅しかねない，という存在論的問題がある。時間から独立していることが自明な世界では，対象の存在は排中律[*1)]という古典的な論理式で説明される。もし対象Aが存在するなら，対象Aは存在しないということは真ではなく，対象Aが存在しなければ，対象Aが存在するということは真ではない。（ここでは）すべてがはっきりしている。時間から独立した方法で対象を取り扱う諸科学では，従来どおり，存在する対象（あるいは存在しない対象）を研究すればよいのである。

　ここに時間という概念を投入してみよう。すると，今までの簡潔さはすべて消滅してしまう。現在（いま-ここ）に存在すると言えるはずのものは，必ずしも過去にも存在していた必要はないということになり，これはまた未来においても同様である。過去に存在したものが，いま存在している必要はなく（時間経過による消滅），将来存在するかもしれないこともまた，いま存在しなくてもよいのである。さらにいうならば，我々が過去から未来へと延長する時間の持続性のなかに「現在」という微小な時間的瞬間を構成することは，その特定される「いま」（現在）を（他の時間や時点と）峻別（しゅんべつ）することに他ならない。したがって，「いま存在するもの」につ

いてのあらゆる言及は，同一性［sameness］が相対的にみて継続しているような時間的範囲としての特定の「いま」の哲学的な構成の上にだけ成り立つのである。こうした（相対的に持続する）同一性は，「この瞬間」（我々の感覚では把握できないような極めて短時間のひとコマ）と「かの永遠」（瞬間が連なり時間の存在が問題にならない静的な世界に等しいもの）という二つの無限性を比較することで作られる。無限小な瞬間しかない世界には「（存在として）あること［Being］」それ自体がない。また，無限に永遠が続く世界に「（存在が何かに）成ること［Becoming］」は起こらない。そして延長された現在などない（我々の心的構成にのみ存在するものでしかない）のだから，つまり，存在するものなど何もなくなってしまう！

ところが「何も存在しない」という反省的思考ができる人々は，彼ら自身が「何もない」のではなく，過去と未来との対比を反省的に思考する「何か」（何者か）である。天体物理学，合成化学，進化生物学，発達心理学，社会史など，すべての発達科学は，それまでは存在しなかった「何か」の創発［emergence］に関する問題や以前に存在していた対象の消滅に関する問題に直面している。したがって，「発生論理」［genetic logic］[*2]（Baldwin 1906, 1908, 1911, 1915）の基礎を発展させ，同時代の心理学者たちに方法論的要請を突きつけたJ・M・ボールドウィンは以下のとおり述べている。

> 一連の事象は，それが始まる以前には構成され得ないという意味で，そして，始まってしまった以上は遡ってなかったことにはできない，という意味で発生的［genetic］である。
> 　　　　　　　　　　　　　　　　　　　　（Baldwin 1906, p. 21）

いわゆる「実証科学的公準」（positive postulate；imperative との対比上公準とする）に従う限り，時間に基づくプロセス［time-based process］を探求する科学は沈黙せざるをえないだろう。予測が不可能であり，なおかつ事後説明が不正確であるならば，何ができるというのであろうか——しかしここには第三の道がある。ボールドウィンは創発や消滅が起きる対象について，探究［investigation］が必要となる箇所を示した。それは，

――マイクロ，メゾ，個体発生などのレベルであり――すなわち，プロセス分析と呼ばれるものである。当時，随一の発達論思索者であったボールドウィンには，非可逆的時間と密接に結びつく創発［emergence］という概念を受け入れることになんら困難はなかった。彼の思考はアンリ・ベルクソンの哲学に直接の影響を与え，ベルクソンの論点は，後にイリヤ・プリゴジンの熱力学の発展を導くことになったのである。

1　過去と未来の非対称性

現在から眺めた場合，過去と未来は非対称的である（図6-1）。過去とは，一本の実現した径路から成り立っているが，それは，以前に実現可能性を有した複数の径路のなかからただ一つ現実化したものである。それに対して，未来は等しく潜在性を有する（しかし未だ実現化されていない）多様な径路を伴っている。ここでは以下に述べられる古典（二値）論理の考え方は適切ではない。

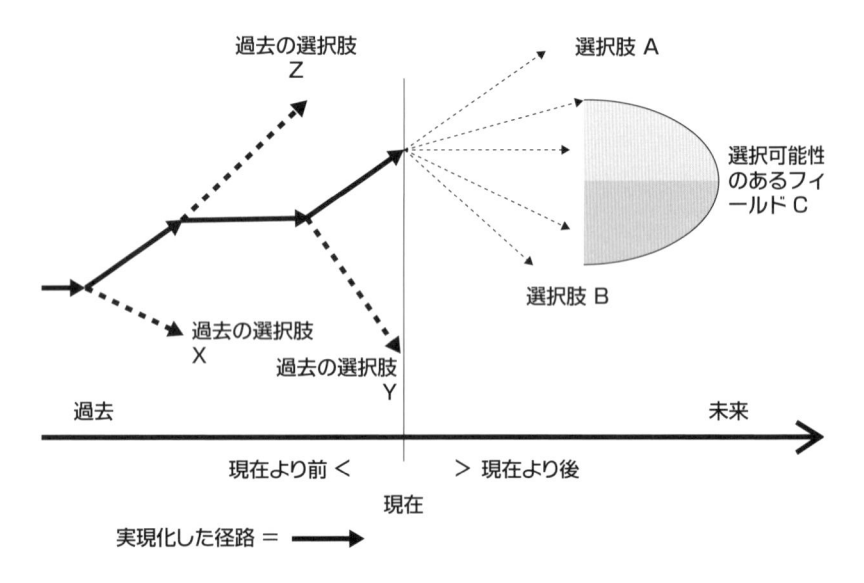

図6-1　実現化した径路として表される過去と，可能性のある多重線形のまとまりとして表される未来

「現在」という瞬間において，以前のあらゆる生は既に存在しない。未来の詳細な歴史もまた同様に存在論的には存在していない。ある定理の真偽が何世紀にもわたり不変であるとしても，時間と密接につながっている事象にとって，事態はその全く逆である。

(Anisov 2002, p. 7)

　したがって，発達論理の確立——J・M・ボールドウィンが基礎を発展させつつも結論を見出せなかったもの——が必要となってくる。発達心理学者たちは，発達の最近接領域という概念を議論するなかでこの問題に取り組んできた（Valsiner & van dee Veer 1993）。
　図6-1は，ある意味で誤解を招いてしまうかもしれない。なぜなら，未来の選択肢と過去に実現化した選択肢に伴う結果の対比を描きつつも，分岐点［the bifurcation points］が特別な瞬間であるかのような印象を与えるからである。さらにこの図は，径路が創発的に分化していくのではなく，むしろある時点での複数の選択肢が前もって設定されていたかのようにみえてしまう。
　そこで，図6-2に分岐点についての詳細な図を示した。流動的なプロセスは制約を受けていく。つまり，（他のものではない）新たな径路を創造するのに先立つ「境界内でのランダムさ」（Weissert 1995, p. 122）を生み出す。図6-1に示した「次の径路として選択される可能性のある領域」［option fields］は，現時点で創発されつつある径路の動向を引き込むようなアトラクタ［attractors］として作用する。しかしそのようなアトラクタ（可能性をもつ領域からの吸引力）は，過去から現在に至った径路から，潜在性を未来へ投射することで設定される。このような投射は，多様な径路を識別する制約として，プロセスの流れに組み込まれる（図6-2）。元々は類似している流動的なプロセスの諸ユニット（A, B, C）は，そのうちの一つであるユニットBがその他（A, C）に対して調整的な制約として生成された場合，その姿を変容させることになる。つまりユニットBは，（それ自身）潜在性をもちつつも消滅していく径路と実現化する径路との分離を促す制約となる（Valsiner 1987）。分岐にあたって生体が作り出す区別は未来志向的である。なぜなら生体自身，未来の次の瞬間に向かって

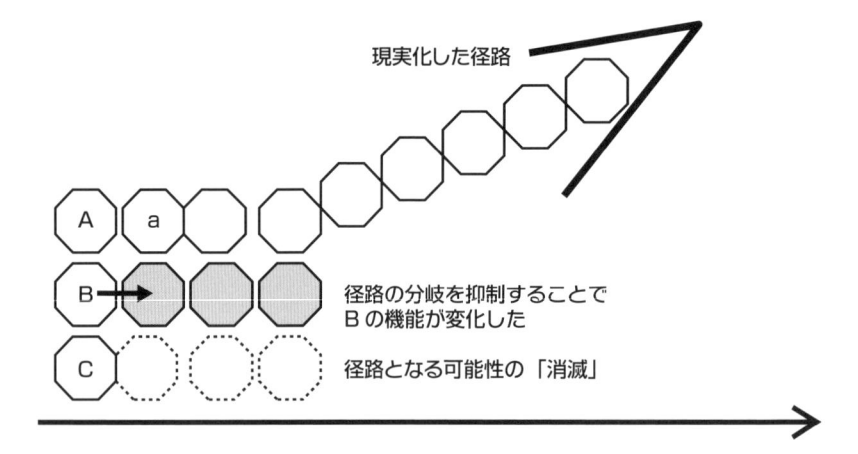

図 6-2 分岐点では何が起こっているか

（図中ラベル：現実化した径路／径路の分岐を抑制することでBの機能が変化した／径路となる可能性の「消滅」）

前進するものだからだ。たとえば，私が「あぁ，あれは美しい！」と感嘆することは，その瞬間に美しいと感じる何かを識別するだけでなく，次の瞬間には美しくない他の何かを放棄していることでもある。たとえ明白な主張（「あれは美しい『です』」）が現在に属するものとして語られるとしても，すべての記号生成は，ごく近い将来へと導く記号論的な制約を生成している。

　制約を生成することの重要な特徴は，過去から未来へと向かう創発的な機能にある。これは境界を形成する契機であり，流動的なプロセスにおいては（非可逆的時間のなかでは）分岐子［bifurcator］となる。このため制約それ自体は，システムの一部である創発的な階層において，コントロールレベルに属するように自身を築き上げる。つまり選択肢Bは，選択肢Aや選択肢Cと差異化することで，これらの選択肢の更なる進展をコントロールするのである。この点が，階層的統合（Hierarchical integration; Werner 1948）の発端となる。しかし，さらに重要なことは，統合がすでに創発したもの（過去の経験から現在に至る径路）と，創発するだろうもの（未来に可能性をもつ選択）との関係性のなかで生じるということである。この特徴は発達的な枠組みである選択プロセス［processes of selection］[*3)]を理解するのに重要である。

選択という概念は，進化論のなかで受け入れられたメカニズムであり，現代の進化心理学においても広く用いられている。選択という概念は，これまでに生成されたすべての標本のなかで最適なものが選択されたという意味をもち，過去を理解するために用いられる。すなわち，過去を志向している。進化心理学が選択というメカニズムを用いてすでに形成された諸標本を解明しようとする（過去に焦点化した現在の解明）のに反して，ここで我々は，それを「外側に向き合う」，つまり未来志向の選択プロセスに転換する。生物学的システムや他の開放システム的現象における「自然」とは，未来に存在する複数の潜在性からの選択である。選択は，複数想定される未来——過去ではなく——，発達コースにおいて生じるのである。このように選択メカニズムを理論的に再配置することで，複数の新たな径路が発生するオープン・エンドな世界を構成的なものにしうるのである。それは次のような前提に，強く依拠している。すなわち，生体は環境内で生じるだろう変化を予期する，というものである。このような予期は，よりよい適応と同様に，適応エラーをもたらすだろう。もっとも，適応の成功とエラーの区別は，発達が生じた後にしか分からないのだが。

2 複線径路・等至性モデル（TEM）のはじまるところ
　　——対立する可能性という構造

　本書の焦点である複線径路・等至性モデル（TEM：Trajectory Equifinality Model）は，現代科学の分析枠組みにおける二つの中心的特徴を維持するために，理論的な必要性から生じたものである。この二つの中心的特徴とは，時間と（時間と密接なかかわりを持つ）変容である。変容とは，潜在性の実現（現実化）である。時系列分析などその他の時間を包含するモデルから TEM を峻別するのは，後者——仮説的なもの（現実ではない，まだ現実ではない，現実にはならない（であろう）もの）を内包すること——である。TEM の核心は，実際には著しく複雑であるようなさまざまなプロセスが，「細胞（cell）[*4]」のような基本単位の図式で示されることにある。図6-3に見られるような構成ユニットは多様な形態をとるが，これは——どんな複雑な全体にも最小ユニットがあるように——

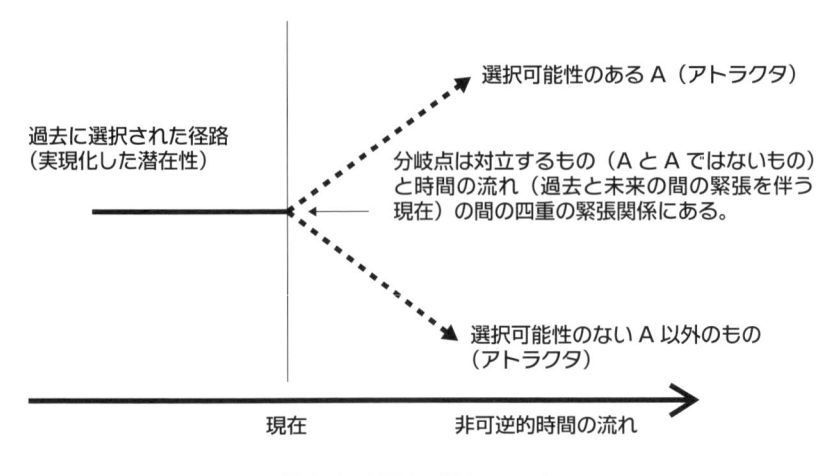

図中テキスト：
- 過去に選択された径路（実現化した潜在性）
- 選択可能性のあるA（アトラクタ）
- 分岐点は対立するもの（AとAではないもの）と時間の流れ（過去と未来の間の緊張を伴う現在）の間の四重の緊張関係にある。
- 選択可能性のないA以外のもの（アトラクタ）
- 現在
- 非可逆的時間の流れ

図6-3　TEMの基本ユニット

我々が考慮すべき中核となる「最小のゲシュタルト」である。

TEMの基本ユニットとなる図6-3は，実のところ「ビュリダンのロバ」（[Buridan's ass]）[*5)] と言われる図式を表しており，非可逆的に流れる時間の圧力下で動作を開始する。基本ユニットで捉えられる実際の内容はそれぞれ独自であるが——時間の非可逆性とその四重の緊張を解消する人間の持つ構成性（記号作用）を考慮すれば——，そのとき基本ユニットの正式な構造は，普遍的な抽象形態としてある。これは，パースの述べる解釈項[interpretants]の発生地点となる（in C.S.Peirce's terms—— Rosa & Valsiner 2007）。

記号作用は，本質的に不安定な世界のなかでの反省的な生[reflexive living]の緊張を解く解である。TEM自体は，記号現象を含まないモデルである。しかし，心理的な流動性を組織するときに，意味構築の行為及びその機能——促進的記号（Valsiner 2004, 2007a）——がどこに生起しがちであるのか，その背景を図示するのである。

3　TEMにおける歴史的構造化サンプリング（HSS）の役割

TEMが抽象的な一般モデルであるのに対し，歴史的構造化サンプリ

ング（HSS：Historically Structured Sampling）は，研究対象となる現象（人物，社会集団，文脈など）を選択するために使われる技術的な手続きである。われわれは（サトウ 2006，サトウら 2006，Valsiner & Sato 2006, Sato et al. 2007），非システム的実践である「ランダム・サンプリング」やその他のランダムさの少ないとはいえ類似した方法とは対照的なものとしてこの概念を導入した。仮に TEM の理論的意義を前提とするのであれば，HSS は TEM 研究に必要なサンプリング法である。TEM の理論的枠組みを外れたなら，HSS は妥当な方法ではない。HSS は経験的研究におけるサンプリング技法について検討する際にのみ使うことができる——これに対し TEM は，時間の非可逆性および潜在性と現実性の弁証法によって統合されているさまざまな理論スキーマを生み出すための一般的枠組みである。

4 TEM からみる現代心理学

　TEM は，現代心理学の基本的な前提を解体する。ここでの基本的な前提とは，帰納法による一般化に対する傾倒のことであり，「測定」と呼ばれる実践のことである。それに代わるものとして，TEM は研究対象となった現象とその現象に関連のある行為を注意深く探究する。TEM は演繹（えんえき）的な立場に立ち，時間への焦点を経験的な研究の中心に置く。TEM はアブダクション[*6]的な志向をもち，現象と結びつくいくつかの一般的な前提から始まる。ある意味それは，帰納による一般化手法として広く知られているグラウンデッド・セオリーとは正反対である。現象から理論生成へと「上向きに働く」のではなく，基本となる諸前提から，それらを現象と結びつけつつ「下向きに働く」。そして両者が交差する地点で，理論と方法を発展させていくのである。

　TEM は，定量化はできない。しかしこのことが，心理学という科学に質的方法による新しい厳密性をもたらすという恩恵につながる。心理学ではながらく，おもに北米における社会的な要請によって，質的方法は科学の視野から追放されていたのだ。心理学的な現象は，質，つまり形態が量を定める生物学的な現象とその多くを共有している（Beloussov 1998）。

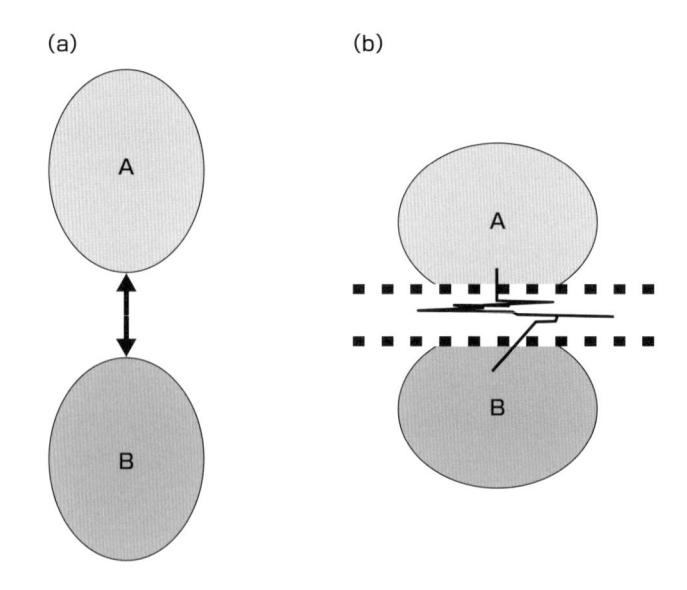

図6-4　関係性の線形モデル(a)と細胞膜モデル(b)

　心理学は,「科学」の指標として定量化を大規模に容認するなかで,量と質の弁証法的な統一を曖昧にしてきた (Valsiner 2005)。

　全体はその各部間の関係性であると捉えることから全体としての質を捉えようとする大局的な視点を放棄することほど,科学を誤りに導くものはない。時間に依拠するシステム——開放システム——においては,この全体と各部の関係性が探究の対象となる。TEMは,このような関係の形成,再形成のなかで生じる径路の多様性を概念化する知的ツールである。

　関係性を線形で示し,形式的に量化して捉える(たとえば,図6-4(a)に示されるような,相関係数とその直線的な解釈)のではなく,TEMを通して得られる質的な視点は,そのような関係を暫定的な透過性境界として研究することを可能にする(図6-4(b))。あらゆる心理学的な事象の間にみられる関係は,物理学において線形で示される力よりはむしろ,生物学でいう細胞膜と類似している (Valsiner 2007b)。

　心理学に与えられる科学としての地位は,観察対象の「客観性」(いわゆる,行動の研究は「客観的である」という主張)によっても,あるいは

ある種の方法（たとえば，量的に標準化された方法）が「科学的」だと宣言される社会的慣習によっても，確定されるものではない。原理的に把握が困難な非可逆的時間を研究のなかで適切に扱っていくことが，心理学を未来の科学にする。TEMのような理論的枠組みは，心理学から時間を排除するのではなく，時間に埋め込まれている人間の心の複雑性を説明することで，心理学を科学へと変えていく手段なのである。

（ヤーン・ヴァルシナー：福田茉莉・大野カヤ訳）

第2節　時　文化　厚生

　最後の節で，TEMについていくつかのFAQ（よく聞かれる問い）に答え，TEMの意義を改めて考えてみたい。
　　TEMは時をどのように考えているのか。
　　TEMはどのような意味で文化心理学なのか。
　　TEMはなぜ，医療や臨床のような領域の研究が多いのか。
である。
　この節ではこれらの問いに答えた後に，厚生心理学というアイデアを述べてみたい。結論だけ言えば，医療に関するテーマが多いことは，その他の領域でTEMを使うことを制限するものではなく他の領域での潜在可能性を示すものだ，ということである。

1　時を扱う方法としてのTEM

　『時をかける少女』という小説（筒井康隆著）・映画（原田知世主演）があった。時間ではなく時を用いている。本書では全体を通して時間という語を用いてきたが，最後の最後で時間という語を一度破棄し，時という語に置き換え，さらに，時間と時刻の違いを考えることで，TEMと時について考えてみたい。TEMは時を捨象せず，もちろん，クロックタイム（時計で計測できる時間）として測れるものとしても考えない。直線を引

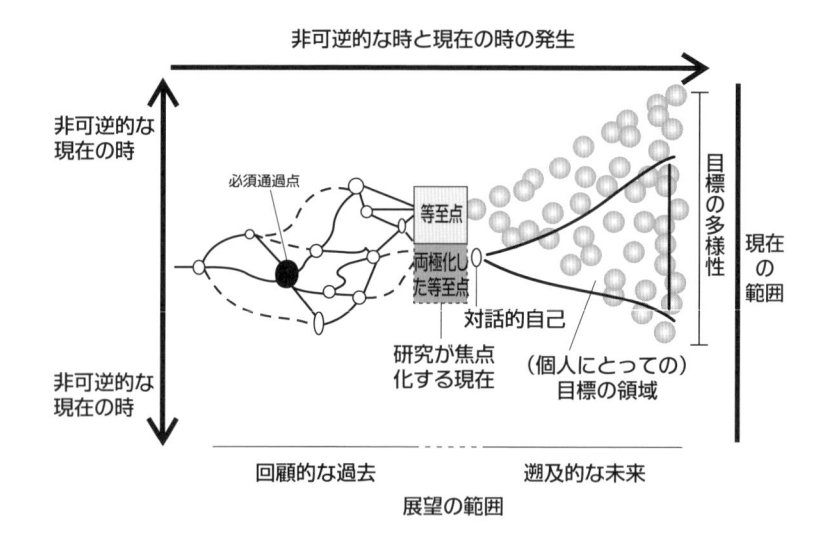

図6-5 TEM図の最新形

いて時を表すことは空間的表現に他ならず，それは時間を計測可能なものとして扱うことだ，という批判もあるが，そうではない。現時点におけるTEMの範型は図6-5のようなものである。

等至点と両極化した等至点は上下に隣接して描かれ，後者が点線で示されることで（実際には実現していない）補集合的な性質を表している。そして，等至点以降の展望として，ZOF（目的の領域）や多重等至性（マルチファイナリティ）が末広がり的に表現されている。

横軸は，非可逆的な時を表している。何度でも繰り返すが，この→は充満した時を表象しているという意味である。「時の次元」を表しており，さらに重要なことであるが，非可逆性を示している。では縦軸は何か。これまでは選択の幅という言い方をしてきたが，もう一つの「時の次元」と考えてもいいのではないか（第2章参照）。

日本語には，時間と時刻という似た単語がある。普段の生活では違いをあまり意識してはいないが，この二つの単語の違いをTEM図の横軸と縦軸に当てはめてみよう。TEM図では時をグラフィカルに表しており，それを見たり読んだりする私たちはそこに縦と横という二次元を読み取る。そ

の横軸と縦軸に時の異なる性質を読み込んでみたいのである。

　私たちは日常生活において，時間という語を（時刻よりも）日常生活で使う傾向にある。「今からカレーを煮込むから時間を測ってね」とか「待ち合わせの時間決めておこうよ」などという具合である。

　TEMにおける，時間は「間」が示すように，ベルクソンが言う「デュレー」(durée)，つまり充満し流れている時であると考える。一方で，時刻は「刻」が示すように，締め切りや期限がクロックタイムとして立ち上がる現在のことを示していると考えられる。測れる時間は時「刻」と時「刻」の間である。刻む時の間だからこそ，計測できるのである。時「間」はその前後に刻まれた時がないデュレーである。先ほどの例は，（時間という語を使ってはいるものの）実はどちらも時「刻」の立ち上がりを示す例だったのである。

　4月に入学した大学1年生にとって，卒業後の就職は遠い未来である（ここでも，時の次元が「遠い」という距離的な形容詞で表されることに注意）。入学直後の大学生が，就職活動を見据えて「今すぐ」何かをしなければいけないという将来展望を持つことは少ない。岡本（2008）および日高・若林・片山・サトウ（2008）はこれを遠景的時間展望と呼んだ。

　新幹線に乗っていて車窓に富士山が見え始めたときのことを考えてみる。「あ，富士山だ！」と車内の子どもが歓声をあげる。そのとき，車両は猛烈なスピードで富士山に近づいているはずである。しかし，富士山に近づけている感覚はない。遠景とはそのような感じである。就職をしなければならないと思っていても，大学1年生の入学した年の4月は就職態勢の身体を作るような時ではない。たとえ，半年が過ぎ，後期になったとしても，事情は変わらない。相変わらず就職（活動）は身近なものではなく，入学から6カ月が過ぎていたとしても，大学生活をする身体にとっては，就職活動についての時が立ち上がっていないに等しい。まだいいや，ずっと先のことだし，という感じであり，その意味で，入学からの6カ月間というものはいずれ就職活動をする身体にとって一瞬であり永遠である。ところが，それから2年経ち，3年生の10月になると事情は一変する。促進的記号（Promoter Sign）としての就職活動が立ち上がり，何月までに情報収集，何月からは会社訪問，のように，刻まれた時が立ち上がる

のである。「この6カ月間が勝負！」と思う学生がいるなら，まさに，クロックタイムとしての6カ月の過ごし方が問題となり，それは大学1年生の最初の半年とは——就職活動に関しては——全く異なる時の過ごし方となる。本書で取り上げた研究においても，不妊治療であるとか，人工妊娠中絶手術などにおいては，まさに刻まれた時，クロックタイムの発生が，人びとの生活に大きな影響を与えていたといえる。

　さて，刑務所内では，刑期がクロックタイムとして定められていることが多く，刑務所で過ごす時間は，クロックタイムとしてのみ計測可能であり，クロックタイムで挟まれた計測可能な時間をやりすごせば良いのだ，と考える人もいるだろう。ところが，出所が10年後ということであれば，最初の数年間は，出所時期は単なる遠景にすぎず，少しは近づいているのだろうが，出所する自分を具体的にイメージすることは難しい。だからこそ，出所後をイメージした訓練などは身に付いていかないのかもしれない。刑というものは，過去の出来事に対して与えられるものであるから，過去の出来事と向き合う必要がある。常に，過去の経験と向き合う人もいるだろうがそうでない人も多い。本第4章において松本は，刑罰を受けている少年が自分と向き合い未来を展望しがたい理由の一端を，法的ストーリー（Bruner 2002参照）による言説の支配に求めている。過去の経験が裁判などの仕組み上の言葉で語られることにより，経験の阻害が起きているということである。他人の言葉で語ったことは自身の過去経験としては向き合えないのかもしれないのである。

　第6章第1節でヴァルシナーは「過去と未来は非対称的である」と述べているが，回顧型研究と前向型研究では，もしかしたら，時刻と時間の違いがあるのかもしれない。回顧型は時刻を，展望型は時間を扱うのである。過去を明確な出来事として捉えることは，過去の時を時刻で捉えることである。

　TEMの縦軸を時刻としての時，横軸を時間としての時を示すものと考えるなら，私たちの時の理解はより豊かになりうる。

　つまり，TEMでは時を，時間と時刻として考えることを意図している。

2 TEMは文化をどのように考えるのか

　文化心理学とは，記号の学である。ヴァルシナーは，この世に生まれ落ちた生命が，そのままの形で外界と対峙(たいじ)しなくてすむ仕組みすべてを文化として考えている。そして，こうした仕組みは物質的なものだけではなく，記号的なものも含まれるのである。いやむしろ，記号的な形をとった諸要請こそが人間の発達を具体的に形づくるのであり，その記号にこそ文化を見て取ることができるというのが，ヴァルシナーや筆者たるサトウが依拠する文化心理学である。比較文化心理学のように，どこの文化とここの文化が違う，という意味での文化は結果としての差異を手がかりに表層的な比較をしている場合もあり，俗に言う，文化の容器メタファ（文化という入れ物があって，その中で人間が文化の影響を受けながら発達する）である。文化心理学は，比較文化心理学とは異なり，文化を容器としては見ない。人が文化に属するという言い方は避ける。文化はプロセスであり，人と共に移ろいゆくプロセスである。

　ヴァルシナー（2007a）は近著『こころ社会の中の文化』のあとがきにおいて，文化心理学は発達的な観点をその核としてもつとしている。発達というと子どもの成長というイメージが強いが，文化心理学においては，どんな年齢の人でも発達していくと考える。また，人間を開放システムとして考えることも文化心理学の特徴である。そして文化心理学においては，記号の機能化（あるいは，記号が機能していくこと）が一般的なメカニズムとして見出されるのである。質的研究や少数事例研究は，一般法則から背を向け個別の記述を目指しているのではないか，と思われがちだが，そうではなく，記号が機能するそのプロセスを一般的なメカニズムと想定することによって普遍的知識を蓄積していくのが文化心理学なのである。記号の機能するプロセスとは，記号論的な媒介（semiotic mediation）のことを言う。

　記号が媒介するとはどういうことか。端的には第4章で述べたように，発生の三層モデル（TLMG）における促進的記号（プロモーター・サイン）が作動して，個人が行為をオーガナイズしていく（体系化して統合化

していく）ようなことである。ただし記号が人間に影響するといっても，それは決して受動的なプロセスではないし，ある一時期にある一つの記号のみがある個人に影響すると考えるわけでもない。記号は決して一つではないし，だからこそ人間が複数の記号群から，主体的に記号を選びとることにもなる。それをヴァルシナーは「冗長的な統制原理」（the principle of redundant control）として表現する（Valsiner 2007a, p. 57）。冗長という言葉には日本語的には負のイメージがあるために理解を妨げるかもしれないが，ここでの redundant は豊富・豊穣（ほうじょう）と同じような意味も持つ。統制やコントロールも日本語では冷たいイメージの言葉であるが，自分以外の外界や文脈の影響を受けるという意味である。人間は実に多くの文脈の多くの記号により影響を受けている，というのがヴァルシナーの主張であり，私も強く賛同する。コトバをしゃべる，進路を決める，来週の日曜にどこかに遊びにいく，でも何でも，自分で決めているように思えても時代や周囲のさまざまな影響を受けている面があるし，その一方で豊富な可能性のなかから何か一つを選び取って行為を行うのである。日曜の過ごし方の選択肢や価値観だって実はそんなに選択肢が少ないわけではない。そのなかの複数の選択肢のなかにいる自分自身こそが，日曜の過ごし方を決めていっているのであり，このようなプロセスのことを，ヴァルシナーは「冗長に統制された」というように表現しているのである。豊かな多様性のなかから一つの可能性を紡ぎ出す，というような言い方も可能である。

　これはまた偶有性（contingency）[*7]という考えともつながっている。ある前提との出会い，ある行為の実行，そして結果の生成。私たちはよく「たまたま」という言い方をする。「たまたま，本屋に行って本を立ち読みしたら，近くの遊園地でイベントをやっていると分かったから，来週の日曜は遊園地に行くことにした」というような物言いである。この場合，立ち読みという前提条件があったから，イベント情報を知り，遊園地に行ったということである。こうした前提と結果の緩い結びつきを偶有性と称するのである。ところが，「たまたま」は決して単なる偶然ではなく必然も含む概念である。

　たまたま，遊園地で知り合いに会った。あるいは，たまたま会った知り合いと一緒にいた人とお茶したことで恋愛が始まった。このような例を考

えたなら，知り合いでない人とは「たまたま」出会えない。あるいは，その後つきあいが続かない人とは「たまたま会ったから今つきあっている」とは言えない，ことがわかる。「たまたま」は時間的な関係性のなかで「たまたま」として構成されるのである。

「冗長に統制された」ということに戻ろう。人間の日常生活では，スキナー箱で実験する実験者のような外在的に刺激を変えるような超越的な存在は仮定し得ない。だからこそ――人は常に多様な刺激に統制されており文脈に置かれているからこそ――，ある事柄からどのような意味を見出していくかは個人ごとに異なるのである。場合によっては集団ごとに何を重んじるかが異なってくる。そして，主体が何にどのような意味を見出すかということこそが，記号作用の発生であり，記号による媒介なのである。ちなみに，記号による媒介とはヴィゴツキーの基本概念であり，「記号は，つねに最初は社会的結合の手段であり，他人へのはたらきかけの手段であって，その後でのみ自分自身へのはたらきかけの手段となる」（ヴィゴツキー 1930-31/70, p. 206）のである。

習俗や行動の違いを比較するのが文化心理学なのではなく，個人が記号を媒介にして意味を読み取り，行動を行っていくプロセスやメカニズムを記述するのが文化心理学である。国や民族によって異なる行動をすることを発見することが大事なのではなく，そのプロセスとメカニズムを記述することを志向するのである。例をあげよう。

日中韓越4カ国の子どもたちを対象に，お金，お小遣い，親子関係を考察するプロジェクト（山本ら 2003 など）からの例である。ここではおおざっぱな話しかできないが，日本の親たちは，子どもにお小遣いをあげるときに，子どもたちがおごりあうことを非常にいやがる。学校でも禁止を打ち出す。一方，韓国では，親たちは我が子が「おごり合いネットワーク」のなかにいることを奨励する。お小遣いをもらいはじめる理由の一つが，友達におごるため，だったりする。日本でおごりが禁止される理由としてあげられることはいくつかあるが，友達間でおごると，相手が負担に思うかもしれない，ということがその理由の一つである。では，韓国では相手が負担に思っても平気なのか，というとそういうわけではない。割り勘にすると友達が負担に思う，ということなのである。つまり，友達関係に気

まずさは持ち込まない，ということは日韓共通である．しかし，親や社会は，その実行手段については異なる記号を発生させているのである．日本では割り勘が友達に気を使わせないことであり，韓国ではおごりが友達に気を使わせないことだ，ということなのである．

さて，私たちの目に見えるのは，「割り勘」「おごる」という具体的な行為しかない．そして，自分の文化と同じ行動ではない場合には，背後の価値観も異なっていると思いがちなのである．どちらの国でも，友達に気まずい思いをさせない，ということでは一致しているし，それは，もしかしたら万国共通かもしれない．ある種の促進的記号は「友達とうまくやる」ことをガイドする．しかし，その具体的な行動に関していえば，日韓で全く異なっている．私たちはこうした目に見える違いに驚くのではなく，その背後にある記号体系を読み取り，無用な紛争を避けなければいけない．「郷に入りては郷に従え」ということわざの意味は，具体的な行動レベルの一致がないと，背後にある価値観まで疑われてしまう，ということだと私には思われる．

3　医療ではなく厚生（ぶ厚い生）のための TEM

TEM は，個人の経験に焦点を当てるのならば，それがどのような経験であっても扱うことができる．本書で具体的に記述されているいくつかの研究は，研究のやり方の可能性を示すためのものであって，可能性を制約するためのものではないことを再び強調しておく．他にどのような研究が可能なのかといえば，たとえば，学生結婚の研究や高校ブラスバンドの研究である．結婚した学生カップル，高校の吹奏楽部など，研究対象を開放システムとして見なすことができれば，すべてが研究対象になる．もちろん，本書で詳しく紹介されている安田による二つの研究例は，いずれも女性の生殖（医療）経験に関するものであるし，松本の研究は少年院受刑者に対する音楽療法実践であるから，医療とか臨床という語でくくられるフィールドの研究と相性が良いことを強く否定する必要もない．

ところで，医療や心理の臨床は「治す」ことが目的となる．治すとは傲慢だ，というような批判もありうるが，治りたい人がいることや，一つの

目標として治すこと（もしくは悪化を防ぐこと）を目指すことまでは否定できない。心理学はこうした活動において何をしてきただろうか。医療的に「治す」前提として，心理検査（知能検査やロールシャッハ検査）で対象を測定することを担ってきた。医療モデルは，原因－結果モデルに依拠しているから，原因を見極めたうえで「治す」ことを目指している。病院における心理士の活動を医療心理学と呼ぶことさえあるが，それは，治すために原因を同定するための検査活動を包含した名称であり，見事なまでに医療モデルに組み込まれてしまっている。TEM が扱う医療現場の経験は，そうした実践とは少し違う。どのように表現すべきだろうか。

　2004 年 2 月ヴァルシナー教授が立命館大学で集中講義を行った。そこで TEM の基本発想が誕生したことは既に本書第一章で述べた通りである。これに先立つ 2003 年 4 月，立命館大学に先端総合学術研究科という一貫制博士課程の大学院が誕生した。そこに兼担教員として参加することになり，専任教員・院生のみなさんと知己を得ることになった。そのご縁もあって，ALS（筋萎縮性側索硬化症）患者会の会長の橋本操さんが立命館大学を訪れてきた時にお会いした。2003 年の春だったと思う。「たまたま」，時間があいていたこともあり，橋本さんを囲む会に参加した。なお，ALS は野球選手・ルー＝ゲーリックや物理学者ホーキングが罹患したことで知られているが，運動神経のみが選択的に冒されていく病である。根治療法のない難病である。心臓や肺が動かなくなる。その時どうするか。選択肢としては人工心肺をつけるか否かが問われることになる。

　橋本さんとの偶有的（contingent）な出会い以降，私はこの出会いが作る随伴性（contingency）を径路として歩み，選択肢として選ぶようなことをしてきた。

　カルガリー大学の社会学者で『傷ついた身体の語り』の著者であるアーサー・フランク教授を招いてシンポジウムを行ったこともあった（2005 年 9 月）。その後，ジョン・マクロード教授（語りと臨床心理学），トリシャ・グリーンハル教授（ナラティブ医療），アラン・ヤング教授（医療人類学）といった人たちのシンポジウムが（さまざまな団体の主催により）立命館大学で行われた。また，アーサー・フランク教授は 2008 年 6 月に再来日を果たした。またそれに先立つ 2007 年 6 月，立命館大学に

はグローバルCOE「生存学」創成拠点が設置され（リーダー＝立岩真也教授），私も関わることとなった。

　心理学が，病気の人やその生活を対象にすることは稀である（精神・身体・知的障害者に関する研究や実践を除けば）。ましてや，不治の病や慢性疾患，進行性の病の方々やその生活を心理学が対象としていたことは少なかった。それは一つには，そうした方々と知り合えるチャンスがなく，医療の現場の方やご本人でも卒論や修論の学生などの対応をするゆとりはない，というようなことがあっただろう。また他方では，本書「はじめに」で述べた通り，心理学の方法論的臆病さによるところが大きかった。臆病な人は自分が臆病であることを隠すので，「方法が厳密にならないのはダメだ！」とか「頻度の少ない経験を扱っても意味がない！」などというやり方で抑圧してきたのかもしれない。しかし，今や，不治の病や慢性疾患，進行性の病の方々の経験を対象にすることに対して，研究としても実践としても正当な地位が与えられるべきなのである。そしてその際には，検査で測定するような手法ではなく，生活文脈に寄り添い生活をチューンアップするのに役立つアクションリサーチのような研究が望まれる。

　私が指導する学部ゼミ（愛称サトゼミ）では，私が先端研とかかわったことと軌を一にするかのように，テーマの多様化に拍車がかかった。2期生による「妊娠中絶手術経験」「留学生の保険料支払い（未払い）」に関する論文も現れた。後者は外国人留学生が医療保険を利用する，つまり保険料を支払うかどうか，という問題を扱ったものである。これらが，医療に関係するテーマの嚆矢である。こうしたテーマを扱う心理学の卒業論文はあまり聞かないから，心理学の中でどのような分野・領域の研究と言えばいいのかもよく分からなかった。とりあえず医療関係のフィールド社会心理学的な研究として捉えていた。RA（リサーチ・アシスタント）として荒川歩が，TA（ティーチング・アシスタント）として安田裕子が，指導にあたってくれていた。

　その後，水月昭道がPD（ポストドクトラルフェロー）としてゼミに参加し，さらに日本ALS協会近畿ブロック会長の和中勝三氏や久住純司氏と月1回お会いするアクションリサーチ活動を院生と共に始めた。また，私自身，難病医療で名高い国立新潟病院副院長の中島孝先生と知己をえ

て，ゼミ生たちが難病（筋ジストロフィー）患者さんのQOLについて研究するようにもなっていった。

　人が病を得ると，病人となる。病人としてカテゴリー化され，社会学者・パーソンズが指摘したような「病人役割」の遂行が求められる。病気の人生，であり，病気の方が強く表現されている。しかし，逆から見ることもできる。つまり，人生に病がくっついただけ，と考えることもできる。「人生with病（やまい）」というキャッチフレーズ（大沼 2008）は，ささやかではあるが，こうした視点の転換を要請している。そして，病だから生活の質が低いなどと決めつけることがないようにしていく必要がある。

　　　何が人生において幸せなのか……。健康で何不自由のない生活を送ることが幸せなのだろうか。しかし，それらを全て手に入れていても幸せを感じていない人もいれば病を抱えていても人生を楽しく送っている人もいる。幸せは人それぞれで個人の価値観次第である。「幸せの軸は自分で決めよう」。

　　　　　　　　　　　　　　　　　　　　　　　　　　（大沼　2008）

　前述のように，こうした心理学的な活動や研究をどのように呼べばいいのか少し考えあぐねていた。病院や患者さんということからすると医療心理学という言葉がすぐに思い当たった。しかし，現状の医療心理学という語は，病院における臨床心理学的実践のことを指す場合があり，具体的にはロールシャッハ検査や知能検査といった検査活動を示すことになる。あるいは医療者の人間関係なども医療心理学と呼ばれることがある。診断や測定を中心とする医療心理学と同じ名前を使うことはできない。

　そこで思い当たったのが厚生心理学という名称である。この転換によって，いくつかのしがらみを断つことができるし，新しいつながりをつけることもできる。厚生は「ぶ厚い生」と読むこともできる（附記参照）。

　また，厚生心理学は厚生経済学とつながることができる。経済学には，医療経済学に対峙して厚生経済学という分野が既にある。医療にまつわる経済を分析対象とするのが医療経済学であるなら，患者一人一人の厚生という側面から経済学を考えるのが厚生経済学であり，代表的な論者とし

て，1998年にノーベル経済学賞を受賞したアマルティア・センがいる。センは福祉（well-beingの訳）の実現における潜在能力アプローチ（潜在能力はcapabilityの訳）で知られている。同じ財（goodsの訳）を得ても，それをどのように生かせるかは個々人によって異なるから，財配分の表面的公正さは，結果としての福祉の公正を担保しないということが導かれる。センの経済学は，理論的には厚生主義と帰結主義を否定するものであるが，本人はその学問を厚生経済学であると標榜（ひょうぼう）している。そして，選択の幅があることが，生活の豊かさであると喝破している。本節でセンの経済学を論じることは不可能であるから深追いをしないが，障老病と共にある人がその生活文脈にそったチューニングを行うことでよりよい生活をしていくことを目指すことは，潜在能力アプローチからの帰結とも一致するはずだ。

　社会学には厚生社会学という言い方はない。しかし，ナラティブなどを重視するアーサー・フランク教授たちの医療社会学を厚生社会学と再配置することで，パーソンズからはじまる医療社会学の流れから切り離すことができるかもしれない。

　つまり厚生心理学は，アマルティア・セン流の厚生経済学，アーサー・フランク流の厚生社会学と接続する新しい心理学の分野であることを目指すのである。（潜在能力アプローチに連なるという意味で）厚生看護学という一派が立ち上がってもいいだろう。ちなみに，2008年6月に来日したアーサー・フランク教授本人に，私たちの意図を説明した上で「welfare psychologyをやろうとしている」と伝えたところ，「それは北米圏では伝わらない。あえて言えばcritical psychologyではないか」というアドバイスをもらった。英語と日本語の組み合わせはこのアドバイスに従おうと思う。

　わざわざ厚生と言わずとも，医療研究とか医学研究でも良いだろうという声があるのはわかる。しかし，制度は「利権」をうみ，制度と共にある人は利権に縛られがちである。制度から離れた立場に立ち，私たちは病を得た人の「権利」を問題にしたいのである。利権と権利，上下を逆さまにすると異なる意味になる語は少なくないが，これくらい皮肉な意味のズレが起きるのは珍しい。

ALS患者会（NPO法人ALS／MNDサポートセンターさくら会）の川口有美子（立命館大学先端研院生）は，かつて「ALS患者の選択は簡単に死の方向に行きがちだ」というようなことを述べたことがあった。ALS患者において筋肉が動かなくなることは，やがて肺や心臓も動かなくなることを意味する。その時のことを考えてみよう。一方には，人工呼吸器をつければ余命が15年以上はあるという選択肢があり，他方には「肺や心臓が自分で動かせなくなってまで生きたくはありません」と言わざるをえないような選択肢がある。このような場合，──適切な処置により，生きていくことができるのに──人工呼吸器をつけない選択をせざるを得ないように，さまざまな社会的圧力が向きがちだということを川口は表現したのである。このことは，ALS患者支援団体・さくら会（橋本操会長）のウェブサイト【ALS患者の選択肢】http://www31.ocn.ne.jp/~sakurakai/select.htm にも記載されている。

複線径路・等至性モデルによってこうした径路を描くことは選択肢を見させない制度や，一方向に選択を向かわせる力の存在を描くことになるから，結果的に見えない選択肢を表現することも可能になる。

4 TEMが目指すもの

TEMは文化心理学の方法論だが，実践論として厚生心理学と関連していく。

文化心理学は記号の機能化の一般的なメカニズムを記述することが目的である。そして，記号の機能化が最も顕現しやすいのが，重要な選択をする場面である。先にあげた，ALS患者が人工呼吸器をつけると判断するかどうか，などが一つの極限的な状況である。つけなければ生きていられないし，つければ生きていられる。こうした状況で前者が選択されることは，さまざまな社会的力の作用＝記号の働きによっているであろう。

つまり，記号の配列が人の生き方における選択に大きな影響を与えているなら，──具体的には，心臓の筋肉が動かなくなったときに，人生の終焉を迎えることを選ぶのか，人工呼吸器を装着して生きることを選ぶのか，について選択肢が設定されていないなら──そこにこそ文化の影響を

見て取ることができるのである。「〜すべきだ」という言明,「〜せざるを得ない」という言明,これらの言明に基づいて行う行為を価値観や規範と絡めて考える学問が多いのだが,文化心理学は記号の配列やその不可能性（潜在的可能性）ということを考える。

TEM は,その原理的な立場として,等至点に対して両極化した等至点を設定することにしている。この意味で,道徳的言明をこえて倫理的思考を志向しているし,選択肢を記述する努力によって人びとに実際の選択肢を可視化するのである。

道徳と倫理の違いについて,今橋 (2008) は写真の読み取りに関するリテラシーを論じるなかで,以下のように言う。

> 「せねばならない」と指し示す「道徳」とは異なり,「倫理」とは,あり得べき複数の可能性の中で思考を継続させる誠実さそのもの。
>
> （今橋 2008）

あり得べき複数の可能性がなければ倫理を実践することはできない。記号の力が道徳（すべきこと）に傾き倫理（複数選択肢）を可能にしないことは多くの場面で起こりえるが,医療の現場で最もわかりやすい形で現れる。だからこそ,厚生心理学を実践していくためには,方法としてのTEM や理論としての文化心理学が重要なのである。

病気の進行やある種の判断には,必ず時「刻」が関連している。一瞬と永遠の間に構成された時「刻」において,私たちは判断し生活を方向付けていくのだ。そして,多くの場合,判断は,判断する時限が設定されている。つまり,ある刻まれた時までのクロックタイムとの競争となる。さらに,ある判断を行う際には,その場も重要な意味をもつ。ホームグランドという語があるように,自分の本拠地で判断できるなら自分らしい判断ができるとしても,それが「アウェー」（敵地）であれば変わってくるかもしれない。自宅で行う判断と病院で行う判断が同じなのか異なるのか,それ自体が問いになりうるだろう。

時と場というのは,私たちの生活の基本要素なのであり,そこで立ち上がり,私たちを一定方向にガイドしたり誘ったりする記号があるとするな

ら，その配置こそが文化である。

　一方で私たちは文化に盲従する存在ではなく新しい価値を発生させる。その発生を導くのが促進的記号である。

　文化は時と場を包括する概念であり，厚生心理学を下支えするだけの概念枠組みをもっている。既に述べたように，厚生心理学＝医療や看護に関する領域のみがTEMの対象になるわけではない。人の生活から時や場を捨象して人間を実験室に招き入れて行う研究では扱えなかった研究対象をすべて扱っていけるはずである。附記にあるように「ぶ厚い生」を医療に限る必要がないと考えても良いだろう。

　再び繰り返すが，TEMは人生における径路の複線性を主張し，代替選択肢の重要性を主張する。また，個人のなかに能力のようなものを仮定してそれを測るようなことはせず，人間をシステムとして捉え，時と共にある人間の行為の変容を記述していく。

　本書は質的研究を標榜してはいるが，それは学問の方法としての要請であり，私たちのライフについて広く研究し，あるいは実践を支えるということが中心目標である（その意味で方法は些末なことであるが，方法が私たちの制約になることもある以上，重要な問題である）。

　本の名前にとらわれず，TEMを使いたい人は使ってほしいと願う。文化心理学や厚生心理学が自分の問題意識や研究にしっくりくるかどうかは，使ってから考えてもらえれば幸いだと考えている。

　TEMは研究や実践の自由を拡大するために生まれたものであり，TEMに縛られるようでは本末転倒なのだから。

附記／厚生心理学をめぐって

　2008年9月23日，ヴァルシナー教授を迎え，文化心理学に関するシンポジウムを行った（於・立命館大学）。その席で厚生心理学のアイデアを披瀝した。厚生の本来の意味は「生を厚（ゆた）かにする」を意味するというところにある，と述べたところ，コメンテーターとして出席していた南博文さん（九州大学）から，好意的かつ刺激的なコメントをもらった。「ギアーツの thick description という概念は〈ぶ厚い記述〉と訳されている。今でこそ常識になってはいるが，当事は，このぶ厚い記述という概念は非常にインパクトがあった。厚生心理学も〈ぶ厚い生〉と考えるなら，良い言葉・良い概念なのではないか」。確かに，「ぶ厚い記述」には心惹かれた記憶がある。ぶ厚い生，そして，生のぶ厚い記述，を目指すために，厚生心理学という語は適しているかもしれない，と感じ始めているところである（2008年10月5日）。

（サトウ　タツヤ）

おわりに

　大学院で臨床心理学を学ぶことを志す。大学院入学が決まる。質的研究のおもしろさと可能性に魅せられる。研究会や学会の，アカデミックな雰囲気に心躍らせる。仲間ができる。質的研究にますますはまる。論文執筆の大変さを思い知る。それでもやる。エクイファイナリティ（等至性）概念と出会う。概念を使ってみる。学会で発表する。批判も励ましも受ける。検討を重ね，さまざまな場で議論し続ける……。

　TEMの誕生と発展の過程を振り返る。それは，ごく平凡な出来事の羅列にみえるかもしれない。しかし，こうした経験のむすび方には，私とTEMとの関係を語るに際して意味がある，という言い方はできよう。もちろん，大学院で臨床心理学を学ぶことを志した頃まで遡らない語り方もあるだろうし，他の出来事を付け加えることもできる。また，喜怒哀楽の感情を詳細に盛り込んでいったり，他者との関係性を具体的に述べていくこともできる。そして，TEMにまつわり私の固有の経験があるように，他の執筆者にとっても，TEMに関わるそれぞれの経験や思い入れがあるだろう。語り方はそれぞれ異なるだろうし，ことばにする/しないという違いもあるだろうが，TEMの精緻化の過程には，執筆者ごとの，幾多にも重ねられる経験があり，多様な時間が流れている。

　人には，自分にとって感慨深い出来事を，振り返って語るようなことがある。そして，その語りに経験への意味づけが付与されることが，しばしばある。インタビューにより，当人の経験を聴きとるという研究手法を用いてきた私にとって，そうした意味づけの語りに，人の発達的な質的変化をみる。それは，とりもなおさず，今後に歩みを進めていこうとする志向性に関わるものでもあろう。TEMは，こうした，過去経験を抱えながらも今後に変化していく人のありさまを捉える方法論である。

　人は生きていくにあたり，さまざまな困難や問題に直面しうる。幾度も折れそうになることがあるかもしれない。もうどうしようもないと行き詰

まりを感じることも，あるかもしれない。私の短い研究人生でも，ここでは語らなかった山越えの出来事があった。ましてや，臨床的に重篤な状態に陥るような経験をした人びとにとっては，なおさらだろう。臨床心理学を専門とする立場上，そうした人びとの経験に触れることは多い。

しかし，人は，過去の経験と開かれた未来の狭間にいながらにして，時間とともに今を生きている。そして時間が経過するなかで，他者との関係を紡ぎ，あるいは自ら歩みを進めながら，いつしか事態が動き出しているようなことも，また実際にある。そこには，人が，それまでの経験を背負い，経験への意味づけを変えながらも歩んでいこうとする力が，秘められているように思う。TEM は，こうした温かい発達観・人間観に支えられている。なお，繰り返しになるが，こうした臨床や援助との関連のさせ方は，あくまでも私の関心に基づくものである。こうした枠を越えて，TEM を通じて，人の多様な生きざまを尊重するものの見方や，今からでも遅くないといった可能性に開かれた人生観を，ひとりでも多くの人に伝えていくことができれば，嬉しく思う。

最後になりましたが，この本が，多くの方に支えられて世に送り出されるはこびとなったことに，深く感謝いたします。編集に多大な時間とエネルギーを注がれたサトウタツヤ先生，温かくも鋭く実のあるご指摘をくださった森直久先生，各専門分野から TEM 研究に参与しご寄稿くださった先生方のご指導，ご鞭撻，そして，誠信書房の方々のご尽力なくしては，この本は存在しえませんでした。また，研究会や学会など多様な場や関わりを通じて議論にご参加いただき，さまざまなご指摘や励ましのお言葉をくださったみなさまのご支援に，心から感謝し，厚く御礼申し上げます。

執筆者を代表して　安 田　裕 子

注

第1章
* 1) 第2節は，安田（2005）の論文を，複線径路・等至性モデル（TEM）をどのように用いたのか，そして，用いることによってどのような有効性があったのかに焦点をあてて，改稿したものである。問題の部分では，「不妊治療をやめる」経験に着目し，その経験に等至性の概念を重ね合わせ，複線径路・等至性モデル（TEM）を用いて不妊経験をプロセスとして捉えるという着想に至った経緯を明らかにした。結果の部分では，事例を三つから四つに増やし，表による経験のまとめを行い，経験の内容を詳述することは割愛した。考察の部分では，複線径路・等至性モデル（TEM）によって，「不妊治療をやめる」経験に焦点をあてたことの意義と多様な径路をモデル提示することの意義に焦点をあてて検討した。図表は基本的には同じものを用いつつ加筆修正した。
* 2) 1964年（昭和39年）から大阪で活動を続けてきた，現在日本で唯一の，里親探しのための民間の社会福祉団体である（厚生労働省認可）。
* 3) 「結婚時の年齢，不妊治療年数，不妊治療内容，といった基本的な情報」「不妊治療経験や医療従事者に対する当時の思い」「子どもができない状況での思い」「周囲の人との関係性」「不妊治療時に支えにしていたこと」「希望する支援体制」「不妊治療技術に対する考え」「保険適用に関する考え」「養子縁組をしようと考えた経緯」である。
* 4) 必須通過点（OPP）の概念については，第2章第2節の「TEMを構成する基本概念」で，改めて詳しい説明がなされているのでご参照願いたい。ただし，本節でとりあげた不妊論文が執筆された当時は，TEM研究の発祥期で，各概念を考案し始めた初段階であり，必須通過点（OPP）に関しては，「論理的・制度的・慣習的にはほとんどの人が経験せざるをえないことがあれば，その経験を必須通過点（OPP）として同定する」（安田 2005）と定義している。その後，各概念の精緻化が進んだわけだが，本節では，当時の定義に基づき，必須通過点（OPP）を定めた。

第3章
* 1) 第2節は，安田・荒川・髙田・木戸・サトウ（2008）の論文を，複線径路・等至性モデル（TEM）を用いることによってどのような有効性があったのかに焦点をあてて，改稿したものである。結果の部分では，複線径路・等至性モデル（TEM）の枠組みにより焦点化した「身体的変化の気づき」「医師の診断」「中絶手術」の三つの経験を軸にして構成したことを明示するために，経験の内容を詳述することは半分以下に抑えた。考察の部分では，複線径路・等至性モデル（TEM）の特徴を「時間と偶有性」「必須通過点と文化社会的制約」「可能な径路」といった観点からとりあげ，中絶経験を理解するうえで，これらの特徴が果たす意義に焦点をあてて検討した。図表は，基本的には同じものを用いた。

＊2）「中絶手術を経験した年齢」「妊娠に気づいた時の気持ち」「産婦人科を訪れた経緯」「中絶手術前の気持ち」「中絶手術後の気持ち」「現在の気持ち」「パートナーとの関係」「一番辛かったこと」である。

第5章
＊1） 人類全体，あるいは「人というものは一般に」といった大きな母集団を考えたときに無理（高野 2000）だというだけでなく，たとえば，2009年の東京在住の大学1年生という程度であっても，そうとうな困難が予想される。
＊2） そもそも，母集団やサンプリングという概念装置でフィールドワーク研究を論じるのは少々強引であるかもしれないが，一種の比喩表現だと理解していただきたい。
＊3） もちろん，地域の属性をサンプルと考えることだってあるだろう。
＊4） サトウ・安田・木戸・髙田・ヴァルシナー（2006）は，等至点は研究者が焦点化して抽出するものとしているが，等至点を「抽出する」という語感からは，やはり対象者の生活文脈あるいは生活時間を止めて，その断面を切り取って研究者側に持ってくるというイメージがぬぐえないので，あえて「切断」と表現した。
＊5） だからといって，samplingではなくselectingに変更するというのではあまりに芸がないかもしれないが。
＊6） 読者は，彼女がこのような考えを持つに至ったのは筆者が「質的心理学っぽい」指導をしたからだ，と思われるかもしれない。しかし彼女は私の研究室に初めて訪ねてきたときに既にこうした考えを持ち，「人を平均値にするような研究はしたくないのでここに来た」と宣言したのだ。いちばん驚いたのは私である。
＊7） それは，実は，必ずしもネガティブな意味ではなく，ズレがもつ豊かさをもった騙りになる可能性もあるが，ここでは述べない。
＊8） 日本パーソナリティ心理学会第16回大会におけるシンポジウムのタイトル「文脈に埋め込まれた時間と共にある経験を捉える枠組み——HSS（歴史的構造化サンプリング）とTEM（複線径路・等至点モデル）」安田裕子・サトウタツヤ（企画）。指定討論：村上宣寛（富山大学），菅原ますみ（お茶の水女子大学）。
＊9） この問題は，多くの質的研究にも該当する。質的研究において用いられるKJ法，グラウンデッド・セオリー・アプローチなどは，半具象的・抽象的モデルを生成することが多い。
＊10） 謝辞 執筆にあたり，サトウタツヤ先生，森直久先生に貴重なコメントをいただきました。記して感謝申し上げます。
＊11） 英訳がheterochronyである異時間混交性の概念は，「時間の差異」を意味することは共通しながら，これまでの文化心理学でさまざまな意味で使用されている用語である。たとえば，Cole（1996）は，系統発生，文化的発達，個体発生の間の発生的スピードの違いを，Reder（1993）は，仕事場などで，異なる課題がさまざまなスケジュールやペースで進行することをheterochronyとして表現している。またBeach（1995, 2003）は，個人と集合的活動とよりマクロな社会との間の歴史性の違いや重なりを，heterochronyないしheterochronicityと呼ぶ。なお，本論の異時間混交性の議論は，文脈ごとに異なる時間の交差が発達を導くことをheterochronyとして示した，香川・茂呂（2006）の議論を拡張させたものである。

*12) ヴァルシナー論が，この両者の関係を，「互いに独立しているが，双方向的に影響を与えあうもの」と捉えているのか，「相互に織り込まれたもの」と捉えているのか，重要な議論だが，ここでは，相互に織り込まれたものと捉えるべきものとして，議論を進める。第3章の議論も参照。
*13) ヴィゴツキー（2005）も参照。彼は記号媒介による発達を文化的発達と呼ぶ。
*14) 後に述べるベルクソンの純粋持続の考えにおける，（人ではなく）物質の持続性の問題は別の機会に論じたい。
*15) 時間的展望は，レヴィン（Lewin 1942）が，フランク（Frank, L.K.）の用語を引用して広めた概念で，本来は，単数形で"time perspective"と表現される。
*16) 「異なる」というのは，第2章の「similarであっても，sameではない」という議論も参照されたい。
*17) それがベルクソンから窺えるものとして，彼は，単純な主観主義でも客観主義に立つのでもなく，知覚は，個人の頭のなかではなく対象にある（金森 2003）など，開放システム論をにおわす議論も展開している。

第6章
*1) 排中律　排中律とは，命題「A」とその否定である「Aではない」の中間的存在を認めない論理形式のこと
*2) ボールドウィンは述べている。「私が定義する発生論理とは，精神発達が起きている身体内部あるいは心理的プロセスを明示するために導入した用語である。この論理のなかでは，研究によって明かされる適応，対立，同化といったすべての多様で特定的な推進力は，個人的あるいは社会的な漸進という現象の形をとって自らの姿を示すのである」（Baldwin 1930, 11-12）。
*3) 選択プロセス（processes of selection）進化論の文脈におけるNatural selectionは長らく自然淘汰と訳されてきたが，最近では自然選択と訳されることが多い。
*4) 細胞（セル：cell）これは構成ユニットであり，分析の最小ユニットを指す。後述されるようにこの節において構成ユニットは細胞膜モデルで説明されることになる。
*5) ビュリダンのロバ　この概念は二つの干草の山を目前にしながら，その大きさと距離が同じため，どちらをも選ぶことができず餓死してしまったヴィゴツキーのロバの話に基づいており，人間の精神世界における記号の役割を説明するための出発点とされている。信号論的媒介は，四重の緊張状態を一時的に解決する手段である。
*6) アブダクション　パースによって，演繹，帰納とは異なる推論の形式として提唱された。目の前にある事実から仮説をたて，それを検証しつつ推論する形式である。なおパース自身はアブダクションをリトロダクション（retroduction）とも呼んでいた。つまり，結果から原因を遡及的に推論することを含む推論形式である。演繹的推論よりはデータに根ざしているが，帰納主義のように枚挙主義でもない。なお，アブダクションは拉致・誘拐を意味する単語でもあり，推論における強引さも含意しているのかもしれない。（参考文献　米盛 裕二 2007『アブダクション――仮説と発見の論理』勁草書房）
*7) なお，心理学を学んだ人であれば，contingencyは随伴性と訳されていること

を知っているだろう。そして，それは行動分析というジャンルで質的研究や文化心理学からは遠いはずなのに，と訝るかもしれない。スキナーの行動分析は，呈示する刺激を実験室で統制することによって実験を行った。たとえば青とか赤のランプがあるとして，青ランプが付いた時にバーをつつくとえさが出てくるというような実験である。いわゆる A-B-C（Antecedent〈先行子〉-Behavior〈行動〉-Consequence〈結果〉）デザインであるが，ここには時間の流れがある。オペラント行動というのは，自発的行動である。青ランプが点灯した（A）時に，レバーをつついてみたら（B），「たまたま」エサがでてきた（C）から，その後も同じ条件では同じ事をするようになる，というのがこの研究パラダイムが意味することである。ランプの色という極めて単純な刺激であるし，スキナー箱の中であるから刺激を統制できていた。一般的には，人間の日常生活をそのように統制することは難しいし意味がない。だが，「冗長に統制された」日常，のなかの一つだけを取り出して系統的に変化させることで行動の変化を見るようなやり方は，随伴性の原語である contingency を理解するうえで有用である。

さらに，社会学を学んだ人であれば，コンティンジェンシー・テーブルという言葉を聞いたことがあるだろう。このコンティンジェンシーはもちろんcontingency である。小学校3年生に，血液型で性格はわかるか，と聞くと，男女差はあまりないが，中学生になると男女差が出てくるというデータがある。

	血液型と性格	
	関係ある	関係ない
男	20%	80%
女	50%	50%

上の表のデータである（これは仮想データ）。このような表をコンティンジェンシー・テーブルというのは，男女という性別の違いが，血液型と性格の関係の信念（関係があると思うかないと思うか）とたまたま違いをもたらす，ということを示している。そして，そのたまたまから必然を掘り起こしていくのである。女性は迷信深いとか非科学的とか言いたい人がいるかもしれないが，そういうことではなく，ある性別として暮らすことが，血液型と性格の関係に関心をもつようになるのであり，それは，決して必然的なものではないのである。

文　献

第1章

Bertalanffy, L. Von　1968　*General System Theory*. New York: Braziller.（ベルタランフィ，L. フォン・長野　敬・太田邦昌〈訳〉1973　一般システム理論――その基礎・発展・応用　みすず書房）

印東太郎　1973　心理学におけるモデルの構成　印東太郎（編）　心理学研究法（17）モデル構成　1-17.

MacIntyre, A.　1981　*After Virtue: A Study in Moral Theory*. Notre Dame : University of Notre Dame Press.（マッキンタイア　篠崎榮〈訳〉1993　美徳なき時代　みすず書房）

Peirce, C. S.　1894　*What Is a Sign?* The essential Peirce: selected philosophical writings. Vol. 2　1893-1913　the Peirce Edition Project, Nathan Houser et al., 4-10, Bloomington: Indiana University Press. 1998 に再録

Sato, T.　2004　Money and Child Project: from the viewpoint of cultural psychology. Paper presented at the International Symposium on Cultural Psychology（Held at Ritsumeikan University, Kyoto, Japan）

Sato,T., Yasuda, Y., & Kido, A.　2004　Historically structured sampling（HSS）model: A contribution from cultural psychology. Paper presented at the 28th International Congress of Psychology, Beijing, China, August, 12.

堤　治　2004　授かる――不妊治療と子どもをもつこと　朝日出版社

Valsiner, J.　1999　*Culture and Human Development*. Sage Publications.

Valsiner, J.　2001　*Comparative Study of Human Cultural Development*. Madrid: Fundacion Infancia y Aprendizaje.

Valsiner, J.　2007　*Culture in Minds and Societies: Foundations of Cultural Psychology*. Sage Publications.

Valsiner, J., & Sato,T.　2006　Historically Structured Sampling（HSS）: How can psychology's methodology become turned in to the reality of the historical nature of cultural psychology? In J. Straub, D. Weidemann, C. kölbl, & B. Zielke（Eds.）*Pursuit of Meaning. Advances in Cultural & Cross-Cultural Psychology*, Transcript Verlag, 215-251.

やまだようこ　1995　生涯発達をとらえるモデル　無藤　隆・やまだようこ（編）生涯発達心理学とは何か　理論と方法　講座生涯発達心理学1　金子書房　57-92.

やまだようこ　2002　現場心理学における質的データからのモデル構成プロセス　質的心理学研究，1，107-128.

山本登志哉・高橋　登・サトウタツヤ・片　成男・呉　宣児・金　順子・崔　順子　2003　お金をめぐる子どもの生活世界に関する比較文化的研究：済州島調査報告　共愛学園前橋国際大学論集，3，13-28.

安田裕子　2005　不妊という経験を通じた自己の問い直し過程――治療では子どもが

授からなかった当事者の選択岐路から　質的心理学研究．4．201-226．
安田裕子・サトウタツヤ　2007　フィールドワークの論文指導　やまだようこ（編）質的心理学の方法　新曜社　224-236．
〈参考〉
　ヴァルシナー初来日時の様子のウェブサイト
　　http://www.psy.ritsumei.ac.jp/~satot/diarybox/Val/VAL04/Index.html
　　複線径路・等至性モデルのウェブサイト
　　http://www.k2.dion.ne.jp/~kokoro/TEM/whatistem.html

第2章

Bergson, H.　2001　時間と自由　中村文郎（訳）　東京：岩波書店．〔Henri Bergson. (1889). *Essai sur les données immédiates de la conscience.* Paris: F. Alcan〕

ベルタランフィ，L. von.　1973　一般システム理論——その基礎・発展・応用　長野敬・太田邦昌（訳）みすず書房　(Bertalanffy L. von.　1968　*General System Theory.* New York: G. Braziller.)

遠藤利彦（編）　2005　発達心理学の新しいかたち　誠信書房

福田絵里　2007　学生結婚という体験からみる家族の生成と自己形成　応用社会心理学研究　3．90-106．

金森　修　2003　ベルクソン——人は過去の奴隷なのだろうか　日本放送出版協会

木戸彩恵　2006　異なる文化的状況に属する青年期の日本女子学生の化粧行動——日本とアメリカでのインタビュー調査の質的分析・立命館大学文学研究科修士論文（未公刊）

Kojima, H.　1998　The construction of child-rearing theories in early modern to modern Japan. In Lyra, M. & Valsiner, J. (Eds.), *Child Development Within Culturally Structured Environments.* Vol.4. Construction of psychological processes in interpersonal communication. (13-14). Stanford, Ct.: Ablex Publishing Corporation.

Latour, B.　1987　*Science in Action: How to Follow Scientists and Engineers Through Society.* Cambridge: Harvard University Press.

Latour, B.　1988　*The Pasteurization of France.* Cambridge, MA: Harvard University Press.

McNemar, Q.　1940　Sampling in psychological research. *Psychological Bulletin,* 37．331-365．

溝口元・松永俊男　2005　生物学の歴史——改訂新版　放送大学教育振興会

Murphy, G.　1947　*Personality.* New York: Harper and Row.

Patton, M. Q.　1990　*Qualitative Evaluation and Research Methods.* 2nd ed. Newbury Park, CA: Sage.（2001年第3版）

サトウタツヤ　2008　「社会と場所の経験」に向き合うためのサンプリング論再考——あるいはメゾジェネシスレベルの発生を描くということ　サトウ・南（編）　社会と場所の経験　質的心理学講座3　東京大学出版会

Sato, T., Yasuda, Y., Kido, A., Arakawa, A., Mizoguchi, H., & Valsiner, J.　2007　Sampling Reconsidered: Idiographic Science and the Analyses of Personal

Life Trajectories. In Valsiner, J., & Rosa, A. (Eds.) *Cambridge Handbook of Socio-Cultural Psychology*, Chapter 4. Cambridge University Press. 82-106.
サトウタツヤ・安田裕子・木戸彩恵・髙田沙織・ヤーン＝ヴァルシナー　2006　複線径路・等至性モデル——人生径路の多様性を描く質的心理学の新しい方法論を目指して　質的心理学研究, 5, 255-275.
Valsiner, J. 2000 *Culture and Human Development*. London:Sage.
Valsiner, J. 2001 *Comparative Study of Human Cultural Development*. Madrid: Fundacion Infancia y Aprendizaje.
Valsiner, J., & Sato, T. 2006 Historically Structured Sampling (HSS): How can psychology's methodology become turned into the reality of the historical nature of cultural psychology? In Straub, Kölbl, Weidemann & Zielke (Eds.) *Pursuit of Meaning. Advances in Cultural and Cross-Cultural Psychology*, Bielefeld: transcript, 215-251.
Waddington, C. H. 1956 *Principles of Embryology*. London: Macmillan.
渡邊芳之　2007　心理学と方法　渡邊芳之（編）心理学方法論　朝倉書店　1-29.
安田裕子　2005　不妊という経験を通じた自己の問い直し過程——治療では子どもが授からなかった当事者の選択岐路から　質的心理学研究, 4, 201-226.

第3章

Adler, N. E., David, H. P., Major, B.N., Roth, S. H., Russo, N. F., & Wyatt, G. E. 1992 Psychological factors in abortion. *American Psychologist*, 47, 1194-1204.
デーケン，アルフォンス　1991　公認されていない悲嘆　ターミナルケア, 1, 391-394.
郡司ペギオ-幸夫　2004　原生計算と存在論的観測　東京大学出版会
木戸彩恵　2006　二つの文化的状況下にある青年期日本人女子学生の化粧——日本と米国でのインタビュー調査の質的分析　日本質的心理学会発表
杵淵恵美子・高橋真理　2004　女性達の人工妊娠中絶における意思決定過程　日本母性看護学会誌, 4, 7-16.
Major, B., Cozzarelli, C., Cooper, M. L., Zubek, J., Richards, C., Wilhite, M., & Gramzow, R. 2000 Psychological responses of women after first-trimester abortion. *Archives of General Psychiatry*, 57, 777-784.
松本光太郎・荒川　歩・安田裕子・麻生　武・松島恵介・大倉得史　2007　研究行為における「歴史」と「因果性」について考える　日本質的心理学会第4回大会（話題提供
二本松鮎美・北林ちなみ・杉浦恵子　2004　人工妊娠中絶における心のケア　飯田女子短期大学看護学科年報, 7, 45-56.
大橋靖史・森直久・高木光太郎・松島恵介　2002　心理学者，裁判と出会う　北大路書房
大川聡子　2004　10代で出産した母親の実態と社会環境の課題　日本＝性研究会議会報, 16, 49-59.
大久保美保　2002　人工妊娠中絶をした女性のケア　看護・助産職の調査から　齋藤有紀子（編著）　母体保護法とわたしたち　中絶・多胎減数・不妊手術をめぐる

制度と社会　明石書店　123-139.
Rubin, L.　2004　Abortion and mental health: What therapists need to know. *Women & Therapy*, 27, 69-90.
サトウタツヤ(編)　2009　TEM（複線径路等至性モデル）をめぐるいくつかの議論　ヒューマンサービスリサーチ　立命館大学　臨床人間科学の構築, 11
サトウタツヤ・安田裕子・木戸彩恵・髙田沙織・Valsiner, J.　2006　複線径路・等至性モデル——人生径路の多様性を描く質的心理学の新しい方法論を目指して　質的心理学研究, 5, 255-275.
Simpson, C.　1990　*Coping with Unplanned Pregnancy*. New York: The Rosen Publishing Group, Inc.（シンプソン, C.　村瀬幸浩〈監修〉・冨永　星〈訳〉　2006　10代のセルフケア 4——もしかして妊娠……そこからの選択肢　大月書店）
曽我部美恵子・遠藤治子・川崎佳代子　1999　人工妊娠中絶における自己決定　自治医科大学看護短期大学紀要, 7, 37-46.
鈴井江三子・柳　修平・三宅　馨　2001　人工妊娠中絶を経験した女性の不安の経時的変化——術前・術直後・3カ月後・6カ月後　母性衛生, 42, 394-400.
Valsiner, J.　1999　*Culture and Human Development*. London: Sage.
Valsiner, J.　2007　*Culture in Minds and Societies*. New Delhi: Sage.
Valsiner, J., & Sato, T.　2004　Historically Structured Sampling (HSS): How can psychology's methodology become tuned in to the reality of the historical nature of cultural psychology? In J. Straub, D. Weidemann, C. Kölbl & B. Zielke (Eds.), *Pursuit of Meaning : Advances in Cultural and Cross-Cultural Psychology* (215-251). Bielefeld: transcript.
安田裕子　2005　不妊という経験を通じた自己の問い直し過程——治療では子どもが授からなかった当事者の選択岐路から　質的心理学研究, 4, 201-226.
安田裕子・荒川　歩・髙田沙織・木戸彩恵・サトウタツヤ　2008　未婚の若年女性の中絶経験——現実的制約と関係性の中で変化する, 多様な径路に着目して　質的心理学研究, 7, 181-203.

第 4 章
Bruner, J. S.　2002　*La Fabbrica delle storie*. Guis, Laterza & Figli SPA.（ブルーナー, J. S.・岡本夏木他〈訳〉　2007　ストーリーの心理学——法・文学・生をむすぶ　ミネルヴァ書房）
Buttler, R. N.　1963　The life review: An interpretation of reminiscence in the aged. *Psychiatry*, 26, 65-76.
藤掛　明　1994　非行少年と家族へのカウンセリング　月刊少年育成, 463, 大阪少年補導協会, 24-31.
Hermans, H. J. M., & Kempen, H. J. G.　1993　*The Dialogical Self: Meaning as Movement*. San Diego, Calif: Academic Press.（ハーマンス, H. J. M.・ケンペン, H. J. G.　2006　対話的自己——デカルト／ジェームズ／ミードを超えて　溝上慎一・水間玲子・森岡正芳〈訳〉新曜社）
木村　敏　1997　からだ・こころ・生命　河合文化教育研究所, 7-33.
河野荘子　2003　非行の語りと心理療法　ナカニシヤ出版

松本佳久子　2004　少年犯罪グループにおける音楽療法の経過について——"キレる"ことに関する語りを通じたAの変化　臨床音楽療法研究，6，33-50．

松本佳久子　2005　少年犯罪グループにおける音楽療法の経過について——「キレる」ことに関する語りを通じたAの変化　臨床音楽療法研究，6，33-50．

松本佳久子　2006a　"大切な音楽"についての語りの意味とその変容　少年犯罪グループへの音楽療法の経過から　日本芸術療法学会誌　35（1）95-103．

松本佳久子　2006b　音楽の語りにおける意味生成とその変容について——少年受刑者矯正グループにおける矯正教育としての音楽療法の経過から　臨床音楽療法研究，8，50-57．

松本佳久子　2007　"大切な音楽"についての語りの意味とその変容——少年受刑者矯正グループへの音楽療法の経過から　日本芸術療法学会誌，36，1・2, 95-104．

松本佳久子　2007　少年受刑者のグループカウンセリングにおける音楽療法——「大切な音楽」の自己語りにおける意味生成と変容　奈良女子大学大学院博士論文

松嶋秀明　2005　関係性のなかの非行少年　新曜社

Mischel, W.　1968　*Personality and Assesment* New York : Wiley.（詫摩武俊〈監訳〉1992　パーソナリティーの理論——状況主義的アプローチ　誠信書房）

水田恵三　1994　罪・非行の社会史．犯罪・非行の社会心理学　水田恵三（編著）ブレーン出版，3-56．

望月春香　2007　中国人留学生の目的意識とその変容過程に関する質的研究　応用社会心理学研究，3，16-40．

森岡正芳　2008　ナラティヴと心理療法　金剛出版

野口裕二　2002　物語としてのケア　ナラティヴ・アプローチの世界へ　医学書院

野村豊子　1998　回想法とライフレヴュー——その理論と技法　中央法規出版

佐藤信夫　1992　レトリック感覚　講談社学術文庫　140-171．

Sato,T., & Valsiner, J.　2008　Zone of finality as a notion of bridge between DS and TEM. The fifth international conference on the dialogical self.

生島　浩　1997　悩みを抱えられない少年たち　こころの科学　75，2-7　日本評論社

生島　浩　2002　司法・矯正領域における活動モデル　講座臨床心理学6　社会臨床心理学　東京大学出版会，96．

谷村ひとみ・サトウタツヤ・土田宣明　2008　ふつうの結婚を目指させた親の性別役割意識——1980年代に結婚を経験した女性たちの語りから　立命館人間科学研究，17

Valsiner, J.　2001　*Comparative Study of Human Cultural Development.* Madrid: Fundacion Infancia y Aprendizaje.

Valsiner, J.　2007　*Culture in Minds and Societies: Foundations of Cultural Psychology.* Sage Publications.

Valsiner, J.　2007　*Culture in Minds and Societies.* New Delhi : Sage.

Valsiner, J., & Sato,T.　2006　Historically Structured Sampling（HSS）: How can psychology's methodology become turned in to the reality of the historical nature of cultural psychology? In J. Straub, D. Weidemann, C. Kölbl, & B. Zielke（Eds.）*Pursuit of Meaning. Advances in Cultural and Cross-Cultural*

Psychology. Bielefeld : transcript , 215-251.

Выготский, Лев Семенович（1930-31）История развития высших психических функций（ヴィゴツキー　2006　「発達の最近接領域」の理論　土井捷三・神谷栄司〈訳〉情動の理論　三学出版）

第5章

バフチン，M.　1975　小説の言葉　伊東一郎（訳）　1996　平凡社

Beach, K.　1995　Sociocultural change, activity, and individual development: some methodological Aspects. *Mind, Culture, and Activity*, 7（4），277-285.

Beach, K.　2003　Consequential transitions: A developmental view of knowledge propagation through social organizations. In T. Tuomi-Grohn & Y. Engestrom (Eds.), *Between School and Work: New Perspectives on Transfer and Boundary-crossing* (39-62). New York: Earli.

Bergson, H.　1889　*Essai sur les données immédiates de la conscience*.（ベルクソン，H.　中村文郎〈訳〉　2001　時間と自由　岩波文庫）

Bronfenbrenner, U.　1979　*The Ecology of Human Development: Experiments by Nature and Design*. Cambridge, MA: Harvard University Press.（磯貝芳郎・福富護〈訳〉　1996　人間発達の生態学（エコロジー）――発達心理学への挑戦　川島書店）

Bruner, J.　1986　*Actual Minds, Possible Worlds*. Cambridge, MA: Harvard University Press.（田中一彦〈訳〉　1998　可能世界の心理　みすず書房）

Cole, M.　1996　*Cultural Psychology: A Once and Future Discipline*. Harvard University Press.（コール, M.　天野　清〈訳〉　2002　文化心理学：発達・認知・活動への文化――歴史的アプローチ　新曜社）

Engestrom, Y.　1987　*Learning by Expanding: An Activity Theoretical Approach to Developmental Research*.（エンゲストローム, Y.　山住勝広・松下佳代・百合草禎二・保坂裕子・庄井良信・手取義宏・高橋　登〈訳〉　1999　拡張による学習――活動理論からのアプローチ　新曜社）

Gergen, K. & Gergen, M.　1986　Narrative form and the construction of psychological science. In Theodore R. Sarbin (Ed) *Narrative Psychology: The Storied Nature of Human Conduct*. New York: Praeger

入不二基義　2002　時間は実在するか　講談社現代新書

香川秀太　2008a　状況論とは何か：実践の解明と変革のアプローチ　インターナショナルナーシングレビュー，31（5），19-26.

香川秀太　2008b　「複数の文脈を横断する学習」への活動理論的アプローチ――学習転移論から文脈横断論への変移と差異　心理学評論，51（4）.

香川秀太・茂呂雄二　2006　看護学生の状況間移動に伴う「異なる時間の流れ」の経験と生成――校内学習から院内実習への移動と学習過程の状況論的分析　教育心理学研究，54（3），346-360.

Kagawa, S., & Moro, Y. 2009 Spinozic Re-considerations on the concept of activity: Politico-affective process and discursive practice in the transitive learning. In A. Sannino, H. Daniels, & K. Gutierrez (Eds.), *Learning and Expanding with*

Activity Theory. Cambridge, UK: Cambridge University Press.
金森 修 2003 ベルクソン――人は過去の奴隷なのだろうか NHK 出版
King, G. A. 2004 The meaning of life experiences: application of a meta-model to rehabilitation sciences and services. *American Journal of Orthopsychiatry*, 74(1), 72-88.
小松源助 1995 ソーシャルワーク実践におけるエンパワーメント・アプローチの動向と課題 ソーシャルワーク研究 21 (2), 76-82.
Lewin, K. 1942 *Time Perspective and Morale*. New York: Houghton Mifflin.（レヴィン，K. 末永俊郎〈訳〉 1954 時間的展望とモラール 東京創元社 134-164）
南風原朝和 1995 教育心理学研究と統計的検定 教育心理学年報, 34, 122-131.
茂呂雄二 1999 具体性のヴィゴツキー 金子書房
中島義道 1996 「時間」を哲学する：過去はどこへ行ったのか 講談社現代新書
尾見康博・川野健治 1996 納得の基準――心理学者がしていること 人文学報（東京都立大学），269, 31-45.（サトウタツヤ・渡邊芳之・尾見康博 2000 心理学論の誕生――「心理学」のフィールドワーク 北大路書房に所収）
Patton, M. Q. 1990 *Qualitative Evaluation and Research Methods*. 2nd ed. Newbury Park, CA: Sage.（2001年第3版）
Reder, S. 1993 Watching flowers grow: Polycontextuality and heterochronicity at work. The quarterly newsletter of the laboratory of comparative human cognition, 15 (4), 116-125.
サトウタツヤ 2009 TEM（複線径路等至性モデル）をめぐるいくつかの議論 ヒューマン・サービス・リサーチ 立命館大学 臨床人間科学の構築
Sato, T., Yasuda, Y., Kido, A., Arakawa, A., Mizoguchi, H., & Valsiner, J. 2007 Sampling reconsidered: Idiographic science and the analyses of personal life trajectories. In J. Valsiner and A. Rosa (Eds.) *Cambridge Handbook of Sociocultural Psychology*, Cambridge University Press. 82-106.
サトウタツヤ・安田裕子・木戸彩恵・髙田沙織・ヤーン＝ヴァルシナー 2006 複線径路・等至性モデル――人生径路の多様性を描く質的心理学の新しい方法論を目指して 質的心理学研究, 5, 255-276.
関口裕子・服藤早苗・長島淳子・早川紀代・浅野富美枝 1998 家族と結婚の歴史 森話社
芝田千恵美 2007 障害者乗馬への参加を動機づけるものはなにか――「乗り手」と周囲の人々についての研究 帯広畜産大学畜産学部卒業研究（未公刊）
菅野幸恵 2005 縦断研究とフィードバック．西條剛央（編） 構造構成的発達研究法の理論と実践 北大路書房 216-217.
田垣正晋 2004 中途障害者を理解する方法としてのライフストーリー研究の意義 ソーシャルワーク研究, 30 (3), 54-61.
田垣正晋 2007 中途肢体障害者における「障害の意味」の生涯発達的変化――脊髄損傷者が語るライフストーリーから ナカニシヤ出版
高野陽太郎 2000 因果関係を推定する――無作為配分と統計的検定 佐伯胖・松原望（編） 実践としての統計学 東京大学出版会 109-146.

滝坂信一　2003　馬の特性を障害のある子どもの教育に活かす　独立行政法人　国立特殊教育総合研究所　肢体不自由教育研究部　一般研究報告書　障害のある子どもへの馬の特性を利用した指導に関する研究——自立に向けた心身一元的な指導に焦点をあてて

Valsiner, J.　2007　Human life course: Culture as the basis for ars vivendi. Lecture at ritsumeikan university, 1-18.

Valsiner, J. & Sato, T.　2006　Historically structured sampling (HSS): How can psychology's methodology become turned into the reality of the historical nature of cultural psychology? In J. Straub, D. Weidemann C. Kölbl, and B. Zielke (Eds.) *Pursuit of Meaning. Advances in Cultural and Cross-Cultural Psychology*. Bielefel transcript, 215-251.

ヴィゴツキー，L. S.　1987　心理学の危機　柴田義松・森岡修一・藤本卓（訳）　明治図書

ヴィゴツキー，L. S.　2005　文化的‐歴史的精神発達の理論　柴田義松（監訳）　学文社

渡邊芳之　2007　心理学と方法　渡邊芳之（編）　心理学方法論　朝倉書店　1-29.

Wenger, E.　1990　Toward a theory of cultural transparency: elements of a social discourse of the visible and the invisible. Irvine: University of California, Doctoral dissertation.

Wenger, E.　1998　*Communities of Practice: Learning, Meaning, and Identity*. New York: Cambridge University Press.

Wertsch, J. V.　1998　*Mind as Action*. New York: Oxford University Press.（ワーチ，J. V.　佐藤公治・田島信元・黒須俊夫・石橋由美・上村佳世子〈訳〉　2002　行為としての心　北大路書房）

やまだようこ　2002　現場心理学における質的データからのモデル構成プロセス「この世とあの世」イメージ画の図像モデルを基に　質的心理学研究 1, 107-128.

Yamada, Y., & Kato, Y.　2006　Directionality of development and Ryoko Model.: Reply to four comments. *Culture & Psychology*, 12, 2, 260-272.

山住勝広　2004　活動理論と教育実践の創造　拡張的学習へ　関西大学出版部

安田裕子　2005　不妊という経験を通じた自己の問い直し過程——治療では子どもが授からなかった当事者の選択岐路から　質的心理学研究，4, 201-226.

第6章

Anisov, A. M.　2002　*Logika neopredelennosti i neopredelennost' vo vremeni* [*The Logic of Indeterminacy and Indeterminacy in Time*]. Logical Studies, 8, 1-27.

Baldwin, J. M.　1906　*Thought and Things: A Study of the Development and Meaning of Thought, or Genetic Logic*. Vol. 1. Functional logic, or genetic theory of knowledge. London: Swan Sonnenschein & Co.

Baldwin, J. M.　1908　*Thought and Things: A Study of the Development and Meaning of Thought, or Genetic Logic*. Vol. 2. Experimental logic, or genetic theory of thought. London: Swan Sonnenschein & Co.

Baldwin, J. M.　1911　*Thought and Things: A Study of The Development and*

Meaning of Thought, or Genetic Logic. Vol. 3. Interest and art being real logic. London: Swan Sonnenschein & Co.
Baldwin, J. M. 1915 Genetic Theory of Reality. New York: G. P. Putnam's sons.
Baldwin, J. M. 1930 James Mark Baldwin. In C. Murchison (Ed.), *A History of Psychology in Autobiography.* Vol. 1 (1-30). New York: Russell & Russell.
Beloussov, V. V. 1998 *The Dynamic Architecture of a Developing Organism.* Dordrecht: Kluwer.
Bruner, J. 2002 Making Stories: Law, Literature, Life. Harvard University Press.（岡本夏木・吉村啓子・添田久美子〈訳〉2007 ストーリーの心理学 法・文学・生をむすぶ ミネルヴァ書房）
日高友郎・若林宏輔・片山 潤・サトウタツヤ 2008 就職活動中の青年の将来展望と語り方 語りの通時的変化に注目して 日本心理学会第72回大会発表論文集
今橋映子 2008 フォト・リテラシー 報道写真と読む倫理 中公新書
大沼優子 2008 人生with病～難病患者のQOL調査～ 応用社会心理学研究, 4, 43-55.
岡本大典 2008 語りの通時的変化についての研究 応用社会心理学研究, 4, 5668.
Rosa, A., & Valsiner, J. 2007 Socio-cultural psychology on the move: semiotic methodology in the making. In J. Valsiner & A. Rosa (Eds.), *The Cambridge Handbook of Sociocultural Psychology.* New York: Cambridge University Press. 692-707.
サトウタツヤ 2006 複線径路・等至性モデル 人生径路の多様性を描く質的心理学の新しい方法論を目指して 立命館人間科学研究, 12, 65-75.
http://www.ritsumei.ac.jp/acd/re/k-rsc/hs/hs/publication/files/ningen_12/12_065-075.pdf
サトウタツヤ・安田裕子・木戸彩恵・髙田沙織・ヤーン＝ヴァルシナー 2006 複線径路・等至性モデル──人生径路の多様性を描く質的心理学の新しい方法論を目指して 質的心理学研究, 5, 255-275.（Sato, T., Yasuda, Y., Kido, A., Takada, S., & Valsiner, J. 2006 The discovery of the Trajectory Equifinality Model. *Qualitative Research in Psychology,* 5, 255-275.〈In Japanese〉）
Sato, T.,Yasuda, Y., Kido, A., Arakawa, A., Mizoguchi, H., & Valsiner, J. 2007 Sampling reconsidered: Idiographic science and the analyses of personal life trajectories. In J. Valsiner, J., & A. Rosa, A. (Eds.), *Cambridge Handbook of Sociocultural Psychology.* New York: Cambridge University Press. 82-106.
Toomela, A. 2007 Culture of science: Strange history of the methodological thinking in psychology. *IPBS: Integrative Psychological and Behavioral Science,* 41, 1, 6-20.
Valsiner, J. 1987 *Culture and the Development of Children's Action.* Chichester: Wiley.
Valsiner, J. 2004 The Promoter Sign: Developmental transformation within the structure of Dialogical Self. Paper presented at the Biennial Meeting of the International Society for the Study of Behavioural Development (ISSBD), Gent,

July, 12 (Symposium Developmental aspects of the dialogical self. Hubert Hermans, Convener)
Valsiner, J. 2005 Transformations and flexible forms: where qualitative psychology begins. *Qualitative Research in Psychology,* 4 (4), 39-57.
Valsiner, J. 2007a *Culture in Minds and Societies.* New Delhi: Sage.
Valsiner, J. 2007b Looking across cultural gender boundaries. *IPBS: Integrative Psychological & Behavioral Science,* 41, 3-4, 219-224.
Valsiner, J., & Sato, T. 2006 Historically Structured Sampling (HSS): How can psychology's methodology become turned into the reality of the historical nature of cultural psychology? In J. Straub, D. Weidemann, C. Kölbl & B. Zielke (Eds.), *Pursuit of Meaning: Advance in Cultural and Cross-Cultural Psychology.* Bielefeld: transcript. 215-251.
Valsiner, J., & van der Veer, R. 1993 The encoding of distance: The concept of the zone of proximal development and its interpretations. In R. R. Cocking & K. A. Renninger (Eds.), *The Development and Meaning of Psychological Distance.* Hillsdale, N. J.: Lawrence Erlbaum Associates. 35-62.
ヴィゴツキー, L. S. 1970 柴田義松（訳）精神発達の理論 明治図書
Weissert, T. P. 1995 Dynamical discourse theory. *Time & Society,* 4, 1, 111-133.
Werner, H. 1948 *Comparative Psychology of Mental Development.* New York: International Universities Press.
山本登志哉・高橋 登・サトウタツヤ・片 成男・呉 宣児・金 順子・崔 順子 2003 お金をめぐる子どもの生活世界に関する比較文化的研究：済州島調査報告. 共愛学園前橋国際大学論集, 3, 13-28.

人名索引

ア行
アインシュタイン（Einstein, A.） 174
荒川歩　14, 16, 194
アリストテレス（Aristoteles）　174
伊藤君男　56
ヴァルシナー, ヤーン（Valsiner, Jaan）　2, 5, 6, 7, 8, 12, 13, 18, 56, 76, 80, 88, 97, 153, 157, 193, 200
ヴィゴツキー（Vygotsky, L. S.）　94, 191
エンゲストローム, ユーリア（Engestrom, Y.）　3

カ行
川口有美子　197
木戸彩恵　16, 56, 88
久住純司　194
グリーンハル, トリシャ（Greenhalgh, T.）　193
ゲーリック, ルー（Gehrig, H. L.）　193
コール, マイケル（Cole, M.）　3

サ行
サトウタツヤ　2, 8, 12, 16, 153
セン, アマルティア（Sen, Amartia）　196

タ行
髙田沙織　16
立岩真也　194
ドリーシュ, ハンス（Driesch, Hans）　4, 41,

ナ行
中島孝　194

ハ行
ハイデガー（Heidegger, M.）　119, 174
橋本操　193
パスツール（Pasteur, Louis）　51
パーソンズ（Parsons, T.）　195, 196
ハーマンス（Hermans, H. J. M.）　96
バンバーグ, マイケル（Bamberg, Michael）　3
フォン ベルタランフィ（Von Bertalanffy, L.）　4, 34, 40,
福田茉莉　14
フランク, アーサー（Frank, Arthur）　193, 196
プリゴジン, イリヤ（Prigogine, Ilya）　178
ブロンフェンブレンナー（Bronfenbrenner, U.）　142
ベルクソン（Bergson, H.）　5, 46, 48, 167, 173, 174, 178, 187
ホーキング（Hawking, S. W.）　193
ボールドウィン, J. M.（Baldwin, J. M.）　177, 178, 179

マ行
マクタガート（McTaggart, J. & E.）　174
マクネマー（McNemar, Q.）　37
マクロード, ジョン（Mcleod, John）　193
マッキンタイア（MacIntyre, A.）　9
松本佳久子　192
マーフィ（Murphy, G.）　45
水月昭道　194
南博文　200
箕浦康子　3
森直久　16

ヤ行
安田裕子　13, 16, 192, 194
ヤング，アラン（Young, Alan）　193

ラ行
ライプニッツ（Leibniz, G. W.）　iii, 4
ラトゥール（Latour, B.）　51
ロゴフ，バーバラ（Rogoff, Barbara）　3

ワ行
渡邊芳之　84
ワーチ，ジェームズ（Wertsch, J. V.）　3
ワディントン（Waddington, C. H.）　7, 44,
和中勝三　194

事項索引

ア行

曖昧さ　85, 87
アクションリサーチ　194
アトラクタ（attractors）　179
アブダクション　183
異時間混交性（heterochrony）158, 160, 174
異時間混交的　171
意思決定　87
一般システム理論　41
医療社会学　196
医療心理学　193, 195
医療モデル　193
因果モデル　37
インタビュー　iii
ウェブ的／パロール的な知識　151
ウニ　41
ALS（筋萎縮性側索硬化症；Amyotrophic Lateral Sclerosis）193, 197
エピジェネティック（後成的）・ランドスケープモデル　7, 44
演繹　183
エントロピー　41, 151
お小遣い　8, 9, 10, 11, 12, 191
音楽療法　102, 105

カ行

回顧型研究　153-157, 188
開放システム（Open System）　3, 7, 10, 34, 38, 40, 41, 151, 189
学生結婚　35
確率的サンプリング　36
過去展望　174
仮説生成　130-138
語り（narrative）　104, 138
　→「ナラティブ」も見よ

語りデータ　172
語りの時間　173
仮定法の語り　143
可能性　75
慣習的必須通過点　51, 53
記号　vii, 6, 172, 189, 190, 197, 198
記号的媒介物　167
記号による媒介　7, 191
記号論的な媒介（semiotic mediation）189
記述統計量　124
帰納　183
希望　169
QOL（生活の質；Quality of Life）195
矯正教育　101
距離化（distantiation）　172
近代心理学　52
空間　vii
偶有性（contingency）　68, 86, 147, 190
具象的なモデル　149
グラウンデッド・セオリー・アプローチ（Grounded Theory Approach; GTA）　iv, 146, 172
クロスワードパズル　vi
クロックタイム（時計で計測できる時間）　v, 6, 47, 167, 185, 187, 188, 198
経験主義　52
経験の多様性　v
KJ法　iv, 146
計測可能な時間　6
径路・選択肢の可視化　52
化粧行為　53, 56
結果的必須通過点　51, 53
結婚　96, 97
顕型（phenotype）　151

検定統計量　124
行為選択　87
光合成　iii, 4
厚生心理学　185, 195, 196, 197, 199
誤差　iv, 37, 76
個人システム　55
個人主義　88
個人的文化（personal culture）　56, 89, 90, 159
個性記述　140
個体発生　99
個体発生レベル　122
個別性　75

サ行
さまざまな知恵のプール　45
サンプリング　34, 123-130, 173
サンプリングの種類　125
時間　iv, v, vii, 12, 46, 56, 75, 128, 133, 176, 185
時「間」　47
時間軸　158
時間的展望（time perspectives）　96, 160, 162
時間論　157, 168
時間を空間化　6
自己　142
時刻　185
時「刻」　47
指示性記号　7
辞書的／ラング的な知識　151
システム論　40, 91, 142
実証研究　158
実証主義　52
質的アプローチ　38
質的研究　52
社会システム　55
社会的方向づけ（Social Direction；SD）　15, 53, 54, 88, 157
社会的マイノリティ　138, 144
集合的文化（collective culture）　56, 89, 90, 159
集合的文脈　163, 164
収束　56
従属変数　35

集団主義　88
重要な他者　142
主体　173
準拠集団　142
純粋持続　167, 170, 171, 173
障害者乗馬　134
生涯発達研究　139
象徴性記号　7
冗長的な統制原理（the principle of redundant control）　190
焦点化　25, 28, 41
少年受刑者　101
事例　28
進化心理学　181
進化論　181
新規性（novelty）　85
人工妊娠中絶　57
人工物　89, 163, 173
人生 with 病　195
心理的道具　160
水路づけの理論　45
生気論　4
生殖補助医療技術　17, 19
生存学　194
制度　173
制度的必須通過点　51, 53
制約　45, 53, 69, 87
世界観　142
潜型（genotype）　150
前向型研究　153-157, 188
潜在能力アプローチ　196
選択　180, 181
選択肢　7, 12, 29, 48, 53, 72, 93, 94, 144, 179, 180, 198, 199
想起　55
創発（emergence）　87, 177, 178
促進　45
促進的記号（Promoter Sign）　97, 99, 182, 187, 189
即興演奏　107
ZOF（目的の領域）　92, 186
　→「目的の領域」も見よ
存在論的差異　119

タ行

「大切な音楽」　101, 105, 109, 111, 116, 118, 157
代表値　iv
代表値志向研究　76, 84, 129
対話的自己　96
他者　161, 163, 173
多重時間性（polychrony）　158
多重時間的　171
多重性（Multi-linearity）　43
多重線形性　3
多重等至性（マルチファイナリティ）　186
多重な等至点　93
多様性　28, 145, 152, 168
単純無作為サンプリング　123
地政学　51
中絶経験　57-74
中絶経験者　78
中途障害者　138
TEM時間論　157, 174
TEM論　157
デュレー　187
転機　46, 139, 143
統計的検定　124
統計量アプローチ　38
等結果性　1
等至域　141
等至性　1, 4, 5, 7, 18, 33, 34, 41, 45
等至点（Equifinality Point；EFP）　5, 13, 14, 15, 19, 20, 22, 28, 31, 38, 41, 48, 60, 69, 73, 92, 93, 95, 128, 137, 141, 160, 170, 172, 186, 198
　→「両極化した等至点」も見よ
等終局性　1
道徳　198
独立変数　36

ナ行

ナラティブ　140, 196
　→「語り」も見よ
ナラティブ・セラピー　156
妊娠中絶　146
妊娠中絶手術　vii
認知された物語　157

ハ行

媒介　9, 10
媒介人工物　160, 161
媒介物　171
排中律　176
発生の三層モデル（Three Layers Model of Genesis；TLMG）　83, 88, 92-101, 120, 189
発生論理（genetic logic）　177
発達　158, 163, 169
発達時間論　157
発達心理学　157
発達の最近接領域（Zone of Proximal Development；ZPD）　94, 179
発達論理　179
反復インタビュー　156
非可逆的時間（irreversible time）　5, 6, 14, 33, 46, 47, 68, 98, 128, 166, 167, 172, 185
非可逆的な時間　132
比較文化心理学　16, 88, 189
非行臨床　102
必須通過点（Obligatory Passage Point；OPP）　14, 15, 21, 22, 28, 50, 64, 69, 73, 136, 160
　→「習慣的必須通過点」「結果的必須通過点」「制度的必須通過点」も見よ
ビュリダンのロバ（Buridan's ass）　182
病人役割　195
ファーストキス　42
ぶ厚い記述　200
ぶ厚い生　195, 200
フィールドワーク　iii
復元時間　173
複線径路（Trajectory）　5, 14, 43, 51
複線径路の可視化　45
複線性　19
不揃いさ　145
不定さ　86, 87
不妊　17
不妊経験　169
不妊治療　vii, 138, 160
不妊治療経験者　17-32

事項索引　221

文化　vii, 56, 75, 87, 189, 197
文化化　89
文化心理学　3, 6, 7, 16, 92, 159, 160, 174, 189, 191, 197, 198
文化的越境　88
文化的発達　163, 166
分岐子（bifurcator）　180
分岐点（Bifurcation Point；BFP）　5, 11, 14, 19, 21, 22, 28, 45, 46, 57, 69, 74, 136, 160, 172, 179
閉鎖システム（closed system）　4, 11, 12, 34, 40
法則定立　44, 140
法的ストーリー　188
母子関係　9
母集団　37, 77, 123, 124, 129, 146
母体保護法　57, 72

マ行
マイクロジェネシス　121
マイクロ・ジェネティック　98
マルチメソッド　173
未来性　160
未来展望　92, 143, 163, 174
メゾジェネシス　121
メゾ・ジェネティック　99
目的の領域（Zone of Finality；ZOF）　92-101
　→「ZOF」も見よ
モデル　1
モデル化の機能　2
モナド　iii, 4

ヤ行
容器メタファ　88, 189
養子縁組　18, 146

ラ行
ライフ　47
ライフコース　168, 171
ライフストーリー　105, 138-144
ランダム・サンプリング　34, 37, 40, 75, 77, 84, 183
リサーチ・クエスチョン　78, 136
リダンダントなコントロール　45
　→「冗長的な統制原理」も見よ
リプロダクティブヘルス・ライツ　57
留学　93
両極化した等至点（Polarized-EFP；P-EFP）　15, 31, 32, 48, 93, 95, 186
　→「等至点」も見よ
量的アプローチ　38
理論研究　158
理論的サンプリング　36
倫理　198
類型　25
類型化　22, 73
類似性記号　6
歴史性　85, 157, 160
歴史的構造化サンプリング（Historically Structured Sampling；HSS）　12, 14, 33-39, 123-130, 182
歴史的に構造化　42
歴有性　152

執筆者紹介

サトウタツヤ（佐藤　達哉）
　　　　【はじめに，第1章第1節，第2章，第4章第1節，第6章第2節，】

奥付の編著者紹介参照

安田　裕子（やすだ　ゆうこ）　【第1章第2節，第3章第2節】
2004年　立命館大学大学院応用人間科学研究科修士課程修了
現　在　立命館大学総合心理学部教授，博士（教育学）
著　書　「フィールドワークの論文指導」『質的心理学の方法』（共著）新曜社　2007

森　直久（もり　なおひさ）　【第3章第1節，第3節，第5章第5節】
1994年　筑波大学大学院心理学研究科博士課程単位取得退学
現　在　札幌学院大学心理学部教授，博士（人間・環境学）
著　書　『心理学者，裁判と出会う』（共著）北大路書房　2002

松本　佳久子（まつもと　かくこ）　【第4章第2節】
2007年　奈良女子大学大学院人間文化研究科博士後期課程修了
現　在　武庫川女子大学音楽学部教授，博士（学術）
著　書　『奈良市音楽療法への道』（共著）法政出版社　1997

尾見　康博（おみ　やすひろ）　【第5章第1節】
1994年　東京都立大学大学院人文科学研究科博士課程中退
現　在　山梨大学大学院総合研究部教授，博士（心理学）
著　書　『好意・善意のディスコミュニケーション――文脈依存的ソーシャル・サポート論の展開』アゴラブックス（電子書籍）2010

渡邊　芳之（わたなべ　よしゆき）　【第5章第2節】
1990年　東京都立大学大学院心理学博士課程単位取得退学
現　在　帯広畜産大学人間科学研究部門教授，博士（心理学）
著　書　『心理学方法論』（編著）朝倉書店　2007

田垣　正晋（たがき　まさくに）　【第5章第3節】
2002年　京都大学大学院教育学研究科博士課程単位取得退学
現　在　大阪公立大学大学院現代システム科学研究科教授，博士（教育学）
著　書　『これからはじめる医療・福祉の質的研究入門』中央法規出版 2008，『中途肢体障害者における「障害の意味」の生涯発達的変化――脊髄損傷者が語るライフストーリーから』ナカニシヤ出版 2007，『障害・病いと「ふつう」のはざまで　軽度障害者，どっちつかずのジレンマを語る』明石書店 2006

荒川　歩（あらかわ　あゆむ）　【第5章第4節】
2004年　同志社大学大学院文学研究科博士課程単位取得退学
現　在　武蔵野美術大学教授，博士（心理学）
著　書　『エマージェンス人間科学』（共編）北大路書房 2007，『あたりまえの心理学』（共著）文化書房博文社 2007，『ボトムアップな人間関係』東信堂 2007，『心理学史の新しいかたち』（共著）誠信書房 2005

香川　秀太（かがわ　しゅうた）　【第5章第6節】
2007年　筑波大学大学院心理学博士課程修了
現　在　青山学院大学社会情報学部教授，博士（心理学）
著　書　Spinozic re-considerations on the concept of activity: Politico-affective process and discursive practice in the transitive learning（共著）*Learning and Expanding with Activity Theory*, Cambridge University Press, 2009

Valsiner, Jaan（ヴァルシナー，ヤーン）　【第6章第1節】
1951年　エストニア国タリン市生まれ
1981年　エストニア国ターツ大学卒業
1984年　*Culture & Psychology*（Sage）創刊
1995年　Humboldt Research Prize（ドイツ）受賞
現　在　デンマーク国・オールボー大学教授
著　書　*Culture in Minds and Societies*（Sage）2007，*Understanding Vygotsky*（Blackwell）共著，1992　ほか多数

訳者紹介

福田　茉莉（ふくだ　まり）
現　在　岡山大学医歯薬学総合研究科助教

大野　カヤ（おおの　かや）
現　在　クラーク大学大学院博士課程在学

編著者紹介

サトウタツヤ（佐藤　達哉）

1962 年　神奈川県に生まれる
1985 年　東京都立大学人文学部卒業
1989 年　東京都立大学大学院人文科学研究科心理学専攻博士課程中退
現　在　立命館大学総合心理学部教授，博士（文学）
　　　　（専攻　社会心理学・心理学史）
主要著書　『臨床心理学史』東京大学出版会 2021,『質的研究法マッピング』（共編）新曜社 2019,『心理学史の新しいかたち』（編著）誠信書房 2007,『社会と場所の経験』質的心理学講座 3（共編著）東京大学出版会 2007,『グラフィック性格心理学』（共著）サイエンス社 2005,『ボトムアップな人間関係』（編著）東信堂 2007,『法と心理学のフロンティア』（共編著）北大路書房 2005,『グラフィック性格心理学』（共著）サイエンス社 2005,『ボトムアップ人間科学の可能性』（編著）至文堂 2004, *International Handbook of Intelligence*（共著）Cambridge University Press 2004,『流れを読む心理学史』（共著）有斐閣 2003,『日本における心理学の受容と展開』北大路書房 2002,『カタログ現場心理学』（共編著）金子書房 2001,『心理学論の誕生』（共著）北大路書房 2000,『知能指数』講談社 1997,『通史日本の心理学』（共編著）北大路書房 1997,『オールザット血液型』（共著）コスモの本 1996, 他

TEM ではじめる質的研究
　　　――時間とプロセスを扱う研究をめざして

2009 年 3 月 30 日　第 1 刷発行
2025 年 3 月 30 日　第 6 刷発行

編著者　サトウタツヤ
発行者　柴田　敏樹
発行所　株式会社　誠信書房
　　　　〒112-0012　東京都文京区大塚 3-20-6
　　　　電話　03（3946）5666
　　　　https://www.seishinshobo.co.jp/

© Tatsuya Sato et al., 2009　　　印刷／あづま堂印刷　製本／協栄製本
＜検印省略＞　　落丁・乱丁本はお取り替えいたします
ISBN978-4-414-30170-0 C3011　　Printed in Japan

JCOPY ＜（社）出版者著作権管理機構　委託出版物＞
本書の無断複写は著作権法上での例外を除き禁じられています。
複写される場合は，そのつど事前に，（社）出版者著作権管理機構
（電話 03-5244-5088, FAX 03-5244-5089, e-mail : info@jcopy.or.jp）
の許諾を得てください。

TEMでわかる
人生の径路
質的研究の新展開

安田裕子・サトウタツヤ 編著

質的研究に時間の概念を導入し、視覚的に理解を促す試みの集大成。誰でも自分自身の人生の径路を TEM に描くことができ、人生の径路が視覚的に分かるため、初学者でも簡単に質的研究用のデータを拾っていくことが可能になる。

主要目次
1　TEM入門編
　①これだけは理解しよう，超基礎概念
　②質的研究をする私になる/他
2　実践編
　①支援者としてあり続ける人を追う
　②保育・保健専門職の格闘を味わう/他
3　拡張編
　①発達研究の枠組みとしてのTEM
　②臨床実践への適用可能性/他
4　理論編
　①TEA(複線径路・等至性アプローチ)への昇華/他

A5判上製　定価(本体3400円+税)

TEMでひろがる
社会実装
ライフの充実を支援する

安田裕子・サトウタツヤ 編著

今やTEMは、質的研究法としてひろく用いられるに至っている。外国語学習および教育、看護・保健・介護などの支援の現場に焦点をあてた論文に加え、臨床実践のリフレクションにおける実践的応用の事例を収録。

目次
序　章　TEA(複線径路等至性アプローチ)とは何か
第1章　言語を学ぶ・言語を教える
第2章　学び直し・キャリア設計の支援
　　　　――看護・経営の現場から
第3章　援助者・伴走者のレジリエンスとエンパワメント
第4章　臨床実践をリフレクションする
第5章　TEAは文化をどのようにあつかうか
　　　　――必須通過点との関連で

A5判上製　定価(本体3400円+税)